RT Zapper

Wir sind empört!

Sex, Politik und andere Skandale.
Und wie das Fernsehen sie noch ein bisschen
schlimmer macht.

Kolumnen 2016 bis 2018

Bereits erschienen:
RT Zapper – Zwei Jahrzehnte Medienwahnsinn. 1996-2016

Bibliografische Information der Deutschen Nationalbibliothek:
Die Deutsche Nationalbibliothek verzeichnet diese Publikation in der Deutschen Nationalbibliografie. Detaillierte bibliografische Daten sind im Internet über dnb.dnb.de abrufbar.

© Robert Tiesler, April 2019
Originaltexte: 2016 bis 2018
Umschlaggestaltung: Florian Büttner
Foto: iStockphoto.com

ISBN: 978-3-7481-8887-2

Herstellung und Verlag:
BoD – Books on Demand, Norderstedt
www.bod.de

Vorwort: Das zweite Buch

Drei Jahre danach. 2016 ist der erste Band mit den besten Kolumnen aus 20 Jahren erschienen. Seitdem hat sich einiges getan. In der Politik, in der Gesellschaft, in den Medien. Wer dieses Buch und die 230 Texte darin liest, wird das merken.

Seit 1996 gibt es die Kolumne „RT Zapper", wie es dazu kam und wie das weiter ging, erzählte ich im Vorwort des ersten Buches.

Inzwischen hat sich die Mediennutzung stark verändert. Streaming-Dienste lösen mehr und mehr das herkömmliche Fernsehen ab.

Überall, im Fernsehen, in sozialen Medien, geht es um Aufmerksamkeit. Da werden Themen zu Skandalen aufgebauscht – und das scheinbar jeden Tag. Überall schreien uns Aufreger entgegen, und immer öfter lassen sich die Menschen aufregen.

Das spiegelt sich wider in immer neuen Empörungswellen. Jemand tut was, ein anderer ist empört, und immer mehr empören sich, und morgen ist alles schon wieder vergessen.

Davon gibt es einige Beispiele, die sich in den vergangenen Jahren aufgetan haben.

Deshalb täuscht der Eindruck auch nicht, dass auch die Fernseh- und Medienkritik immer öfter auch politisch oder gesellschaftskritisch ist. So steht dann auch hier und da die Frage im Raum: Wer soll da eigentlich manipuliert werden? Was hat Person XY mit seinen Worten oder Taten anrichten wollen?

Viele solcher Analysen befinden sich in diesen Kolumnen aus den Jahren 2016 bis 2018.

Aber natürlich spielt auch weiterhin der ganz normale Fernseh-Irrsinn in diesem Buch eine Rolle. Denn bekloppte Sendungen gibt es immer wieder.

Die Konzentration auf drei Jahre macht es in diesem Buch aber auch möglich, genauer hinzuschauen, was denn eigentlich alles passiert ist. So ist dieses Buch auch ein spannender Rückblick auf drei zurückliegende Jahre geworden.

New Years Eve

FR 01.01.2016 | 5.30 Uhr | CNN

Wenn Deutschland schon längst den Jahreswechsel vollzogen hat, zieht die US-Ostküste nach. Der Jahreswechsel auf dem Times Square in New York, jedes Jahr live übertragen von CNN, gehört zu einem guten Ende einer Silvesternacht.
Denn was Berlin immer noch nicht drauf hat, das ist in New York selbstverständlich.
Mitternacht in Berlin: Die Kameras sind auf das Brandenburger Tor gerichtet, irgendwo da ganz hinten, ganz klein im Bild, macht es piff und puff, und ein niedliches Feuerwerk beginnt. Große Bilder und Emotionen? Fehlanzeige. Berlin kann es einfach nicht. Sydney, ein paar Stunden davor: Mega-Feuerwerk im Hafen. Auch andere Städte liefern jedes Jahr tolle Bilder. Berlin nicht.
Dann, sechs Stunden nach uns: New York. Der Übergang ins neue Jahr ist eine schöne, irgendwie rührende Abfolge von Traditionen: Um 23.59 Uhr senkt sich ein goldener Ball herab, auf der Mega-Anzeigetafel am Times Square läuft der Countdown, alle zählen die Sekunden runter. Um Mitternacht singen alle „Old lane syne".
Dann ertönt Frank Sinatras „New York, New York", danach „Wonderful World". Dazu liegen sich alle in den Armen. Es ist kein Mega-Spektakel – aber es sind schöne Bilder, die New York da liefert. Muss live echt schön sein!

Achim Mentzel ist tot

Oben, im Himmel, haben sie jetzt vermutlich ein bisschen Angst. Wird er ständig „Sauer macht lustig" singen? Oder die alten Songs der Stones? Eines aber ist klar: Es wird ein Stück lustiger da oben. Die Spreewaldgurken tragen Trauer. Achim Mentzel ist tot. Er wurde nur 69 Jahre alt, brach am Montagmittag zu Hause in Gallinchen plötzlich zusammen und verstarb wenig später. Das kommt mir leider bekannt vor.
Ein toller Mensch hat uns da verlassen. Okay, „Achims Hitparade" war jetzt nicht so meins. Und irgendwie war er ja auch immer unfreiwillig komisch, wenn er seine Moderationstexte runterstotterte.
Dann aber kam Oliver Kalkofe mit seiner „Mattscheibe" und zog Achim durch den Kakao. Und was machte Achim? Lachte drüber. Lachte mit. Machte mit. Es entstand die sehr besondere Kalkofe-Mentzel-Freundschaft. Der Zonenzausel, wie Kalkofe ihn nannte, hatte Humor. Lachte. Sorgte dafür, dass sein Publikum Spaß hatte und scherte sich gar nicht drum, wenn man ihn verarschte. Er hatte es Mitte der 90er verstanden: Diese Verarsche war goldene PR – für ihn. Und er nutzte das, und plötzlich kannten ihn auch die jungen Leute.
2012 traf ich Achim Mentzel in Kremmen. Er war zu Gast bei unserer „Mitreden"-Talkshow im Theater „Tiefste Provinz". Achim kam extra aus Cottbus – und zeigte, was ein Entertainer drauf haben muss. Hinter der Bühne noch konzentriert, durchaus ernsthaft, schaltet er auf der Bühne um. Da war er ganz der Achim, die Stimmungskanone, die wir kannten. Ein Stichwort genügte, und er erzählte spannend und witzig aus seinem bewegten Leben. Wie er mit der Musik begann, von seiner Flucht in den Westen und der Heimkehr in die DDR – und natürlich über den West-Siegeszug in „Kalkofes Mattscheibe".
Nun tingelt er nicht mehr. Und der Reigen der Entertainer wird wieder ein bisschen kleiner. Mach's gut, Achim! Warst ein doller Typ!

Shop 24 Direct: Heintje
DO 07.01.2016 | 3.45 Uhr (Fr.) | Astro TV

Achtung, Breaking News! Es sind total seltene Musikaufnahmen von Heintje gefunden worden! Nach vielen Jahrzehnten können sie nun endlich der Öffentlichkeit zugänglich gemacht werden! Seltsam, bislang habe ich von dieser Musiksensation gar nichts in der „Tagesschau" gehört. Aber vermutlich schaut sonst nachts um 3.45 Uhr niemand Fernsehen. Schon gar nicht Astro TV.
Aber das ist vielleicht auch besser so, denn nun kann ich diese Meldung also fast exclusiv auch an dieser Stelle verkünden. Endlich also dürfen wir die Hits von Heintje wieder hören. Heintje, der junge Holländer, der in den 60ern die Mütterherzen zum Bröckeln brachte – bis er in den Stimmbruch kam. Jetzt, endlich, können wir ihn wieder singen hören: „Mama", das „Schwalbenlied", „Oma so lieb", „Mamatschi" und natürlich der Kracher „Heidschi Bumbeidschi".
Ich bin so glücklich, dass ich...
Ähm, wie bitte?
Es gibt das Zeug überall sonst auch zu kaufen? Es sind gar keine verschollene Aufnahmen? Bei Amazon und Co. kann ich auch Heintje-CDs kaufen? Die Aufnahmen sind gar nicht selten?
Nun ja. Vielleicht haben ja die Leute vom „Shop 24 Direct" irgendwelche ganz speziellen, verrauschten Original-Aufnahmen gefunden. Irgendwas muss schließlich dran sein an der von denen verbreiteten Meldung. Immerhin würden solche Teleshopping-Leute doch nie, nie, nie Stuss reden, oder?
Im Shop gibt es 80 seiner größten Hits auf vier CDs. 80? Größte Hits? Heintje hatte 80 Hits? Das Ganze gibt es jedenfalls für 'nen guten Fuffi plus Versandkosten. Ist ja, ähm, ein Schnäppchen. Andererseits: Sind ja so seltene Aufnahmen, nicht wahr?

Sarah & Pietro… im Wohnmobil durch Italien
MO 18.01.2016 | 21.15 Uhr | RTL II

Sarah und Pietro haben jetzt ein Baby. Also, sagen sie jedenfalls. Sie zeigen es uns aber nicht, denn sie möchten nicht, dass es im Fernsehen vorgeführt wird.
Okay, ja, sie haben eine Serie über Sarahs Schwangerschaft gemacht und über die Geburt und die Schwierigkeiten danach berichtet – aber, richtig: Da muss man konsequent sein und das Privatleben raushalten.
Oder so ähnlich. So ganz habe ich das nicht verstanden.
Sarah und Pietro – einst waren sie „DSDS"-Kandidaten und verliebten sich – leben heute davon, ihr Leben von Kameras filmen zu lassen.
Was verständlich ist, denn das Leben der beiden, ist so spannend, dass… gähn… man das ja unbedingt… gähn… sehen muss.
Am Montagabend startete bei RTL II „Sarah & Pietro… im Wohnmobil durch Italien". Ein wahrer Thriller: Pietro, der über dem Kinderwagen gebeugt sein Baby bespaßt (was wir ja nicht sehen dürfen, da das Baby privat bleibt). Pietro, wie er Sarah massiert. Pietro und Sarah, die gemeinsam die Großeltern besuchen und sich nichts zu sagen haben.
So viel Spannung muss man erst mal aushalten.
Und was ist nun mit Italien? Der Pietro ist der Meinung, dass die Liebe zu Sarah zwar noch da sei, man habe aber keine Zeit für sich.
Und was tut man dagegen?
Na, kommste nicht drauf?
Ist doch klar! Man schnappt sich seine Liebste, das Baby, die Großeltern und das RTL-II-Team und reist mit dem Wohnmobil durch Italien.
Wie romantisch! Ja, da hat man dann mal echt Zeit für sich.

The Big Bang Theory
MI 20.01.2016 | 23.25 Uhr | ProSieben

Vor fünf Wochen lief bei ProSieben die letzte Ausgabe von Stefan Raabs „TV total". Viermal in der Woche lieferte er eine Stunde lang tagesaktuelle Unterhaltung.
Und die Frage aller Fragen war, was sich denn ProSieben als Ersatz dafür ausgedacht hat. Spätestens seit dieser Woche wissen wir: nichts.
Montag: ProSieben zeigte von 20.15 bis 23.50 Uhr „The Big Bang Theory". Acht Folgen, davon eine neu.
Dienstag. ProSieben zeigte von 22.10 bis 23.55 Uhr „The Big Bang Theory". Vier Folgen, allesamt Wiederholungen.
Mittwoch. ProSieben zeigte von 22.00 bis 1.40 Uhr „The Big Bang Theory". Acht Folgen. Das heißt: eigentlich nur vier, danach die vier selben noch mal. Allesamt Wiederholungen.
Donnerstag: ProSieben zeigt von 22.10 bis 23.55 Uhr „The Big Bang Theory". Vier Folgen, allesamt Wiederholungen.
In Sachen Ideenarmut und programmlicher Lustlosigkeit ist ProSieben momentan ganz vorne dabei. Gibt es denn wirklich nichts anderes zu senden als immer und immer wieder dieselbe Sitcom? Die noch dazu vormittags, nachmittags und nachts auch in mehreren Blöcken zu sehen ist.
Late Night in Deutschland: dringend vermisst!

Punkt 12
Neues Glück für Teresa Enke
DO 28.01.2016 | 12.00 Uhr | RTL

Die Klatschjournalisten sind sehr aufgeregt. Es heißt, dass Teresa Enke wieder geheiratet hat. Es heißt, dass sie schwanger war und ein Kind bekommen hat. Und, jetzt kommt's: Schon vor zwei Monaten! Im RTL-Mittagsmagazin „Punkt 12" war das am Donnerstag ein ganz heißes Thema. Teresa Enke also. Die Frau von Robert Enke, der sich im November 2009 das Leben nahm. Mehr als sechs Jahre danach scheint sie also ihr neues Glück gefunden zu haben, und erst jetzt ist das bekannt geworden.
Frau Enke sagt natürlich nichts dazu – warum sollte sie auch? Bei „Punkt 12" kommt stattdessen eine Psychologin ins Spiel, die sagt, dass das ja normal sei, und Robert Enke immer ein Teil von Teresa Enke sei. Und dass es doch schön sei, weiterzumachen. Und dass man ja nicht ewig trauern könne. Bla, bla.
Dazu noch Archivaufnahmen von Teresa – und sieht man da etwa den Babybauch?
Meine Güte, ist das alles aufregend.
Na ja, nicht wirklich. Teresa Enke ist zu wünschen, dass sie ein schönes Leben abseits der Boulevardmedienmeute führen kann.

Sportschau live: Eiskunstlauf-EM 2016 - Kür der Paare

SA 30.01.2016 | 10.00 Uhr | einsfestival

In der Niederlage lächeln. Das ist wohl das allerhärteste Geschäft, das Sportler zu leisten haben. Aber Niederlagen gehören zum Sport dazu. Es ist trotzdem hart, verdammt hart. Es gibt eben nicht nur die Jubelmomente wie davor beim Handball oder beim Tennis.

Am Sonnabendmittag übertrug einsfestival live die Kür der Paare bei der Eiskunstlauf-EM 2016 in Bratislava. Die beiden für Deutschland tanzenden Aljona Savchenko und Bruno Massot hätten eventuell noch Gold holen können, wenn sie eine nahezu perfekte Kür ablieferten.

Dann aber patzten sie. Mehrere Figuren klappten nicht wie geplant. Für das Eislaufpaar ein ganz bitterer Moment. Aljona Savchenko lächelte ihn nach dem Ende der Kür weg. Lächeln, weiterlächeln. Haltung bewahren. Nichts anmerken lassen. Bruno Massot dagegen konnte das nicht. Er konnte nicht lächeln, er war todunglücklich, schüttelte immer wieder den Kopf. Untröstlich war er, Aljona konnte nichts tun, keine Aufmunterung half.

Und das sind sie dann, die Niederlagen, die traurigen Momente, die es aber immer wieder gibt. Und einem immer wieder das Herz zerreißen.

Die beiden landeten auf dem 2. Platz. Silbermedaille. Gefreut haben sie sich darüber nicht. Vorerst nicht. Denn auch Silber muss man ja erst mal schaffen.

Ich bin ein Star - Holt mich hier raus!
Das große Finale 2016
SA 30.01.2016 | 22.15 Uhr | RTL

Der Sieger sitzt da und kann es nicht fassen. Weint leise vor sich hin. Und kann es immer noch nicht glauben, was da gerade mit ihm passiert ist. Menderes Bagci ist Dschungelkönig 2016. Ihn haben die RTL-Zuschauer am späten Sonnabendabend zum Sieger der 10. Staffel von „Ich bin ein Star – Holt mich hier raus!" gekürt. Und wieder mal womit? Mit Recht!
Eines muss man den Zuschauern ja lassen: Am Ende erkennen sie meistens doch, wer im Dschungelcamp den besten Eindruck hinterlassen hat. Menderes kannten wir vorher als ewigen DSDS-Kandidaten. In den vergangenen 16 Tagen haben wir ihn ein wenig näher kennenlernen dürfen. Schüchtern ist er, vielleicht ein wenig naiv. Aber auch fleißig. Wie ein Bienchen arbeitete er im Camp, oft im Hintergrund. Und er blieb dabei uneigennützig, es ging ihm nicht zwingend darum, ständig im Rampenlicht zu stehen. Er ist sozial, er mischte sich erstaunlicherweise in keinen der vielen Streits ein, und das ist wirklich eine Leistung. Menderes ist ein sympathischer Typ.
Gleichzeitig ist zu hoffen, dass ihm dieser Erfolg nicht zu Kopf steigt. Oder besser: Dass er die richtigen Leute um sich hat, die ihn jetzt nicht Dinge machen lassen, die er vielleicht gar nicht will.
Die Freude von Sonja Zietlow und Daniel Hartwich, dass Menderes es geschafft hat, war ganz sicher auch nicht gespielt. Sie haben das alles vermutlich genauso gesehen, wie sie immer wieder durchblicken ließen.
Und sonst? Helena Fürst entwickelte sich im Laufe der Tage mehr und mehr zum Sozialmonster. Da war es manchmal schon erschreckend und alles andere als lustig zu beobachten, wie sie verbal auf den anderen herumtrampelte. Sie macht den Eindruck, dass sie ihre Gegner mit Worten gnadenlos niederprügelt – und die am Boden Liegenden noch dreimal tritt.

Das allseitige Auftamen war groß, als Fürst am Freitagabend endlich gehen musste.
Auch wenn das 2016er-Dschungelcamp am Ende zumindest immer recht interessant war, auch wenn man den Machern immer noch die ganz große Liebe zum Format ansieht – ein bisschen ist dann doch die Luft raus aus dem Format.
Aber bis Januar 2017 haben wir das bestimmt wieder vergessen – und freuen uns dann auf Staffel 11!

Lindenstraße: Lea will eine Chance
SO 31.01.2016 | 18.50 Uhr | einsfestival

Wahnsinn! Die deutschen Handballer sind Europameister geworden! Fast 13 Millionen Menschen sahen das Spiel am frühen Sonntagabend und konnten am Ende mitjubeln, als in Krakau die (erschreckend hässliche) Siegerschale übergeben worden ist.
Dummerweise war an diesem Abend aber für die „Lindenstraße" im Ersten mal wieder kein Platz, und das jetzt schon zum zweiten Mal in Folge. Stattdessen ist sie zu einsfestival abgeschoben worden – und im Internet war sie natürlich auch abrufbar.
Dennoch: Das ist bitter, vor allem für die Macher der Serie. Denn die Folge „Lea will eine Chance" war nicht irgendeine lahme Story, die man hätte ruhig verpassen können. Nein, dahinter verbirgt sich ein echter Showdown.
Alles begann am 6. Dezember 2015. Zum 30. Jubiläum der Serie ist die „Lindenstraße" live gesendet worden, und die ARD trommelte mächtig dafür."Hinter der Tür" hieß das Kapitel, und hinter der Tür ist Erich Schiller gestorben, eine der Figuren, die 25 Jahre dabei war. Und irgendwer war schuld an seinem Tod. Ein Mord?
Tja. Dumm nur, dass viele Zuschauer die Auflösung gar nicht mitbekommen.
Am Sonntag ist diese ganze Geschichte aufgelöst worden. Am vergangenen Sonntag – auch diese Folge lief wegen Handballs auch nur im kleinen Kreis bei einsfestival – war das schon absehbar, wer es war. Nun spitzte sich das zu und strebte auf den

Höhepunkt zu. Eine echte Highlightfolge voller Spannung, Dramatik und Trauer.

Sowohl am 24. als auch am 31. Januar war wegen des stundenlangen Live-Sports kein Platz für die „Lindenstraße" im Ersten. Und auch an den anderen Tagen ließ sich nichts machen. Mit großen Tamtam ist eine Storyline eröffnet worden, und am Ende scheint es bei der ARD niemanden mehr zu interessieren, wie viele Leute den Showdown mitbekommen.

Nur Hardcorefans werden einsfestival geschaut haben, denn die allermeisten werden beim Handball gewesen sein. Die Mediathek nutzen auch noch lange, lange nicht so viele Leute, als das als Ersatz angesehen werden kann.

Warum ist es im Tanker ARD einfach nicht möglich, irgendwo im Laufe einer Woche einen vernünftigen Ersatzsendeplatz zu finden? Ist es schlicht wurscht, was man wo sendet? Immerhin ist die „Lindenstraße" eine Fortsetzungsgeschichte, und ist man zweimal nicht dabei gewesen, wie es schwieriger, den Faden wieder aufzunehmen. Und in diesem besonderen Fall hat man ihn ganz verloren.

live ran - Football: Super Bowl 50
SO 07.02.2016 | 23.15 Uhr | Sat.1

Was für ein geiler Super Bowl!
Der beste Super Bowl aller Zeiten!
Was für ein super geiles Footballspiel!
Wie gut, dass wir Frank Buschmann haben. Ohne hätten wir in der Nacht zum Montag gar nicht so genau mitbekommen, ob der 50. Super Bowl nun gut oder nur so lala war. Buschi teilte es uns immer wieder laut schreiend und besoffen vor Begeisterung mit.
Ich mag Frank Buschmann eigentlich, denn er kommentiert locker und flüssiger als so manch anderer Sportkommentator.
Aber was er bei Sat.1 ablieferte, war dann doch eine Spur to much.
Immer wieder plärrte er seine Begeisterung ins Mikro. Es ist zwar schön, wenn sich die „Geilheit" eines Footballspiels auch auf den Kommentator auswirkt, aber wenn ich einen Fanboy beim kommentieren zuhören will, dann gehe ich auf Fanseiten.
Buschi, du kannst gern weiter begeistert sein, du darfst sogar laut sein, aber du musst uns nicht alle paar Minuten zuschreien, wie geil du das, was du da siehst (und wir auch), findest. Und wenn das auf Twitter jemand kritisch anmerkt, dann musst du auch nicht auf „beleidigte Leberwurst" machen, von wegen „Mimimi, geh schlafen!".
Da möchte man eher rufen: Komm mal wieder runter!

Roger Willemsen ist tot

Roger Willemsen war ein Intellektueller. Aber keiner dieser hochnäsigen, die kein Mensch verstanden hat, wenn man ihm zuhörte. Roger Willemsen war aber auch keiner aus dem Volke. Vielmehr war er die Brücke zwischen beiden. Er war das Bindeglied zwischen der Kulturelite und der Frau Müller von nebenan. Und beides ist hier nicht böse gemeint.
Aber Willemsen hörte man immer gern zu. Er war ein kluger Mensch, der die Dinge so ausdrücken konnte, dass man immer mitkam. Und wenn man mal nicht mitkam, dann hörte man ihm trotzdem gern zu.
Ich habe ihn zweimal live erlebt. Einmal 2009 in Neuruppin, da stellte er sein Bangkok-Buch vor. Bei dieser Lesung waren viele Menschen, und es waren Menschen aus allen möglichen Schichten. Sie alle hingen an seinen Lippen, sie alle mochten seine sympathische, bodenständige, humorige Art. Denn auch das war es, was ihn auszeichnete: sein Humor. Manchmal beißend und spottend, und auch das oft zu recht.
Sein Bildband über Bangkok war übrigens fesselnd. Was für tolle Fotos – und dazu die Texte. Spannend, nahegehend, toll beobachtend.
Zuletzt las ich sein Buch über sein Jahr im Bundestag. Auch das war an vielen Stellen spannend, manchmal lustig und an vielen Stellen ebenfalls gut beobachtet.
Roger Willemsen war ein genauer Beobachter. Ein guter Zuhörer und Fragensteller.
Ich bin 1993 auf ihn gestoßen, damals moderierte er bei Premiere die Talkshow „0137" und (oft noch interessanter): „Willemsen – Das Fernsehgespräch". Eine Stunde redete er mit einem Promi, und auch da hing man an den Lippen der beiden. Später im ZDF gab es immer freitags „Willemsens Woche". Ohne ihn würde ich Leute wie den Aktivist Raul Krauthausen oder den genialen (auch schon verstorbenen) Musiker Michel Petrucciani nicht kennen.

Nun also „war" er. Roger Willemsen ist tot. Mit nur 60 Jahren. Krebs. Innerhalb von einem guten halben Jahr hat die Krankheit ihn besiegt.
Wenn ich ihn in den Nachrufen so reden höre, wirkt er immer noch jung und agil, und ich kann nicht glauben, dass er „war". Er wird fehlen.

ADAC-Fliederball 2015
MO 08.02.2016 | 22.45 Uhr | RIK-tv

Ach, war das aber schön beim ADAC-Fliederball. Die High Society aus Schwetzingen kam zusammen. Alles war schick. Der erste Bürgermeister hatte auch was zu sagen. Und der Oberbürgermeister ebenfalls. Die Leute hatten Spaß, viele haben getanzt.
Das klingt ja… also, nun ja.
Normalerweise geht ein Kamerateam zu einem Event, filmt alles ab, und dann gibt es einen mehrminütigen Beitrag. Beim Lokalsender RIK-tv aus Ketsch in Baden-Württemberg ist das ein wenig anders: Da geht jemand mit der Kamera zu einem Event – und zu sehen ist dann: alles. Das komplette Material. Ohne Rücksicht auf eventuelle (nein: ganz sichere) Langeweile.
So lief am Montagabend ein Film über den „ADAC-Fliederball 2015" in Schwetzingen. In epischer Breite ist gezeigt worden, wie die Leute im Saal ankommen und begrüßt werden. Wie sie tanzen. Wie sie essen. Und wie sie wieder tanzen. Und wie noch ein paar Leute ankommen. Und was die verschiedenen Bürgermeister sagen.
Das alles wirkt wie ein ungeschnittenes Homevideo, und das Bittere daran ist: Vermutlich ist es auch genau das. Und die Frage ist: Wer möchte sich das in epischer Breite ansehen? Das hat ja jeder schon mal erlebt: Man ist bei Freunden und bekommt dort ein Video von einer Familienfeier gezeigt – und der Film will einfach nicht aufhören, und eigentlich möchte man sagen: Lass mal gut sein.

So sitzt man als Zuschauer auch fassungslos da, wenn auf RIK-tv eine halbe Ewigkeit diese Feier breitgetreten wird. Jeder, der nicht beim ADAC-Fliederball dabei war, wird sich dafür kaum interessieren.
Direkt im Anschluss gab es bei RIK-tv eine Sendung, in der ein Seniorenchor sang. Volkslieder. Popsongs. Mindestens eine halbe Stunde, ohne jede Gnade, dass es mal vorbei sein könnte. Komplett ohne Schnitt, ab und zu ein Schwenk, weil leider nicht alle Chormitglieder ins Bild passten.
Das alles live ist ja sicherlich ganz nett – aber mal im Ernst: Wer schaut sich so was an? Wer ist die Zielgruppe dieses Lokalsenders?
Anderntags gab es einen ewig langen Bericht darüber, wie irgendwelche Frauen einen Ausflug in den Spreewald machen. Wir sehen die Kahnfahrt. Und viel Wasser. Und den Kahn. Dann steigen mal alle aus, gucken sich was an, und weiter geht die Kahnfahrt. Sehr, sehr spannend.
Das Schlimme ist ja: Es ist nicht mal die Faszination des Grauens. Das Grauen wäre ja noch irgendwie interessant. Aber es ist einfach nur: langweilig und nichtssagend.

Tagesschau
Zugunglück bei Bad Aibling
DI 09.02.2016 | 10.35 Uhr | Bayerisches Fernsehen

In Bad Aibling in Bayern passiert ein schreckliches Zugunglück, und was zeigt das Bayerische Fernsehen an diesem Dienstagvormittag? Die „Närrische Weinprobe".
Erst vier Stunden nach dem Unglück reagiert man beim BR, bricht die Faschingssendung ab und schaltet sich zum Ersten zur „Tagesschau".
Einige Medienblogger sind schon wieder munter dabei, sich zu empören, empören, empören. Vier Stunden hat der BR gebraucht, um zu reagieren? Darüber kann man sich empören, dass das so lange gedauert hat – man kann sich aber auch mit der Situation an diesem Dienstagmorgen mal näher befassen.

Um kurz vor 7 Uhr ist es passiert. Auf einer eingleisigen Strecke stoßen zwei Züge frontal zusammen. Das Unglück passiert nahe Bad Aibling, in einer schwer erreichbaren, schwer einzusehenden Gegend, in einem Waldstück.

Um 8 Uhr berichtet die „Tagesschau", ohne dass Einzelheiten bekannt sind.

Um 9 Uhr berichtet die „Tagesschau", und es gibt es kurze telefonische Einschätzung eines Reporters vor Ort, aber noch keine bewegten Bilder.

Gegen 9.50 Uhr unterbricht Das Erste das Programm für eine kurze Extra-„Tagesschau", es gibt erste Bilder und eine Einschätzung eines Korrespondenten. Das ganze schlimme Ausmaß wird langsam klar.

Um 10.35 Uhr läuft die nächste „Tagesschau" mit ausführlicheren Berichten.

Bis nach 9.30 Uhr war somit das ganz furchtbare Ausmaß des Unglücks noch nicht klar. Also scheint man sich beim BR entschieden zu haben, das Programm erst mal weiterlaufen zu lassen. Es ist der Fastnachtsdienstag, da gibt es ein heiteres Vormittagsprogramm. Das ist ein wenig unglücklich, ja. Es gab immerhin Einblendungen, mit denen informiert worden ist.

Um 10.35 Uhr endet der BR-Fasching abrupt, das Bayerische Fernsehen übernahm die Tagesschau.

Klar, der BR hätte noch schneller reagieren können. Aber wegen der widrigen Umstände war schlichtweg sehr lange nicht klar, welches Ausmaß das Zugunglück hatte, dass es so groß war, dass man nicht nur bei der „Tagesschau2 handeln musste, sondern auch im Dritten des BR.

Andererseits: Auch wenn so ein Unglück in Bayern passiert, ist die erste Adresse eh Das Erste mit der „Tagesschau" – und die hielt die Menschen auf dem Laufenden.

Im Dritten läuft die Nachrichtenmaschine etwas langsamer an. Das kann man sicherlich kritisieren, das kann man sicherlich besser machen – aber die ARD als Gesamtverbund und eben auch der BR für die ARD hat gearbeitet.

Starshine - Das Comedy-Promi Magazin
DO 11.02.2016 | 23.00 Uhr | RTL II

Micaela Schäfer holt ständig und überall ihre Brüste raus. Das wissen wir schon. Was wir noch nicht wussten: Sie macht täglich Nacktflöten. Auch beim Frühstücken holt sie ihre operierten Titten raus. Auf der Straße trägt sie Klamotten, die auch nichts verhüllen. Irre? Joa.
Georgina Fleur macht gern Selfies. Nur leider bekommt sie von sich selbst immer zu wenig aufs Bild. Deshalb lässt sie eine aufwändige OP machen, bei der ihr der rechte Arm stark verlängert wird, und ein Team von RTL II ist exklusiv dabei. Irre? Total.
Aber ein Fake.
Am Donnerstagabend startete bei RTL II "Starshine – Das Comedy-Promi-Magazin". Denn alle Storys, die dort gezeigt werden, sind nicht echt. Sie sollen lustig sein.
Und im Grunde sind sie das auch.
Dass die Sendung trotzdem nicht so richtig zündet, liegt zum einen an Moderatorin Collien Ulmen-Fernandes, die in dem Magazin die etwas überdrehte Ansagerin leider nur schlecht und sehr gestelzt spielt. Zum anderen daran, dass man diese bekloppten Geschichten fast glauben möchte. Insbesondere die Micaela-Story, die noch vor dem Vorspann lief, hätte auch wahr sein können, denn Frau Schäfer tut ja bekanntermaßen vieles, um ihre beiden Rundungen zu präsentieren.
Hinzu kommt: RTL II hat so viele bescheuerte Sendungen im Programm, dass diese – die, ja gewollt überdreht-bescheuert sein will – kaum heraussticht, kaum auffällt.
„Starshine" hat aber dennoch Potenzial, und vor allem darf man gespannt sein, welche Promis sich in den kommenden Wochen für die ausgedachten Storys hergeben.

Mora
SO 14.02.2016 | 20.15 Uhr | ARD-alpha

Ein Mann bastelt an einer Taschenuhr. Er ist Uhrmacher. Er hat viel Zeit. Er setzt das Räderwerk ein. Er schraubt, er guckt, er schraubt weiter.
Alles ganz in Ruhe.
Und der Zuschauer ist dabei. Auch ganz in Ruhe. Eine Stunde lang, in Echtzeit. Ohne Schnitt. Ohne Musik. Ohne Erklärung. Einfach nur ich und der Uhrmacher – und das, was er da tut.
Der Bildungskanal ARD-alpha bietet sonntagabends zur Primetime das absolute Alternativprogramm zum allgemeinen Flimmern und Rauschen: „Mora" ist Slow-TV.
Vier Kameras halten fest, was in der Werkstatt des Uhrmachers passiert, permanent im Splitscreen. In Nahaufnahme, von der Seite und zwei Raumansichten.
Das muss man sich erst mal trauen als Fernsehmacher – aber auch als Zuschauer. Denn eine ganze Stunde lang kann er sich voll und ganz auf das konzentrieren, was da passiert. Die pure Entschleunigung, denn was real 15 Minuten dauert, passiert auch in „Mora" 15 Minuten lang.
Eine Stunde also Basteleien an einer Uhr. Das kann spannender sein, als man vielleicht denkt. So was kann richtig fesselnd sein! Am 21. Februar geht es um eine Gruppe Synchronschwimmerinnnen beim Training.

aspekte extra: Die lange Nacht der Berlinale
DI 16.02.2016 | 0.55 Uhr (Mi.) | ZDF

Berlin ist im Festivalfieber, und da mischt das ZDF ordentlich mit – mit einem „aspekte extra" und „Die lange Nacht der Berlinale". In einem Studio über dem Potsdamer Platz, also im Herzen der Berlinale, begrüßten Tobias Schlegl und Katty Salié Filmemacher, Schauspieler und Musiker.
Die Zuschauer erfuhren etwas über aktuelle Festivalfilme, über neue und alte Strömungen und einfach über das, was auf der Berlinale 2016 so los ist.
Und das war eine wirklich spannende, abwechslungsreiche Unterhaltungssendung mit Niveau und Anspruch. Eine schöne Mischung aus Talks, Einspielern und Live-Musik. Zwei Stunden lang. So muss es sein, ZDF!
Aber: Warum, um Gottes Willen, läuft so etwas erst nachts um 0.55 Uhr? In der Nacht zum Mittwoch? Warum wird so eine aufwändige Produktion im tiefsten Nachtprogramm (nein, man kann nicht mal mehr vom Spätprogramm sprechen) versenkt? Warum muss man bis kurz vor 3 Uhr in der Nacht wach bleiben, um so eine Infotainment-Perle zu sehen?
Wozu hat das ZDF seine drei Spartensender, wenn es nicht mal möglich ist, wenigstens dort diese Sendung live oder wenigstens früher zu senden?
Sicherlich, so eine Berlinale-Sendung ist thematisch ab und zu etwas speziell – aber sicherlich hätte man noch ein paar Zuschauer mehr erreicht. Zu einer anständigen Sendezeit.

Domian
Anruferin wird on Air verprügelt?
MO 22.02.2016 | 1.00 Uhr (Di.) | WDR

Zwischenfall bei Jürgen Domian. In seiner Telefontalk-Sendung am sehr späten Montagabend im WDR sprach er mit einer jungen Frau. Sie, Christin, erzählte, dass sie oft von ihrem muslimischen Freund verprügelt werde. Die beiden hätten ein Kind miteinander, und nur dieses Kind würde dafür sorgen, dass die beiden noch zusammen seien.
Schon das klang dramatisch und unschön.
Dann aber hörte man, dass ein Mann das Zimmer betrat und die Frau, die gerade mit Domian telefonierte, anschrie. Mit wem sie telefoniere, wollte er wissen. Man hörte, wie er sie schlug.
Was für ein Schock. Die Redaktion kappte sofort die Leitung ins Studio, und Jürgen Domian war sichtlich erschrocken. Er mache sich ernsthaft Sorgen, sagte er. Die Redaktion werde sich um die Frau kümmern.
Die Polizei ist gerufen worden, die tauchte dann auch tatsächlich in der Wohnung des Paares auf.
Nun aber wird die Geschichte wirklich undurchsichtig. In der „Bild" behauptet die junge Frau nun, man habe Domian reingelegt. Die Story sei ausgedacht gewesen, sie habe dem Mann ein Zeichen gegeben, nun laut zu werden. Auch die Polizei vor Ort in Castrop-Rauxel habe keinen Hinweis auf eine Straftat gefunden. Domian bezweifelt das jedoch, er ist der Ansicht, der Anruf könnte echt gewesen sein, und es heißt, dass der WDR Anzeichen habe, dass der Anruf nicht gefaked gewesen sei. Was das für Anzeichen seien, ist aber unklar.
Die Staatsanwaltschaft will Ermittlungen wegen Vortäuschung einer Straftat aufnehmen.
Als Zuschauer und Zuhörer ist man so oder so entsetzt. Ist eine Straftat passiert, dann ist das schlimm. Schlimm wäre es aber auch, wenn eine Straftat vorgetäuscht worden wäre. Das wäre so richtig asi, denn die Frau hat immerhin gute sechs Minuten lang über ihr furchtbares Leben berichtet, sie hat eine halbe Ewigkeit

dargelegt, was ihr passiert, in allen Einzelheiten. Und wenn ein Muslim eine Christin verprügelt – dann wäre das natürlich auch ein gefundenes Fressen für alle möglichen Demagogen. Aber sie klang dabei ängstlich, manchmal brach ihr die Stimme weg – wobei man im Nachhinein überlegen könnte, ob sie dich da eventuell ein Lachen verkneifen musste.
Es wird spannend, was die Ermittlungen ergeben.

Anne Will
Heiko Maas und sein Anklatscher
SO 06.03.2016 | 21.45 Uhr | Das Erste

Eines muss man Anne Will lassen: Sie sorgt für frischen Wind am Sonntagabend. Wenn Gäste in ihre Talkshow kommen, gibt es keine Kuscheleien. Anne Will ist verdammt gut vorbereitet, sie ist hellwach, sie hört ganz genau zu, was ihre Gäste sagen – und wenn sie Müll reden, dann fällt ihr das auf, dann spricht sie das an. Schon mehrfach zeigte sie in den vergangenen Wochen, dass man sie nicht einfach so auf den Arm nehmen kann, dass sie Phrasen schon mal als solche entlarvt.
Und andere Auffälligkeiten. Am Sonntag war Justizminister Heiko Maas (SPD) zu Besuch bei Anne Will. Schon bald fiel etwas auf: Immer wenn Maas irgendwas sagte, klatschte jemand im Publikum besonders laut – und meist als Einziger. Jemand versuchte sich da als Anklatscher, der versuchte, das Publikum mitzureißen. Anne Will wurde es schnell zu bunt. Als die eine Person wieder mal laut und allein klatschte, begrüßte die Moderatorin den Sprecher von Heiko Maas.
Ja, genau, Heiko Maas brachte sich einen eigenen Mann mit, der ihn beklatschen sollte. Maas war das sichtlich peinlich, als er damit aufgeflogen ist. Und wurde so zum Lacher des Tages.
Aber mal ehrlich: Was Außergewöhnliches ist das das nicht. Talkshowgäste nehmen sich sehr oft „Fans" mit, die an passenden Stellen zu klatschen haben – und im Idealfall andere im Publikum animieren, auch zu applaudieren.

Maas' Sprecher war einfach nicht clever genug, das so zu machen, dass es nicht auffällt. Und, wie gesagt: Anne Will spricht diese Auffälligkeiten an, und das ist gut so.

Flohmarkt
DO 10.03.2016 | 18.50 Uhr | SR Fernsehen

Frau Marx hat ausgemistet. Alte Puppen, Bilder, ein Teletubbies-Poster, Teller, Uhren und sonstiger Nippes. Damit ist sie nach Saarbrücken zum SR gefahren und hat den Kram im Studio ausgebreitet. Nun steht sie da und wartet mit dem Moderator darauf, dass jemand anruft und den Plunder haben will.
Der Saarländische Rundfunk scheint mit seinem Programm ein wenig aus der Zeit gefallen und irgendwann in den frühen 80ern hängengeblieben zu sein. Zur besten Regionalfernseh-Sendezeit läuft im SR Fernsehen donnerstags der „Flohmarkt". Eine halbe Stunde lang sehen wir den Nippes von Frau Marx, und ständig rufen Leute an, um den Glasdelphin zu kaufen, das Gemälde und tatsächlich auch um das (nicht ganz billige) Teletubbies-Poster zu erwerben. Oder um sich noch mal die Kaffeekanne anzuschauen, zu der die Kamera dann mal fix (na ja, nicht ganz so fix – Handkameras hat der SR nicht) ranzuzoomen.
Sämtliche Preise stehen an den Gegenständen, die im Marxschen SR-Flohmarkt verramscht werden sollen, und erstaunlicherweise kommt nicht ein Anrufer auf die Idee, vielleicht mal zu handeln, wie es ja auf dem Flohmarkt eigentlich üblich ist. Ganz brav zahlen sie, was Frau Marx haben will.
Was ja überhaupt zu der Frage führt, warum der SR für irgendwelche Leute irgendwelchen Kram verkauft. Ist das nicht Teleshopping? Und darf der SR teleshoppen?
Aber wie das immer so ist. Der „Flohmarkt" im Vorabendprogramm ist pupsig-bieder und entspricht keinen aktuellen Sehgewohnheiten. Irgendwie fesselnd ist es dann aber doch, 30 Minuten lang zuzusehen, wie SR-Zuschauer willig überflüssigen Plunder kaufen.

Wahl 16: Baden-Württemberg, Rheinland-Pfalz, Sachsen-Anhalt
SO 13.03.2016 | 17.30 Uhr | Das Erste

Tja, liebe Politiker, war kein so schöner Wahltag, oder? AfD in Sachsen-Anstalt 24 Prozent. Da kann einem schon mal ganz übel werden, und die Frage wird erlaubt sein, wann denn endlich die Grenzen nach Sachsen-Anhalt geschlossen werden – und wann die entsprechende Fluchtwelle einsetzt.
Es ist erstaunlich, dass die meisten Politiker diese Situation aber immer noch schönreden wollen. Am Sonntagabend kamen sie in der „Wahl 16"-Sendung im Ersten immer wieder zu Wort. Und immer wieder bekamen sie mehr oder weniger kritische Fragen, die sie dann gern mal einfach nicht beantworteten.
Wahlschlappe für die CDU in Baden-Württemberg? Ach was, erst mal vielen Dank an die vielen Wahlhelfer, die einen tollen Job gemacht hätten. Und dass man ja das Wahlziel erreicht habe, Rot-Grün abzuwählen. Laber-Rhabarber.
Ein scheiß Abend für die SPD in Baden-Württemberg und Sachsen-Anhalt? Ach was, ist doch ein hervorragender Abend – also in Rheinland-Pfalz, da läuft es doch dufte. Und in BaWü, da wollten sie halt alle den Kretschmann. Bla bla.
AfD-Katastrophe? Ach was, die FDP ist doch immerhin in drei, äh, zwei Landtagen vertreten. Das ist doch toll!
Die Grünen am Abnippeln? Ach was, in BaWü lief es doch hervorragend, da muss man doch nicht drüber reden, dass es in den anderen beiden Ländern nur knapp für den Einzug ins Parlament reichte.
Dass sich immer mehr Menschen über die leeren Politiker-Worthülsen ärgern, sollte niemanden wundern. Dass sie den Stuss trotzdem munter absondern, aber schon.

hallo Deutschland
Babette von Kienlins Schwächeanfall
MO 14.03.2016 | 17.10 Uhr | ZDF

2001, als Babette von Kienlin noch Babette Einstmann hieß, sorgte sie mit einem Kollaps für Wirbel, den sie vor laufender Kamera erlitt. Während eines Interviews in der „Drehscheibe Deutschland" fiel sie um. Sie war schwanger, was sie da aber noch nicht wusste. 15 Jahre danach hat sie wieder einen Schwächeanfall, und wieder in der „Drehscheibe". Während einer Interviews sackte sie am Montagmittag auf ihrem Pult zusammen.
Wie geht man als Sender in so einer Situation damit um? Das ZDF spielte relativ fix einen Beitrag ein.
Und danach? Die komplette Sendung fehlt in der Mediathek. Wer sich ansehen möchte, was da passiert ist, findet da nichts. Scheinbar wollte man die Moderatorin damit ein wenig schützen.
Was natürlich in der Youtube-Welt eher schwierig ist. Um so seltsamer ist, dass das ZDF diese Szene am Nachmittag im Magazin „hallo Deutschland" noch mal zeigte – um den Leuten zu sagen, dass es Babette von Kienlin wieder gut gehe. Dass man den Kollaps dafür nochmal zeigen musste, ist merkwürdig. Zumal dadurch der Weg zu Youtube und Co. erst recht frei wurde – und die Szene im Netz nun die Runde macht.
Vermutlich sieht es Babette von Kienlin locker – und sie stand am Dienstag ja auch schon wieder vor der Kamera. „Die ganze Sendung", wie sie schmunzelnd sagte.

Die Rocky Horror Picture Show
Nicht am Karfreitag!
FR 25.03.2016 | 0.00 Uhr | (Sa.) | kabeleins

„Die Rocky Horror Picture Show" lief nicht das erste Mal bei kabeleins. Deshalb ist es auch nicht verwunderlich, dass der Klassiker von 1975 erst um Mitternacht lief. Und dennoch hatte es einen Grund, warum er diesmal erst um genau Mitternacht anfing. Früher hätte er an diesem sehr späten Freitagabend – oder eher: Sonnabendmorgen – gar nicht laufen dürfen. „Die Rocky Horror Picture Show" ist nämlich für Ausstrahlungen am Karfreitag gesperrt. Der Film darf an diesem „stillen Feiertag" nicht gezeigt werden. Also auch nicht am Totensonntag oder am Volkstrauertag. Die FSK beurteilt nämlich nicht nur, ab wie viel Jahren sich jemand einen Film ansehen darf. Laut Grundgesetz, Artikel 140, sind Sonntage und christliche Feiertage gesetzlich geschützt, und „stille Feiertage" wie eben der Karfreitag haben einen noch höheren Schutz. Das Verbot gibt es seit 1980, und auf der Liste stehen aktuell 756 Filme.

Dazu gehören „Final Destination" oder „Die Feuerzangenbowle", „Police Academy" und „Mary Poppins", Bud Spencers „Banana Joe" und Thomas Gottschalks „Piratensender Powerplay", „Animal Farm", und die „Eis am Stiel"-Filme, „Hostel" und „Ring" und viele, viele weitere Filme. Bei einigen verständlich – bei anderen erscheinen eher Fragezeichen.

All diese Filme sind Karfreitag also verboten. Wie ja auch Tanzveranstaltungen am Karfreitag verboten sind. Albern? Überholt? Blödsinnig?

Mag sein. Gegner dieser Regel sagen ja, Kirche und Staat dürften sich nicht vermischen, weshalb auch solche Regelungen unzulässig seien.

Aber so lange der Karfreitag ein Feiertag ist, man diesen auch gern in Anspruch nimmt, sollte man doch im Gegenzug mit diesen Regeln auch keine Probleme haben. Quasi ein Kompromiss.

Und bei kabeleins hat man dann ja schließlich auch keine Minute zu lang gewartet, um dann um Punkt Mitternacht „Die Rocky Horror Picture Show" zu starten.

NeoMagazin Royale
Die Erdogan-Schmähkritik
FR 01.04.2016 | 1.20 Uhr | (Sa.) | ZDF

Beim ZDF zeigt man nur gute Satire. Heißt es. Also, wirklich richtig gute Satire. Man habe da gewisse Ansprüche. Sagt der Programmchef. Die sind wirklich richtig, richtig hoch. Im Sommer scheint man da aber nicht so genau hingeschaut zu haben. Denn während man miese Satiresendungen wie „Die Lars Reichow Show" trotzdem sendete, ist das nun im Fall von Jan Böhmermann anders.

Donnerstagabend bei zdf_neo: Jan Böhmermann ereifert sich im „NeoMagazin Royale" über den türkischen Präsidenten Erdogan und seinen Angriff auf das NDR-Satiremagazin „extra 3". Böhmermann sprach davon, dass es einen Unterschied gebe zwischen Satire, also politischer Satire, und einer in der Tat nicht erlaubten Schmähkritik. Daraufhin zeigte Böhmermann, was denn Schmähkritik sei. Und legte los.

Unter anderem heißt es da über Erdogan: „Pervers, verlaust und zoophil." Er trete und haue Christen, schaue dabei stets Kinderpornos. „Oh Recep, bist kein Freund der Menschen, im Kern der türkische Charles Manson."

Und so weiter.

Danach mutmaßten Böhmermann und sein Sidekick Ralf Kabelka, dass die Passage ja sowieso bald aus der ZDF-Mediathek verschwinde.

Und recht hatten sie. Einen Tag nach der Erstausstrahlung ist der Ausschnitt aus der ZDF-Mediathek verschwunden.

Als die Show am Freitag – na ja, eher am Sonnabendmorgen – auch im ZDF lief, war sie kürzer als noch am Abend davor bei zdf_neo. Der Erdogan-Teil fehlte.

Begründung des ZDF: Es gebe Grenzen der Ironie und der Satire. In diesem Fall seien sie klar überschritten worden. Ach ja, ist das so? Und hat man am Donnerstag noch nicht so genau hingehört? Mal abgesehen davon, dass dieser Teil der Sendung nicht der lustigste und auch gar nicht so aufregend war – eher ein bisschen pubertär –, aber dass da irgendwelche Grenzen überschritten sein sollen, kann ich nicht erkennen.

Letztlich wollte Böhmermann zeigen, was denn Schmähkritik ist, und er hat klar gesagt, dass es genau das ist, und dass genau das ja nicht erlaubt sei.

Im Grunde ist genau das: Satire. Muss einem nicht gefallen, kann man doof finden, ist aber immer noch Satire.

Ich habe eher den Eindruck, dass man beim ZDF gar nicht so genau hingehört hat, dass man eher Angst hatte, es könne gleich noch ein Skandal passieren und dass Erdogan gleich den ganzen Lerchenberg abfackeln lässt. Da kniff man lieber den Schwanz ein (was jetzt hoffentlich keine Schmähkritik ist).

Der Skandal scheint von Böhmermann provoziert worden zu sein, beim ZDF hat man entweder mitgemacht oder ist voll drauf reingefallen. Oder man war halt wirklich zu doof, um zu kapieren, worum es ging.

Davon mal abgesehen, ZDF: 1.20 Uhr? Ernsthaft? Und in der Woche davor: 2 Uhr. Also, echt jetzt mal…

Werbung: a-ha - Die neue Best-of
DI 05.04.2016 | 21.57 Uhr | Sat.1

Ich habe ein wenig den Überblick verloren. Ist die Band a-ha noch zusammen oder nicht? Wie ist da gerade der Stand der Dinge? Laut Wikipedia haben sich die Musiker 2010 getrennt, kamen aber 2011 noch mal kurz zusammen, und 2015 noch einmal.
So ganz will man aber nicht von den Geldbeuteln der Fans ablassen, denn am Dienstagabend lief bei Sat.1 ein Werbespot, der eine „Best-of"-CD von a-ha ankündigte. „Die neue Best-of". Wie armselig ist das denn, dass es nun schon eine Sensation ist, wenn man die alten Songs einfach noch mal in neuer Reifenfolge als x-tes Best-of veröffentlicht?
Okay, es sollen ein paar Lieder drauf sein, die total selten seien und angeblich nie veröffentlicht. Allerdings muss es ja einen Grund geben, warum die Dinger bis heute nie veröffentlicht worden sind.
Eine neue Best-of also. Echte Fans werden sich die Sammlung wohl trotzdem zulegen. Ist ja irgendwie doch Neuware. Also, irgendwie.

NeoMagazin Royale
Kein Wort über Erdogan
DO 07.04.2016 | 22.30 Uhr | zdf_neo

Was für ein Irrsinn. Da mischt sich nun auch noch Bundeskanzlerin Angela Merkel in den Streit um die angebliche Schmähkritik von Jan Böhmermann im „NeoMagazin Royale" ein. Die hat nämlich mit irgendeinem wichtigen Politiker aus der Türkei telefoniert und fühlte sich da bemüßigt, sich zu Böhmermann zu äußern. Es sei eine bewusste Verletzung, sagte sie. Und auch die deutsche Satirefreiheit habe Grenzen, sagte sie.
Was, bitte, soll das? Jetzt muss Frau Merkel also einen Kniefall vor der Türkei machen, nur weil Böhmermann eine nicht besonders lustige Satire zum Besten gab. Ist das nicht auch ein Eingriff in die Presse? Und wie oft ist eigentlich Merkel in der Türkei schon von Medien beleidigt worden, und niemand hat reagiert?
Auch Frau Merkel scheint zu den Leuten zu gehören, die sich nicht die komplette Satire angesehen haben, die sich vielleicht nur das Schmähgedicht selbst angehört hat. Aber zur Satire gehörte eben nicht nur das Gedicht, sondern auch das, was Böhmermann drumrum gesagt hat.
Und jetzt hat man ihn auch noch angezeigt. Deutschland wird langsam, aber sicher, völlig irrsinnig.
In der Sendung vom Donnerstag: Kein Wort zu Erdogan. Es schien, als wolle Böhmermann mit Absicht eine belanglose Sendung abliefern. Scheinbar öde Gespräche und Themen – bloß keine Aufreger!
Somit wirkte die Ödnis fast schon wieder subversiv.
Und was der Satiriker in der letzten Viertelstunde ablieferte, das war dann schon wieder ein Highlight. Er hatte Anne Will zu Gast und zeigte dann einen Ausschnitt, in dem er bei „Anne Will" zu Gast war – und landete in einer Einspieler-Schleife. Böhmermann bei Markus Lanz, im Promi-Dinner, beim Bergdoktor. Wirre Schnitte und Effekte, eine ZDF-Störungstafel – seltsames Fernsehen. Faszinierendes Fernsehen. Mit offenem Mund

verfolgte ich dieses Spektakel, diese scheinbare technische Störung, dieser Böhmermann-Albtraum. Keine Ahnung, was er damit sagen wollte – vielleicht der Irrsinn, in dem wir leben, diese Egalheit des ZDF-Programms, diese Gefangenheit im Relevanz-Nichts.
Dass es Fernsehkunst war, ist vielleicht übertrieben – aber das war wieder mal etwas Überraschendes, etwas Fesselndes. Wünscht man sich doch viel öfter vom Fernsehen.

phoenix vor Ort: Merkel-Erklärung zum Fall Böhmermann
FR 15.04.2016 | 13.05 Uhr | phoenix

Der Fall Böhmermann. Man kann nur noch mit dem Kopf schütteln.
Böhmermann überall. In der „Tagesschau", im Mittagsmagazin, im Frühstücksfernsehen, bei „aspekte", als Topthema bei N24 – und natürlich die Live-Übertragung eines Merkel-Statements bei „phoenix vor Ort". Hätte so vor zwei Wochen auch niemand erwartet.
So aber war phoenix am Freitagmittag live dabei, als Bundeskanzlerin Merkel verkündete, dass die Bundesregierung es zulässt, dass die Staatsanwaltschaft gegen Böhmermann und das angebliche Schmähgedicht aus dem „NeoMagazin Royale" bei zdf_neo ermitteln kann. Stichwort: Ermächtigung.
Das Geschrei ist groß, und das zurecht.
Aber andererseits: Merkels Entscheidung ist richtig. Nicht der Staat darf über etwas entscheiden, was eigentlich Gerichte klären müssen. Gerichte und Richter sind dazu da, zu überprüfen, ob Gesetze eingehalten worden sind. Wenn ein Herr Erdogan aus der Türkei den Herrn Böhmermann aus Deutschland anzeigt, dann soll das Gericht prüfen, was damit passiert.
Und das Ergebnis kann mit gesundem Menschenverstand eigentlich nur heißen: Sieg für die Satirefreiheit.

Dass Angela Merkel gleich noch ankündigte, dass der Paragraf bald abgeschafft werden soll, der es Erdogan (noch) ermöglicht, zu klagen, das ist fast schon Ironie und auch schon Satire. Der Kabarettist Florian Schroeder sagte, das sei eine schallende Ohrfeige für Erdogan. Und damit hat er recht – auch wenn der ganze Vorgang zunächst anders wirkt.
Der Fehler der Kanzlerin war, dass sie sich nicht von vornherein aus dem Vorgang rausgehalten hat. Stattdessen faselte sie etwas von Böswilligkeit des Satirikers. Damit entzündete sie erst das Feuer.
Es hätte sicher sehr vielen Leuten gefallen, wenn Merkel nun die Ermächtigung verweigert hätte. Das wäre gut gewesen für Böhmermann, aber eben auch wieder eine Einmischung des Staates.
Sollen doch die Gerichte entscheiden, dazu haben wir sie.

ZDF spezial: Abschied von Hans Dietrich Genscher

SO 17.04.2016 | 11.55 Uhr | ZDF

Stille.
Mit Stille können die Fuzzis beim Fernsehen leider so gar nichts anfangen.
Bei Stille werden die nervös. Bei Stille denken sie an Sendeausfall und daran, dass die Leute denken könnten, der Fernseher sei kaputt.
Und deshalb lassen Fernsehfuzzis Stille nicht zu. Deshalb wird Stille konsequent zugequatscht.
Das ZDF übertrug am Sonntagmittag live aus Bonn den Staatsakt für den verstorbenen Ex-Außenminister Hans-Dietrich Genscher.
Da gab es den Moment, als der Sarg von Bundeswehr-Soldaten aus dem Saal getragen worden ist.
Im Saal war das ein Moment der Stille.
Aber wie gesagt: Stille im Fernsehen – das, finden Fernsehleute, geht nicht. Also laberte Kommentatorin Bettina Schausten drauf los. Sie laberte, um des Laberns Willen, denn inhaltlich hatte sie nichts zu sagen. Außer dass gerade der Sarg rausgetragen werde, aber das hat der ZDF-Zuschauer eh gesehen. Dann erzählte Frau Schausten, dass der Sarg auf den Platz getragen werde, aber auch das hat… nun ja. Dann musste noch ein Studiogast befragt werden, wie er denn das alles fand.
Der Moment der Stille – und vor allem der Augenblick des Respekts vor dem letzten Weg – den wollte die ZDF-Frau dem Herrn Genscher nicht gönnen. Denn dann hätte sie ja schweigen müssen. Und das war leider nicht machbar.

Wunderwerk Penis - Neues vom männlichen Zentralorgan
DO 21.04.2016 | 20.15 Uhr | 3sat

Gnihihi! Sie haben „PENIS" gesagt! Und sie haben sogar Penisse gezeigt. Und wenn die Aussicht herrscht, Penisse zu sehen, dann schalten die Deutschen auch mal einen Kultursender ein. Normalerweise ist eine Tages-Top-Quote von 300.000 Zuschauern für 3sat normal. Als am Donnerstagabend zur Primetime aber die Doku über das „Wunderwerk Penis – Neues vom männlichen Zentralorgan" zu sehen war, da schwoll die Quote auch gleich an – auf fast 1,2 Millionen Zuschauer.

Ja, ja, war natürlich eine Wissensdoku, aber die Zuschauer bekamen natürlich auch was fürs Auge. So gibt es doch tatsächlich Menschen, die sich immer und immer wieder nackt fotografieren und das in einem Fotoblog ins Internet stellen. Und wer bisher noch nicht wusste, wie das denn so funktioniert mit dem Penis, der bekam es auch gezeigt – in dem Fall aber „nur" per Zeichnungen.

Wenn also 3sat auch in Zukunft höhere Einschaltquoten erzielen will, dann müssen künftig mehr Sexdokus im Programm zu sehen sein. Was zdf info mit seinen Nazidokus kann, sollte doch bei 3sat auch funktionieren.

Aus für „Sanft & sorgfältig"
MO 25.04.2016 | 18.20 Uhr | radioeins

Weil Jan Böhmermann wegen der Erdogan-Schmähgedicht-Debatte nicht auf Sendung gehen wollte oder konnte, hat auch die radioeins-Sonntagnachmittag-Show „Sanft & sorgfältig" pausiert. Aus der Pause wird nun ein Aus. Die Sendung wird es nicht mehr geben. Jan Böhmermann hat es auf seiner Facebook-Seite verkündet – ohne Angaben von Gründen.

Den Grund lieferte am frühen Montagabend radioeins-Chef Robert Skuppin nach: Jan Böhmermann und Olli Schulz werden wohl eine ähnliche Show an anderer Stelle starten, und laut Mediendienst DWDL soll es sich wohl um Spotify handeln. Die Show wird also nur als Podcast weitergehen.

Das ist schade und steht den beiden natürlich frei. Aber die Art und Weise ist sehr arschig.

„Sanft & sorgfältig" endet also total abrupt, nicht mal eine Abschiedssendung wollen die beiden noch machen. Es heißt, sie wollen immerhin demnächst einen Gruß senden – was auch immer das heißt.

Es heißt, Schulz und Böhmermann hätten schon länger verhandelt. Böhmermann teilte die Entscheidung radioeins am Montagmorgen mit. Gesagt und Aus. Merkwürdig.

Es wären nur noch wenige Sendungen gewesen, und man wäre sowieso in die Sommerpause gegangen. Da hätten sie Schluss machen können, aber nun verpissen sie sich quasi von heute auf morgen. Nicht die feine Art, und gerade in Böhmermanns aktueller Situation mit dem Rückhalt seiner Fans in der Erdogan-Krise ist das nicht die ganz feine Art.

Richard III.
MI 27.04.2016 | 1.10 Uhr (Do.) | arte

Es ist ein abgefilmtes Theaterstück, keine Inszenierung fürs Fernsehen. Der Ton ist hallig und relativ mies. Und trotzdem: auf eine faszinierende Art fesselnd.
Wenn in der Schaubühne in Berlin „Richard III." mit Lars Eidinger in der Hauptrolle gezeigt wird, dann kann man sich relativ sicher sein, dass die Vorstellung ausverkauft ist. Dafür Tickets zu bekommen, ist gar nicht so einfach.
Immerhin gilt Lars Eidinger als Deutschlands bester Theaterschauspieler – und die Schaubühne als innovatives Haus.
In der Nacht zum Donnerstag wiederholte arte eine Aufzeichnung von „Richard III.". Und allen Fernsehwidrigkeiten zum Trotz: Es vergehen nur wenige Minuten, und man stellt alle eventuellen Nebentätigkeiten ein. Das Stück fesselt, und vor allem: Eidinger fesselt. Diesem Mann beim Spielen zuzusehen ist ein Fest.
Gutes Schauspiel erkennt man daran, dass es nicht den Eindruck von Schauspiel macht. Eidinger lebt seine Rolle. Er spricht wie er spricht, man nimmt ihm die Rolle, die er spielt, ab. Er ist dieser Richard, er wie meckert, wie er lamentiert, wie er guckt, sich bewegt. Es ist großartig.
Aber auch die Inszenierung an sich sorgt dafür, dass man dem Geschehen gespannt folgt. Im Theater ganz sicher noch intensiver als vor dem Fernseher. Selbst wenn man dem Ganzen inhaltlich nicht immer folgen kann, jede Szene für sich nimmt einen als Zuschauer unheimlich ein.
So ist „Richard III." trotz der mangelnden Tonqualität auch ein Fernsehereignis.

NeoMagazin Royale
#verafake
DO 12.05.2016 | 22.20 Uhr | zdf_neo

Um es gleich mal vorweg zu nehmen: Pfui Teufel, RTL!
Aber andererseits: Geahnt haben wir es ja immer, dass bei „Schwiegertochter gesucht" etwas nicht mit rechten Dingen zugeht. Aber es mussten erst Jan Böhmermann und sein Team vom „NeoMagazin Royale" kommen, um RTL und Vera Int-Veen zu entblößen.
Hashtag: #verafake.
Die Leute von zdf_neo haben einen Kandidaten in die RTL-Kuppelshow eingeschleust, sie haben eine Wohnung gemietet, alles lange vorbereitet. Der junge Mann musste besonders bekloppt sein, bescheuerte Hobbys haben, leicht behindert wirken – und schon schnappten die RTL-Leute zu. Und machten ihn noch bescheuerter, ließen ihn unterschreiben, dass er nicht (!) geistig behindert (!) sei und dass er und sein Vater keinen Alkohol trinken – obwohl er und „Vaddern" sagten, dass sie täglich acht Bier trinken.
Und so weiter.
Nein, überraschend ist das nicht. Überraschend – und großartig – ist, dass Böhmermann es endlich aufgedeckt hat. Das Team der RTL-Sendung „Schwiegertochter gesucht" ist gezielt auf der Suche nach wunderlichen Leuten, die wirken, als hätten sie eine geistige Behinderung. Umso perfider ist die Nicht-Behinderten-Unterschrift. Die wunderlichen Menschen werden noch wunderlicher gemacht, das Team lässt sie bekloppte Texte aufsagen und machen sie vor der Öffentlichkeit lächerlich (die da ja auch gern mitmacht, einschaltet und sich auf die Schenkel klopft!). Und das alles für einen verdammten Hungerlohn.
Zehn Jahre geht das so – und jetzt kommt RTL daher und spricht von einem bedauerlichen Einzelfall und dass man das Team austausche.
Wie wäre es mal mit: absetzen? Produktionsfirma feuern? Vera Int-Veen feuern? Das wäre doch mal eine gute Konsequenz.

Stattdessen schickt man Mitarbeiter vor, die Chefs machen es sich weiter im vollgepupten Sessel bequem und blubbern von Einzelfällen. Wer's glaubt.
PS: Böhmermann ist zurück. Erdogan? War da was?

Eurovision Song Contest 2016
SA 14.05.2016 | 21.00 Uhr | Das Erste

Deutschland hat sein Ziel beim Eurovision Song Contest 2016 erreicht: Punkte bekommen! Das ist doch schon mal was. Das ist ein guter Anfang nach dem Totalausfall 2015.
Tja, aber dennoch wieder Letzter. Jamie-Lee bekam für ihren „Ghost" gerade mal elf Punkte.
Das Nervigste an diesem letzten Platz ist nun aber das Geheule à la: Keiner hat uns lieb. Alle hassen uns. Das ist eine rein politische Entscheidung.
Dabei lag es dann einfach doch nur an einem ziemlich mittelmäßigen Song (und da reden wir noch nicht mal über das merkwürdige Outfit und die Bühne), den Deutschland da mal wieder ins Rennen schickte. Einem Song, der selbst in Deutschland nicht die Charts dominierte. Der selbst in Deutschland nur mittelmäßig ankam.
Warum also sollte der beim ESC plötzlich der ganz große Erfolg sein? Man könnte sagen: Diese Debatte ist ein bisschen heuchlerisch.
Es ist das Perfide am Votingsystem des Eurovision Song Contests: Landet ein Song in 42 Ländern auf Platz 11, dann ist das eigentlich ein guter Wert. Er wird trotzdem mit 0 Punkten aus dem Wettbewerb gehen, weil ausschließlich die Top 10 Punkte bekommt. Wird also ein Song nicht mal als schlecht, sondern fast überall als mittelmäßig betrachtet – dann ist das das Aus.
Konsequenzen? Aber sicher! Der NDR muss sich endlich mal ein griffiges Konzept für die deutsche Vorentscheidung überlegen. Der Vorentscheid war eine Parade der Mittelmäßigkeit. Es müssen keine großen Stars ran – aber gute Komponisten, die moderne

Songs abliefern, die es innerhalb von drei Minuten schaffen, die Leute zu begeistern. Hört man Jamie-Lees Song das erste Mal: Schulterzucken. Begeisterung? Eher höfliches Nicken. Sobald es nur zehn von 26 Songs gibt, die besser sind als Deutschlands Song – Arschkarte.

Außerdem muss der Song, der für Deutschland ins Rennen geht, in Europa besser promotet werden – Österreich und Schweiz sind da noch die Mindestpflicht. Da muss der NDR klotzen und den deutschen Song bekannt machen.

Denn daran kranken wir auch: Wir haben keinen gemeinsamen Kulturraum mit unseren Nachbarn. Der Sänger, der für Russland antrat, ist im gesamten Ostblock ein Star. Klar, dass die Punkte da sprudeln.

Und wenn wir schon mal dabei sind: Die trutschige Reeperbahn-Show kann man auch mal überdenken – Barbara Schöneberger kann da nichts retten. Peter Urban darf auch gern in Rente gehen – eine Musikshow braucht keinen Kommentator, höchstens in diesem Fall ab und zu einen Simultandolmetscher, um Moderationen oder Einspielfilme zu übersetzen. Oder die ARD soll wenigstens eine Ton-Option anbieten, um den Zuschauern die Möglichkeit zu geben, Urban abzustellen. Als es am Sonnabend beim Kommentator einen Tonausfall gab, hat man das erst gemerkt, als der sich überflüssigerweise per Telefon zuschaltete und nervte.

Die Ukraine hat den Wettbewerb gewonnen. War nicht mein Favorit, ich sah ihn sehr weit hinten. Dass er aber so gut funktioniert, ist nicht überraschend. Auch hier funktionierte die „Ostfront" – auch weil er in Osteuropa heiß diskutiert worden ist. Australien lieferte guten Pop ab – und die Frage, wo eigentlich der ESC 2017 im Fall eines Sieges stattgefunden hätte.

Meine Favoriten waren dagegen der sehr schöne Song aus den Niederlanden, gefolgt von der schnellen Nummer aus Georgien und dem coolen Typen aus Schweden.

Na ja, man steckt halt nicht drin.

Sport im Osten extra: Die Party zum Aufstieg von RB Leipzig

MO 16.05.2016 | 16.00 Uhr | mdr-Fernsehen

„Wir sind eins!", lautet der Spruch von RB Leipzig und seinen Fans. Red Bull... äh, Rasenballsport Leipzig hat den Sprung in die 1. Fußball-Bundesliga geschafft. Der mdr übertrug am Pfingstmontagnachmittag live die Aufstiegsfeier.

Beim Spruch „Wir sind eins!" scheint aber ein wichtiges Wort vergessen worden zu sein: „nur". „Nur wir sind eins!" heißt wohl der wahre Spruch der RB-Leipzig-Fans.

Die Band Silly hatte einen Auftritt während der Show, und der sorgte für einen Eklat. Die Band hatte nämlich Trikots anderer ostdeutscher Fußballvereine übergezogen, von Berlin, Dresden, Rostock und Magdeburg. Dafür gab es laute Buh-Rufe von den 20.000 Leuten vor der Bühne.

In vielen Berichten hieß es, das Konzert sei abgebrochen worden. Das ist nicht so, Silly spielte einen Song (alle Bands spielten nur einen Song) und ging – unter dem Gebrüll der Leipziger.

Okay, das war keine Aktion, die großes Gespür bei den Musikern bewies. Frontfrau Anna Loos sagte später, der mdr habe ihnen gesagt, es handele sich um eine ostdeutsche Fußballparty und nicht speziell eine, die sich um den RB Leipzig drehe. Das ist natürlich eine ganz miese Ausrede und wenig glaubhaft. Denn vor Ort hätte man ganz fix feststellen können, auf welchem Event man sich denn befinde. War die Aktion nicht vielleicht eher ein Protest gegen den RB Leipzig, der deutschlandweit als recht unbeliebt gilt? Wenn das so ist, dann hätten die Sillys wenigstens den Arsch in der Hose haben können, das auch so zu sagen.

Andererseits: Warum können sich Fans von RB Leipzig nicht auch mit den anderen ostdeutschen Vereinen freuen, die auch Erfolge feiern? Immerhin sind das in der 1. Liga nicht mal Konkurrenten. Können Leipziger nicht gönnen? Sind eben auch nur engstirnige Egoisten. Höchst unsympathisch und alles andere als „Wir sind eins!".

Red Bull hat von den vergangenen sieben Jahren viel Kohle in den Verein gesteckt, und das Ding ist geglückt und nun schon in Liga 1. Das sorgt für Unmut bei vielen Fans. Dabei regiert in der Liga doch eh nur das Geld. Was wären die Bayern ohne die Milliarden? Stadien heißen wie ihre Sponsoren, Spieler kommen kaum noch aus der Region des Vereins. das scheint kaum jemanden zu stören, bei RB Leipzig ist das anders. Dabei kann man noch so viel Kohle in eine Mannschaft stecken – die Spieler müssen dennoch erst mal gewinnen, um Erfolg zu haben. Das ist in Leipzig gelungen. Und man kann von RB Leipzig halten, was man will: Für den Osten ist der Bundesliga-Aufstieg eine gute Sache. Auch wenn mir die Hertha natürlich trotzdem näher steht. Auch rein geografisch...

Mediashop: Hot Belt
MI 25.05.2016 | 2.45 Uhr (Do.) | Super RTL

Schluss mit den Diäten! Es darf weiter gefressen werden! Das dämliche Rumgehungere hat ein Ende! Denn es gibt nun den Hot Belt. Den schnallt man sich um den Bauch, und alles wird gut! Vorgestellt wurde das Wunderteil in der Nacht zum Donnerstag im „Mediashop" bei Super RTL.
Mit dem Ding schwitze man und nehme so massiv ab. Heißt es. Man verliere zwei Kleidergrößen, man gewinne ein Sixpack, der Bauch werde wieder definiert.
Hach, ist das toll, das muss ich haben! Während ich mir dann ein Nutella-Brötchen in den Mund schiebe, lege ich den Wundergürtel um und schwitze die Nutella gleich wieder aus. Und alle anderen Gifte aus dem Körper gleich mit. Ich muss gar nichts mehr tun! So stelle ich mir Wellness vor. Futtern und sexy bleiben – oder werden. Paradiesisch!
In der Dauerwerbesendung waren dementsprechend lauter glückliche Menschen zu sehen, die auch nur den Schwitzegürtel umlegen mussten, um einen straffen Bauch zu bekommen. Stichwort: Sofortwirkung! „Super bequem zur Traumfigur", heißt es da. Und natürlich ist das wissenschaftlich belegt. Um das zu beweisen, zeigt man sehr ausführlich für etwa eine halbe Sekunde ein paar Blätter Papier mit irgendwas drauf. Ich bin sicher, dass das seriös ist. Ganz sicher!
Das Wunderteil gibt es übrigens in den Größen S bis 4XL! Also XXXXL!!! Für die ganz Dicken gibt's das Ding also auch, die müssen dann wohl auch nur ein paar Jahre (Jahrzehnte? Oder auch nur ein paar Stunden? Stichwort: Sofortwirkung) schwitzend rumsitzen, um rank und schlank zu werden. Sport? Weg damit! Braucht kein Mensch mehr!
Keine 50 Euro kostet das Ding (na gut, mit Versandgebühr dann doch mehr), aber jetzt kommt's: Als Einführungsüberraschung bekommt man für den Fuffi gleich zwei solcher Hot Belts! Zwei!!! Zum Preis von einem!!!!! Das ist so wahnsinnig wahnsinnig, dass

man gar nicht so viele Ausrufezeichen setzen kann, wie nötig wäre, um auszudrücken, wie wahnsinnig das ist.
Dann kann man das schwitzig-stinkende Teil wenigstens auch austauschen und waschen. Ist ja auch nötig, wenn man das Ding ein Jahr (oder so) tragen muss, bis man Mister Universum wird.

Halloween - Die Nacht des Grauens
SO 29.05.2016 | 5.10 Uhr | ZDF

Die Fußballer sind schuld! Und der Sendecomputer! Und überhaupt ist das alles verdammt blöd gelaufen.
Am Sonntagmorgen zeigte das ZDF statt des Kinderprogramms den Horrorfilm „Halloween – Die Nacht des Grauens". Wenn die lieben Kleinen nach 6 Uhr das Zweite eingeschaltet haben, dann hüpfte nicht „Coco, der neugierige Affe" über die Bildschirme, sondern irgendwelche Horrorgestalten in einem handfesten Erwachsenenfilm.
Zumindest bis 6.29 Uhr, dann gab es plötzlich eine Störungstafel und ein Füllprogramm – und irgendwann dann endlich das geplante Kinderprogramm.
Was war passiert? Am Sonnabendabend dauerte das Champions-League-Finale sehr viel länger als geplant. Somit kam es zu Programmverschiebungen, die noch größer wurden, weil das Fußballspiel in der Nacht wiederholt worden ist.
Und dann scheint man beim ZDF schlicht vergessen zu haben, das nachfolgende Programm neu zu planen oder zu programmieren. So begann „Halloween – Die Nacht des Grauens" nicht wie geplant um 3.30 Uhr, sondern erst gegen 5.10 Uhr.
Da dieser Film nun aber länger als bis 6 Uhr dauerte und damit in die Kinderzeit reinlief, hätte er gar nicht erst starten dürfen. Vermutlich war das auch so geplant, denn im Videotext-Programm steht der Film gar nicht mehr drin.
Aber es scheint vergessen worden zu sein, dass man vielleicht mal sein Programm umstellen müsse – oder irgendwer hat irgendein

Knopf nicht gedrückt. Falls denn nachts überhaupt jemand da ist, um Knöpfchen zu drücken. Oder wach genug.
Da mussten erst Leute via Twitter nachfragen, was denn da im ZDF-Kinderprogramm für Horrorfilme laufen. Sonst wäre der bis zum Ende durchgelaufen – und viel hat ja nicht mehr gefehlt, anders als es das ZDF übrigens behauptete.
So ein bisschen Horror am Sonntagmorgen – ob sich die lieben Kleinen gefreut haben?

Tagesschau
Gauland und Nachbar Boateng
SO 29.05.2016 | 20.15 Uhr | Das Erste

Da hat er es mal wieder geschafft, der Alexander Gauland. Der AfD-Agitator war am Sonntag die erste Meldung in der „Tagesschau", und das weil er angeblich den Fußball-Nationalspieler Jerome Boateng beleidigt hat. „Die Leute finden ihn als Fußballspieler gut. Aber sie wollen einen Boateng nicht als Nachbarn haben", sagte Alexander Gauland der „Frankfurter Allgemeinen Sonntagszeitung".
Bäm. Und schon bekamen viele, viele Leute in Deutschland wieder Schnappatmung.
Gauland beleidigt Boateng, hieß es. Gauland sei rassistisch, hieß es. In den sozialen Netzwerken machte sich Empörung breit, und überall hieß es, man wolle gern der Nachbar von Herrn Boateng sein.
Wie schön. Aber ein bisschen kurz gedacht.
Eine leider mal wieder ziemlich heuchlerische Debatte.
Sicherlich, es ist unschön, was der Gauland da gesagt hat, auch rassistisch. Aber es könnte sogar berechnend gewesen sein, weil er genau wusste, was er damit wieder lostritt.
Aber wie sieht denn in Deutschland die Wirklichkeit aus? Was passiert, wenn ein Herr Boateng in die Nachbarschaft einzieht? Also jemand, der nicht wie Boateng ein Promi ist. Ein fremder Türke, ein Araber, ein Afrikaner – ein Ausländer? Wie reagiert

denn da die Masse? Bestimmt haben viele kein Problem damit, aber garantiert ist der Anteil der Menschen, die erst mal die Nase rümpfen, gar nicht so klein.

Insofern hat Gauland einen Punkt benannt, an dem einiges dran ist. Traurig ist, dass im großen Aufschrei wieder nur die Empörung im Vordergrund steht, aber kaum jemand mal weiter darüber nachdenkt, wie das denn wirklich in der deutschen Provinz so aussieht.

Daniela und Lucas - Die Hochzeit
SA 04.06.2016 | 20.15 Uhr | RTL II

Gebete. Gottes Segen. Das Vater Unser. Und natürlich eine Predigt. Am Sonnabend. Zur Primetime.

Aber jetzt kommt der Knaller: auf RTL II.

Manchmal ist der Trashsender dann doch noch für eine Überraschung gut, auch wenn der Anlass der werbefreien Gottesdienst-Live-Übertragung dann doch eher trashig war.

Daniela Katzenberger und Lucas Cordalis haben geheiratet. Und nur für sich zu heiraten ist den beiden offenbar zu langweilig – oder lässt ihnen alles so schrecklich unwichtig erscheinen. Also ließen sie RTL II das Ganze live begleiten.

Die Hochzeit fand auf dem Petersberg bei Bonn statt. Früher wohnten dort hohe Staatsgäste, nun also Promitrash. So kann's gehen.

Und was waren alle aufgeregt. Die Daniela saß bibbernd in einem Hinterzimmer, natürlich waren wir via RTL II live dabei – nur das Kleid durften wir noch nicht sehen, immerhin bringt das ja Unglück. Wobei mir nicht klar ist, für wen. Für mich als Zuschauer? Für Frau Katzenberger? Für den Kameramann?

Auch Lucas Cordalis war ganz nervös. Mit dem Mann, der sagt, er sei Costa Cordalis (aber äußerlich nur entfernt an ihn erinnert), sowie mit dem Trauzeugen schritt er auf die Kirche zu. Und wenn das Fernsehen das live überträgt, kann man natürlich nicht schweigen. Die Meister des Smalltalks hatten es aber drauf: „Schöne Kirche." „Ich freue mich." „Schau mal, die Blumen." Wenn man sich das Fernsehen zur Trauung einlädt, hat das natürlich nicht immer nur Vorteile. Daniela Katzenberger musste geschlagene acht Minuten vor der Kirche rumstehen, weil RTL II – Showdown!! – an der Stelle noch mal Werbung platzieren musste. Aber immerhin hatte die Katze so noch mal genug Zeit, sich zu überlegen, ob sie nicht doch lieber ohne RTL II heiraten will. Oder überhaupt heiraten will. Oder überhaupt den ganzen Medienrummel sein lassen will.

Aber die beiden heirateten dann doch, und tatsächlich waren – wenn man mal die Umstände vergisst – diese Minuten durchaus rührend und sogar spannend. Denn eines muss man schon anmerken: Katzenberger und Cordalis haben den RTL-II-Zuschauern mit dem nicht ganz kurzen Traugottesdienst einiges zugemutet. Eine lange Predigt, Trausprüche, Gebete, Playback-Musikeinlagen. Wie Gottesdienste halt so sind. Also, bis auf den Playback-Müll.

Erstaunlicherweise hat RTL II die Hochzeitsnacht nicht live übertragen – vielleicht hätte man die ja im Pay-per-View-Angebot auf Sky vermarkten können.

PS: Ist die Katze jetzt eigentlich Daniela Cordalis? Und wird sie nun auch singen?

PPS: Costa? Warst du's wirklich?

EM live - UEFA EURO 2016: Italien - Schweden
FR 17.06.2016 | 14.05 Uhr | ZDF

Kritik ist immer gut. Kritik sollte allerdings so formuliert sein, dass sie inhaltlich stimmig ist – und nicht beleidigt.
Am Freitagnachmittag waren aber viele Männer einfach nur angepisst. Sie waren der Meinung, dass das ZDF ihnen die schöne Fußball-EM versaue – weil die doch glatt eine Frau ans Kommentatorenmikro lassen.
Claudia Neumann kommentierte am Freitag ihr zweites EM-Spiel: Italien gegen Schweden. Was aber teilweise im Internet währenddessen abging, das war einfach nur unterirdisch.
„Wieso kommentiert das Spiel eine Frau?", will einer wissen, und ein anderer antwortet, dass sie sich anhöre wie eine Kampflesbe.
Da bekomme man Ohrenkrebs, schrieb jemand.
„Seit ihr behindert? Wieder eine Frau als kommentator ich schlafe ein ihr verkakt alles" (Rechtschreibfehler inklusive). Das ZDF verkackt also, nur weil das Zweite eine Frau ranlässt. Diese Schlampe brauche einfach nur einen Pimmel, schrieb jemand anderes. Und wieder ein anderer: „ZDF fühl dich in die Votze getreten!!!" (Und ich dachte, Fotze schreibt man mit F!)
Es ging also sehr oft gar nicht darum, dass Frau Neumann Fehler gemacht habe – sondern einfach nur darum, dass sie FRAU Neumann ist.
Wir haben 2016. Es ist völlig normal, dass in Deutschland weitgehende Gleichberechtigung herrscht. Jahaaa, aber doch nicht beim Fuuuußball, denken sich jetzt einige Herren, während sie sich rotzend die Eier kraulen. Da werden die aber so richtig böööse und kotzen sich mal so richtig in den sozialen Netzwerken aus.
Zur Strafe für all diese Leute sollte das ZDF ab sofort Claudia Neumann noch öfter einsetzen – am besten beim nächsten Deutschlandspiel.

Volle Kanne
Detlef Soost und der Brexit
FR 24.06.2016 | 9.35 Uhr | ZDF

Es gibt Momente, da ist das Fernsehen einfach nur banal. Schrecklich banal. Brexit. Gerade haben sich die Bürger Großbritanniens mehrheitlich entschlossen, dass das Königreich aus der EU austreten soll. Gerade hat Premierminister Cameron verkündet, dass er irgendwann bald zurücktreten werde. Stundenlang war das „Morgenmagazin" auf Sendung, wegen der Cameron-Rede bis 9.35 Uhr verlängert. Und dann beginnt im ZDF das Magazin „Volle Kanne", und die Macher freuen sich, dass sie mit Kate Hall, der Gattin von Detlef (nicht mehr D!) Soost, zufällig sogar eine Engländerin zu Gast zu haben. Die muss doch einfach was zum Brexit sagen können.
Kate Hall weiß nur leider nichts über den Brexit. Nein, sie sei da nicht informiert. Sie müsse sich mal damit beschäftigen, vielleicht bekomme sie ja nun einen deutschen Pass.
Ah ja.
Es war so einer dieser Oh-Gott-Momente. Da wird stundenlang Weltgeschichte zelebriert, und dann kommt Frau Ahnungslos. Okay, sie war eingeladen, weil ihr Mann Detlef eingeladen war, der wiederum was über seinen Fitnesskram erzählen wollte. Und darüber, dass er nun nicht mehr Detlef D! Soost sei, sondern nur noch Detlef Soost. Weil er tanzt ja nicht mehr nur, sondern vertickt auch Fitness-DVDs, gibt Kurse und Abnehm-Workshops. Vielleicht sollte er darüber nachdenken, künftig das „F" (wie Fit) zu benutzen. Detlef F! Soost.
Da hockten nun Moderatorin Andrea Ballschuh und Detlef Soost auf dem Boden, machten Fitnessübungen, während Kate Hall vielleicht darüber nachdachte, was denn dieser Brexit eigentlich zu bedeuten hat – und während Das Erste stundenlang mit Sondersendungen unterwegs war.
Apropos, Das Erste: Dass dort um 9.05 Uhr die Serie „Rote Rosen" auf Sendung ging, war schon befremdlich. Zumal klar war, dass

Premierminister Cameron bald seine Rede zum Brexit halten würde. Als er dann begann, war das ZDF noch live im verlängerten Frühstücksfernsehen dabei, im Ersten lief noch die Serie. Dann aber muss sich da doch ein Chef durchgesetzt haben, denn die „Roten Rosen" endeten abrupt, und die „Tagesschau" ging auf Sendung, um die Rede leicht zeitversetzt zu zeigen – und um dreieinhalb Stunden durchzusenden.

DIE EM-Alternative: Der goldene Handschuh
MI 06.07.2016 | 21.00 Uhr | Tele 5

Wenn ein Fußball-EM-Halbfinale läuft, ist es ja im Grunde wurscht, was die anderen Programme senden. Die Quoten werden mau sein. Bei Tele 5 hat man aus der Not (mal wieder) eine Tugend gemacht.
Weit mehr als drei Stunden lang lief am Mittwochabend „DIE EM-Alternative": ein Hörbuch! Nicht enden wollende 200 Minuten sahen wir Leuten dabei zu, wie sie lesen.
Bei mir würde das nicht funktionieren: Denn ich lese sehr viel auf dem Klo, und dabei möchte ich – und da bitte ich um Verständnis – keine Zuschauer haben.
Bei Tele 5 setzte sich am Mittwochabend eine junge Frau in einen Sessel. Es scheint, dass der Fernseher läuft, weil entsprechendes Licht in die Szene fällt. Die Frau nimmt sich ein Getränk und liest in einem Buch.
Mehr passiert nicht.
Das heißt doch, denn wir hören „Der goldene Handschuh", ein Hörbuch gelesen von Heinz Strunk.
Acht Minuten lang passiert nichts weiter, die Kamera steht fest, bewegt sich nicht.
Dann wird plötzlich ein Mann ins Bild gebeamt, er scheint sich zu langweilen, legt sich das Buch auf den Kopf und verschwindet kurz darauf wieder. Auch die Frau ist plötzlich weg, aber es erscheint eine andere. Die redet mit jemanden, was sie sagt, hören wir aber

nicht, weil ja der Strunk labert. Zwischendurch isst sie noch eine Banane, stellt dann das Buch ins Regal und haut dann auch wieder ab.

Später kuschelt ein Paar auf dem Sessel, und ein junger Mann verschüttet beim Torschrei sein Bier. Was interessant ist, denn die Szene lief, als parallel tatsächlich Portugal ein Tor geschossen hatte.

Live war die Leserbeobachtung aber nicht, denn später wiederholten sich Leseszenen plötzlich – wieder die Bananeessende Frau, wieder der Typ, der sich das Buch auf den Kopf legt.

Das ist fast schon ein bisschen enttäuschend, denn der Reiz hätte ja wirklich darin liegen können, so was wirklich live zu machen – also live die Leute zu beobachten, wie sie lesen – oder was sie sich sonst so einfallen lassen.

Immerhin 40.000 Leute haben sich das im Schnitt angesehen – und am Sonntag können sie wieder einschalten. Wenn das EM-Finale angepfiffen wird (ja nun leider ohne Deutschland), dann wird auf Tele 5 wieder gelesen, Heinz Strunk liest dann den zweiten Teil seines Buches.

Ob dann wieder die selben Leute lesen und Banane essen und Bier verschütten?

Unsere größten Hits
SA 09.07.2016 | 20.15 Uhr | ZDF

Eigentlich hat RTL ja die Chartshows abonniert – deshalb hat man sich beim ZDF mit der Charts-Jubiläumsshow „Unsere größten Hits" auch besonders beeilt. Seit 1977 werden jede Woche die aktuellen deutschen Charts erstellt, die 40 Jahre werden also erst im nächsten Jahr voll. Trotzdem wollte man beim ZDF schon jetzt feiern. Ist doch eh alles wurscht.

Apropos wurscht: Um sich bloß nicht dem Vorwurf auszusetzen, dass man die RTL-Chartshows kopiert und bloß Oliver Geissen durch Johannes B. Kerner ersetzt, hat man beim ZDF doch noch ein bisschen am Konzept gearbeitet.

Oder nein, anders: Man hat beim ZDF einfach das Konzept weggelassen. Man dachte, es reicht, wenn einfach irgendwelche Hits aus 40, äh, 39 Jahren Charts von irgendwem gesungen werden.

So bot das Zweite am Sonnabend zur Primetime leider nur gepflegte Langeweile.

So wäre es ja mal spannend gewesen, aus den 40, äh, 39 Jahren die jeweiligen Hits des Jahres zu erfahren. Schließlich hieß doch die Show so: „Unsere größten Hits". Und überhaupt wäre es ja schön gewesen, wenn ein paar Stars gekommen wären, um ihre eigenen Hits zu singen.

Nein, dass Schauspielerin Stephanie Stumph Lady Gagas „Pokerface" singt, Vicky Leandros „Dieser Weg" von Xavier Naidoo oder Miroslav Nemec Grönemeyers „Flugzeuge im Bauch", das ist irgendwie nett – aber ob die das nun tun oder in China ein Sack Reis umfällt, ist genauso spannend.

Kerner versprach am Anfang eine Show, wie man sie noch nie gesehen habe. Es war aber auch eine Show, bei der man zwischendurch gefahrlos mal wegdämmern konnte.

Make Love - Liebe kann man lernen: Wie lieben Teenager?
DI 12.07.2016 | 22.45 Uhr | ZDF

Stell dir das mal vor: Du bist in der 9. Klasse, und dann kommt das Fernsehen in den Unterrichtsraum, und alle sprechen über Sex. Über das erste Mal. Über Sexstellungen. Übers Wichsen. Und über die richtige Methode, den steifen Schwanz in der Hand zu halten. Darüber, wo man am liebsten angefasst werden will. Ach ja, und über das Schwulsein und überhaupt, wie denn so eine Vagina aussieht.
Und das alles, ohne peinlich berührt zu kichern, rot zu werden und im Erdboden zu versinken.
Undenkbar? Nein! Das ZDF hatte totales Glück und hat offenbar die abgebrühteste 9. Klasse der Welt gefunden.
In der Reihe „Make Love – Liebe kann man lernen" ging es am Dienstagabend im ZDF darum, wie Teenies lieben.
Sextherapeutin Dr. Sommer, äh, Ann-Marlene Henning hat sich in ihre liebsten 90er-Jahre-Klamotten geworfen, setzte sich in die Schulklasse, um mal richtig nett über Sex zu plaudern. Keiner hat gelacht, kein Hihi, nichts. Die Neuntklässler waren abgebrüht wie nüscht. Reden über ihre Sexerfahrungen und wie denn das ist mit den Frauen und den Männern. Ein junger Mann, vermutlich 15 Jahre alt, erzählte, als ob es das Normalste der Welt wäre, wie man (Frau) denn ihn am besten wichst, ohne dass er zu schnell kommt.
Da werden Mami und Papi, die Familie und alle Freunde sicherlich besonders aufmerksam zugeschaut haben. Aber vielleicht ist das zu Hause ja eh ein Abendbrot-Thema.
Ein junger Mann wollte ein Extra-Interview mit der Sextante, um ihr, den ZDF-Zuschauern und damit allen zu erzählen, dass er schwul sei. Outing im ZDF. Inklusive nachfolgendem Outing vor der Klasse und herzlichem Applaus.
An wen richtet sich das alles eigentlich? Die jungen Leute selbst schauen am Dienstag um 22.45 Uhr wohl eher nicht ZDF. Und die alten Säcke? Macht die das geil, wenn die Jugend berichtet, wie sie

es treibt? Und wie lange haben eigentlich die Dreharbeiten gedauert? Hat echt niemand gekreischt? Fiel wirklich niemand peinlich berührt in Ohnmacht? Haben das alle wirklich so verdammt locker genommen?
Wenn ich mir vorstelle, dass wir in den Neunten so geredet hätten... ähm... nein, ich kann mir das beim besten Willen nicht vorstellen.

Das Sommerhaus der Stars - Kampf der Promipaare
MI 13.07.2016 | 20.15 Uhr | RTL

War es Liebe? Rocco Stark und Angelina Heger waren für ein paar Monate ein Paar. Und haben sich total geliebt, sagen sie. Um ihre Liebe zu stärken – und vermutlich um die Karriere wieder ein bisschen zu pushen -, gingen Rocco und Angelina ins „Sommerhaus der Stars". Das ist eine Mischung aus Dschungelcamp und „Big Brother", aber eigentlich nur ein inhaltsleerer Sommer-Sendeplatzfüller bei RTL. Und der Rocco wollte die Angelina mal an die Hand nehmen, damit sie im Fernsehen nicht wieder so oll rüber kommt. So ähnlich hat er's gesagt, am Mittwochabend bei RTL.
Hat nicht so ganz funktioniert. Am Ende der Sause haben sich Rocco und Angelina wohl getrennt. Für RTL war das natürlich ganz großartig, weil sie das genüsslich durchkauen und anteasern konnten. Für Angelina Heger, die mal wieder mit viel Streit, Zickigkeit und Tränen auf sich aufmerksam machte, ist diese Show wohl einmal mehr ein PR-Desaster. Anderseits sind bad News ja eh immer good News. Wenn es ihr Ziel ist, überhaupt mal wieder wahrgenommen zu werden, dann ist ihr das immerhin gelungen.
Im „Sommerhaus der Stars" werden eine Horde Promis mit ihren Partnern in ein relativ verwohntes Haus in Portugal eingefercht. Da ist Hubert Kah, der ja gerade erst einen legendär schlechten Auftritt in Oranienburg hatte, und seine Frau. Da sind Ex-Boxer René Weller und seine Frau, die im Gesicht irgendwie, ähm, nicht gut aussieht. Torsten Legat scheint weiterhin Geldprobleme zu

haben, denn auch er ist mit seiner Frau bei diesem Trash dabei. Hinzu kommen eine unbekannte Adlige, ein Immobilienheini und ein Typ, der angeblich ein Star ist, weil er in den USA Currywürste verkauft und damit in der VOX-Doku „Goodbye Deutschland" zu sehen war.

Es wird dringend nötig, über den Begriff „Star" zu sprechen. Lustigerweise drehten sich darum aber auch diverse Sendeminuten, denn Hubert Kah war mit dem Star-Status des Currywurstmannes auch sichtlich überfordert.

Die Paare sollen einfach zusammenleben, ein bisschen keifen, sich zoffen und auf den Sack gehen. Nicht mehr, nicht weniger. Und schon in Folge 1 hat das alles ganz wunderbar funktioniert. Fräulein Heger heult und keift, alle anderen keifen mit und lästern, und am Ende mobben sie Rocco und Angelina raus aus dem Haus.

Und zoffen sich darum auch wiederum.

Herrlich sinnfreies Fernsehen.

Ohne diese RTL-Sommerhaus-Sause hätten wir immerhin nicht erfahren, was Hubert Kah immer noch für ein geiler Hecht ist, der sehr gern nachts mal bei seiner Frau angedockt hätte. Sie lehnte ab, wegen der Mikros.

Gott sei Dank. RTL hätte das sicherlich auch gezeigt, und das hätte garantiert jede Menschen- und Zuschauerrechtskonvention verletzt.

No Comment live:
Deadly Attack in Nice
DO 14.07.2016 | 1.20 Uhr (Fr.) | euronews

Es sind verwackelte Bilder, die der Nachrichtensender euronews zu bieten hat. Irgendein Platz in Nizza, auf dem Menschen rumlaufen.
Die Bildqualität ist schlecht. Es wirkt wie ein Internet-Livestream mit relativ geringer Bandbreite.
Immerhin ist noch ein Polizist zu erkennen, der einen jungen Mann abtastet, aber wohl nichts findet, denn der Mann läuft dann seelenruhig weiter.
All das sendet euronews unkommentiert. Aber im Grunde passiert nichts, was man zwingend senden müsste.
Aber irgendwas muss man ja bei euronews senden, und wenn es nur das große Nichts ist. Denn in Nizza herrscht Ausnahmezustand. In der Stadt raste am Abend des französischen Nationalfeiertages ein Lkw absichtlich in eine Menschenmenge. Jetzt, gegen 2.40 Uhr, ist von mehr als 70 Toten die Rede.
Während sich die deutschen Nachrichtensender nicht beirren lassen und weiter ihre nächtlichen Dokus senden, ist euronews im Breaking-News-Modus. Und sendet „No Comment live". Das heißt in diesem Fall: wahllose Aufnahmen aus Nizza, auf denen nichts Weltbewegendes geschieht.
Nutzwert: null. Braucht niemand und wird auch nicht dadurch gerechtfertigt, in dem man sagt: Irgendwas muss man ja senden, wenn eine solche Breaking News geschieht. Ein paar Infos wären toll. Oder eben auch mal was anderes zeigen, wenn es noch keine neuen Infos gibt.

Live: Militärputsch in der Türkei
FR 15.07.2016 | 1.35 Uhr (Sa.) | N24

Es ist 1 Uhr in der Nacht zum Sonnabend, als beim Teilzeit-Nachrichtensender N24 die spannende Doku „Black Box – Kollision über den Wolken" beginnt. Es ist sicherlich interessant zu erfahren, was denn damals bei einem Flugzeugunglück passiert ist. Blöderweise passiert auf der Welt gerade mal wieder eine Krise, einen vermutlichen Militärputsch in der Türkei – nur bei N24 fühlte man sich noch nicht krisengeschüttelt genug, um live auf Sendung zu gehen. Unverdrossen liefen stundenlang Dokus statt Nachrichten.

Erst gegen 1.35 Uhr ging man plötzlich auf Sendung, immerhin 80 Minuten lang mit Bildern aus der Türkei und mit Einschätzungen verschiedener Korrespondenten. Spät, erst drei Stunden nach den ersten Meldungen, aber immerhin.

So ist das ja immer mit Krisen, die unglücklicherweise am späten Wochenend-Abenden eintreten. Irgendwie hat da keiner so richtig Zeit für. Das „Nachtmagazin" im Ersten dauerte nach Mitternacht zwar doppelt so lange wie geplant, aber dann verabschiede man sich bis 3.45 Uhr, also drei Stunden Informationslosigkeit im Ersten – zu einem Zeitpunkt, wo die Nachrichtenlage am angespanntesten war.

Das ZDF immerhin war sowieso gerade mit dem „heute journal" auf Sendung, als die Krise bekannt wurde, auch bei n-tv war man auf der Höhe der Zeit. Bei phoenix versprach man, morgen um 9 Uhr wieder live auf Sendung zu sein, und als Zuschauer fragte man sich: echt jetzt? Ernsthaft? Morgen um 9?

Bei euronews zeigten die erneut wahllose Live-Bilder aus Istanbul, auf denen man aber kaum etwas erkennen konnte und dafür aber Schüsse zu hören waren. Das alles kommentiert wie ein Fußballspiel („Wir hören Schüsse…"), ohne echte Erkenntnisse. Merkwürdiger Journalismus.

phoenix vor Ort:
Republican National Convention
DO 21.07.2016 | 0.45 Uhr (Fr.) | phoenix

Bei phoenix kann man auch anders, wenn sie denn wollen. Oder wenn sie das sehr viel länger im voraus planen können. In der Nacht zum Freitag übertrug der Sender stundenlang den Parteitag der US-Republikaner, bei dem schließlich Donald Trump zum Präsidentschaftskandidaten ernannt worden ist. Nicht erst „morgen um 9 Uhr".

Nach 4 Uhr deutscher Zeit hielt er dann seine Grundsatzrede, und die war wohl sehr viel länger als geplant. Gleich vier phoenix-Dolmetscher hat Trump während seiner mehr als 70-minütigen Rede verschlissen. Ihn live zu übersetzen, und was ewig lange, ist aber auch eine große Herausforderung.

Und Trump? Der sammelt offenbar weiter seine Wahl-Schäfchen ein, und das macht er durchaus gerissen – was den Wahlkampf sicherlich sehr spannend machen wird.

Trump bedient das Volk, das die aktuelle Politik satt hat. Und er füttert sie regelrecht. Man könne es sich nicht mehr leisten, politisch korrekt zu sein, sagt er. Man wolle nicht mehr die Mythen der Lügen hören.

Es werde wieder Sicherheit herrschen – ab 20. Januar 2017, wenn er Präsident werde, wovon Trump natürlich überzeugt ist. Er erzähle die Wahrheit und nichts als die Wahrheit. Dann nennt er Zahlen, zum Beispiel dass es in der Hauptstadt 50 Prozent mehr Morde gegeben habe, ohne zu sagen, auf welche konkreten Zahlen sich das bezieht.#

Dass sich der IS ausbreiten konnte, daran habe Hillary Clinton schuld.

Donald Trump sagt auch etwas, was immer mehr in Mode kommt: „Amerika zuerst." Populisten in vielen Ländern wollen damit punkten, dass man doch das Geld zuerst im eigenen Land einsetzen solle – und nicht außerhalb. Amerika statt Globalisierung. Schließlich seien die Straßen marode (stimmt) und die Flughäfen auch. Und natürlich: sichere Grenzen.

Andererseits wolle er die kleingeistige Politik abschütteln, was natürlich angesichts der vorherigen Aussagen verwundert. Aber dennoch: Trump ist ein Populist, aber was er sagt, erreicht viele Menschen, weil er ihnen sagt, was sie hören wollen.
Er überrascht sogar mit einer Aussage: Der Anschlag gegen den Homosexuellen-Club vor einigen Wochen, „das ist nicht gut, das müssen wir stoppen." Man müsse die schwul-lesbischen Bürger schützen vor hasserfüllten ausländischen Ideologien. Das ist ein interessanter Schachzug, weil sich Trump in einer Aussage als liberal und harter Hund darstellen will.
Nächste Woche folgt der Nominierungsparteitag der Demokraten, dann schießt Frau Clinton zurück. Ein heißer Politherbst in den USA.

RTL aktuell
Schüsse in München
FR 22.07.2016 | 18.45 Uhr | RTL

Ja, es hat wohl Tote gegeben. Es muss sie gegeben haben, denn bei RTL hat man sie ja in Großaufnahme gesehen. Zugedeckt zwar, aber man musste sie zwingend zeigen. Mehrmals.
Ob sich RTL-Nachrichten-Anchorman Peter Kloeppel in diesem Moment gefragt hat, ob man das überhaupt machen sollte?
Die Terrorkrise habe Deutschland nun wirklich erreicht, heißt es.
Am frühen Freitagabend schoss ein junger Mann im Olympia-Einkaufszentrum in München um sich. Bis zum frühen Sonnabendmorgen war von zehn Toten die Rede.
Und das deutsche Fernsehen ging in den Breaking-News-Modus über.
Das Erste unterbrach das Frauen-Fußball-Spiel (beim Männer-Fußball-Spiel hätten die Breaking News vermutlich warten müssen), und die 20-Uhr-„Tagesschau" dauerte 75 statt 15 Minuten, direkt danach begannen die „Tagesthemen". Das restliche Abendprogramm entfiel komplett. Das ZDF zeigte viele Sondersendungen, bei n-tv hat man die Breaking News vorsorglich

schon mal auf rund 30 Stunden ausgedehnt – bis mindestens Sonnabend, 24 Uhr.

Und diesmal mischte mal wieder RTL mit. Was aber vermutlich daran lag, dass Peter Kloeppel mit seiner Sendung ab 18.45 Uhr sowieso dran war – und einfach nicht mehr aufhörte, zu senden. Bis etwa 22.10 Uhr, als plötzlich mit drei Stunden Verspätung „Alles was zählt" begann.

RTL sendete am Freitagabend mehr als nur einmal sehr, sehr dicht am Rande des seriösen Journalismus. Stellenweise moderierte Peter Kloeppel allerdings – mit sorgenvoller Miene – einen Live-„Tatort".

Live übertrug RTL, wie Menschen in Panik aus dem Einkaufszentrum rannten. Bei RTL sprach Stefan Richter, der Reporter vor Ort, Menschen an, die Angst hatten. Das heißt, er wollte, aber eine Polizistin scheuchte ihn weg – ebenfalls live on Air. Live zeigte RTL Polizisten, die mit vorgehaltener Waffe auf andere Menschen zielten, die sich wiederum mit erhobenen Händen näherten. Vermutlich hätte RTL auch live übertragen, wenn es – vielleicht sogar ja nur aus Versehen – einen Schusswechsel gegeben hätte. Vermutlich fand das bei RTL aber niemand unverantwortlich.

RTL zeigte auch Zeugeninterviews, mit Leuten, die irgendwas erzählen durften, was keiner überprüft hat, ob es denn wirklich so war. Egal, wird gesendet, ist doch wurscht. Peter Kloeppel las ständig neue Infos von seinem Tablet – auch unbestätigte Meldungen. Egal, verbreiten wir trotzdem alles, ist doch wurscht.

Im Ersten schalteten sie stundenlang auch zu Reportern hin und her. Aber dort ging es wesentlich gemäßigter zu. Keine Waffen-Szenen live. Leichen nur sehr dosiert oder gar nicht. Das kann man übervorsichtig, vielleicht auch langweilig finden. Dabei ist das einfach nur sehr viel verantwortungsvoller als es die RTL-Leute am Freitagabend praktiziert haben.

Sportschau - Olympia Rio 2016: Schwimmen, 100 Meter Brust, Frauen

MO 08.08.2016 | 3.05 Uhr (Di.) | Das Erste

Das gibt es bei olympischen Spielen auch nicht so oft: dass gehofft wird, dass jemand *nicht* gewinnt. In der Nacht zum Dienstag übertrug Das Erste live aus Rio den Wettkampf im 100-Meter-Brustschwimmen der Damen. Und fast alle hofften darauf, dass die Russin Julia Jefimowa keine Goldmedaille gewinnen würde.

Es war der Moment in Rio, in der die Debatte um das Doping im Sport den Höhepunkt erreichte. Jefimowa war des Dopings überführt, und das mehrmals, und das wohl auch noch mal in diesem Jahr. Fast wäre das komplette russische Olympiateam in Rio ausgeschlossen worden, aber das IOC konnte sich dazu nicht durchringen. Jefimowa hat sich die Teilnahme zudem gerichtlich erstritten.

Die Fernsehreporter der ARD wurden nicht müde, das Dopingthema zu besprechen – und das natürlich zurecht. Es spielten sich denkwürdige Szenen ab. Die anderen Sportlerinnen wandten sich ab, als sie auf den Startblöcken standen, zuvor ist die 24-jährige Russin schon ausgebuht worden.

Sie verglich ihre Dopingstrafe mit einem Ticket für zu schnelles Fahren. Und moserte, dass sie ungerecht behandelt werde. Sich wirklich stellen wollte sie sich aber nicht. Kein Wort über die Vorwürfe gegenüber den Medien.

Das Rennen war also mehr als ein sportlicher Wettstreit. Da ging es um mehr, und es war bislang der spannendste Augenblick bei Olympia 2016. Und der Jubel war groß, als die Russin nur Silber gewann. Lilly King (USA) war die schnellste im Wasser, und es war ein Sieg für den Sport.

Ob bei den Leichtathleten ähnliche Zeichen für einen sauberen Sport gesetzt werden? Gut jedenfalls, dass die Fernsehreporter Olympia nicht immer nur im Sonnenlicht darstellen.

NDR Talk Show
Prinz Frederic von Anhalt
FR 12.08.2016 | 22.00 Uhr | NDR fernsehen

Hans-Robert Lichtenberg hofft, dass Donald Trump US-Präsident wird. Dann sei nämlich endlich mal ein cleverer Geschäftsmann an der Macht, der die Chinesen raushalte. Und der auch mal mit harten Bandagen kämpfe. Und die Nichtskönner wegfege, die momentan an der Macht seien.
Da sieht wohl jemand seinen Reichtum schwinden.
Warum könnte uns aber interessieren, was ein gewisser Hans-Robert Lichtenberg von Donald Trump hält? Und warum lädt man den in die „NDR Talk Show" ein? Weil dieser Hans-Robert Lichtenberg einst durch Adoption adlig geworden ist, nun Prinz Frederic von Anhalt (73) heißt und mit dem Hollywood-Star Zsa Zsa Gabor (99) verheiratet ist.
Weil im Ersten bald eine Doku über ihn läuft, reichte das am Freitagabend auch für eine Einladung in die NDR-Quasselbude. Es war einer dieser denkwürdigen Auftritte, der wohl in die Geschichte der Sendung eingeht.
Leider wurde nicht über den Vorfall Mitte der 90er gesprochen, als Frederic von einem Hund in den Penis gebissen worden ist und er damit durch die Boulevardmagazine tingelte. Auch nicht über seinen unsäglichen Auftritt in der ProSieben-Reihe „Die Burg", als er in einen Bottich pinkelte.
Hans-Robert komme aus armen Verhältnissen, so erzählte der Adoptivprinz. Seine Schulbildung sei mau, und er wollte unbedingt in die High-Society. Nach ganz oben. Das war sein Ziel. Und er schaffte das. Er wurde adoptiert, natürlich aus Liebe und so. Dafür zahlte er seiner „Mama" eine lebenslange Rente.
Heute ist der Prinz ein reicher Schnösel. Seine Bildung scheint allerdings immer noch auf dem damaligen Niveau zu sein. Oder es ist die Angst um seine Kohle, die ihn zu seiner Lobeshymne auf Donald Trump hinreißt. Immerhin seien ja die Geldverdiener-Jahre schon lange vorbei. Nun sei alles nur noch ganz schlimm. Armer Prinz.

Hobbytheker Jean Pütz fragte ihn auch sogleich nach einer eventuellen Verbindung zur AfD.
Moderatorin Barbara Schöneberger sprach der Adoptivprinz immer wieder als „Mädel" an, was sie sichtlich belustigte. Der Auftritt in der „NDR Talk Show" zeigte ganz gut, dass der ehemalige Hans-Robert sicherlich kein einfacher Mensch ist, einer der von oben herab auf andere Leute sieht. Auf die, die nicht so cool waren und sich ein schönes Leben erkauft haben.
Man darf gespannt sein, was von einer Doku zu halten ist, über die sich Anhalt mehrfach überschwänglich lobend angepriesen hat. Entweder ist dieser ARD-Film in rosaroten Prinzenfarben gezeichnet – oder der Adoptivprinz hat ihn noch gar nicht gesehen...
Aber wie auch immer: Auf Herrn von Anhalt und sein Leben muss man nun wirklich nicht neidisch sein.

Olympia live: Leichtathletik - Diskus-Finale der Herren
SA 13.08.2016 | 15.05 Uhr | ZDF

Immer stand er im Schatten von Robert. Immer war es Robert, auf den alle setzten und dem die Herzen zuflogen. Es heißt, Christoph und Robert sprechen nicht miteinander.
Nun aber hatte Christoph seinen großen Tag. Während Robert Harting gesundheitliches Pech hatte und es nicht ins Diskus-Finale bei den olympischen Spielen in Rio schaffte, gelang seinem Bruder Christoph Harting der ganz große Wurf: Olympiasieg. In letzter Minute, bei letzten Wurf.
Es war ein Sportkrimi, den das ZDF am Sonnabendnachmittag übertragen hat. Aber nicht nur das. Sondern auch etwas, was im Nachhinein als Skandal gesehen wird.
Christoph Harting gewinnt Gold und dreht auf. Und ein bisschen ab. Ein bisschen merkwürdig war seine Show von Anfang an. Verbeugungen sind ja noch eine schöne Sache. Bei Hampeleien

während der Nationalhymne hört der Spaß bei vielen Deutschen aber auf. Und in der Tat musste man sich ein bisschen wundern. Harting muss sich ja nicht die Hand ans Herz halten, aber so eine Siegerehrung kann man dennoch mit Würde hinter sich bringen. Interviews gab er auch keine, den Handschlag des ZDF-Reporters schlug er aus, ging einfach vorbei, an ein Gespräch war gar nicht zu denken. In der Pressekonferenz sagte er nur, dass er ungern Interviews gebe.

Aber da gab es diesen spannenden Moment. Harting, der ernste. Harting, der feixende. Harting, der lamentierende. Dann aber brach die Fassade einen kurzen Moment auf, irgendwas löste sich da. Tränen? Überwältigung? Der Aussetzer dauerte nur kurz. Er gab sich einen Ruck, setzte wieder seine heiter-ablehnende Miene auf – und war wieder der Rebell.

Christoph Harting wird wissen, warum er sich so gibt. Er wird schon wissen, warum er den Leuten, die mit ihm mitgefiebert haben, so vor den Kopf stößt.

Es hagelte Kritik, vor allem in den sozialen Netzwerken, aber auch von seiner Olympiamannschaft. Einige der heimischen Zuschauer schrieben, dass Harting doch lieber für ein anderes Land antreten solle. Das ist natürlich übertrieben. Dass so ein Verhalten aber nicht so gut ankommt, ist auch verständlich. Harting ist's wurscht. Aber vielleicht hat er ja mal eine Erleuchtung.

Kessler ist... Hugo Egon Balder
DO 18.08.2016 | 23.35 Uhr | ZDF

Es war vielleicht Michael Kesslers schwerster Fall: Hugo Egon Balder.

In der wunderbaren Reihe „Kessler ist…" trifft der Schauspieler einen prominenten Menschen, er beobachtet ihn, er studiert ihn, und er trifft Leute, die ihn gut kennen und etwas über ihn erzählen können. Dann schlüpft er in die Rolle des Gastes und setzt sich ihm gegenüber.

Am Donnerstagabend aber war alles ein bisschen anders. Denn Hugo Egon Balder lässt sich nicht in Karten blicken. Balder ist ein sehr humorvoller Mensch, und in jede Antwort verpackt er einen Gag, und er sagt auch: Mit einem guten Gag musst du nie die Wahrheit sagen. Das scheint er zu beherzigen. Wenn Balder auf eine Frage antwortet, dann macht er das immer scherzhaft. Immer mit einem lockeren Spruch. Und das, ohne die eigentliche Frage wirklich zu beantworten. Nie war es für Michael Kessler so schwer, hinter die Kulissen seines Gastes zu schauen.

Umso spannender war diesmal der Augenblick, als der Balder dem kesslerschen Balder gegenüber saß. Es war wieder eine dieser außergewöhnlichen Momente dieser Reihe. Denn plötzlich fiel die Maske. Hugo Egon Balder war baff. Darüber, wie sehr Kesslers Verkleidung und Maske dem wahren Balder ähnelte.

Und immer wenn Kessler alias Balder etwas über den wahren Hugo Egon erzählte, war diesem wahren Hugo Egon die Überraschung und der Schock deutlich anzusehen. Zumal Kessler seinem Gast bittere Wahrheiten um die Ohren haute – dass er eben durch seinen Humor sehr viel verdecke, dass er unnahbar sei, und dass das nicht immer gut sei.

Am Ende zog Hugo Egon Balder ein spannendes Fazit: Er müsse wohl mehr über sich nachdenken.

Den Machern dieser Reihe, aber besonders Michael Kessler, kann man nur den größten Respekt für diese Leistungen in dieser so völlig anderen ZDF-Porträtreihe aussprechen.

Rügen TV Nachrichten
Angela Merkel in Baabe
FR 20.08.2016 | 18.00 Uhr | Rügen TV

Angela Merkel muss die Welt retten? Sie muss sich um die Türkei kümmern? Um ein eventuelles Burka-Verbot? Um die Flüchtlingskrise?
Nein, sie muss einen Wasserwanderrastplatz am Bollwerk in Baabe eröffnen.
Das ist einerseits schrecklich unspektakulär, aber andererseits: Auf Rügen und in ganz Mecklenburg-Vorpommern ist Wahlkampf, bald wird dort ein neuer Landtag gewählt. Da muss dann eben auch mal die Kanzlerin ins Ostseebad Baabe, um irgendwas einzuweihen.
Seltsam, dass die großen Medien das Thema nicht aufgegriffen haben. Das hätte Deutschland doch ganz sicher interessiert! Immerhin der Lokalsender Rügen TV berichtete darüber in den Nachrichten – aber auch da nicht mal mit Bewegtbildern.
Aber vielleicht sind das für Angela Merkel auch die Momente, um mal runterzukommen. Um auch mal die Lokalpolitik zu genießen. Denn das dürfen wir nicht vergessen in all dem Welt-, Europa- und Deutschlandgedöns: Angela Merkel (CDU) ist auch Lokalpolitikerin auf Rügen. Dort hat sie nämlich ihren Wahlkreis, dort muss sie sich also ab und zu auch mal blicken lassen.
Und wenn sie dann einen Wasserwanderrastplatz (bitte fünfmal schnell und laut vorlesen) in Baabe eröffnet, mag das lustig klingen. Aber auch das ist eben das Politgeschäft einer Kanzlerin.

VIVA Top 100
Buch? Hihi!
MI 24.08.2016 | 10.00 Uhr | VIVA

Schaut man sich die „VIVA Top 100" an, kann man eigentlich nur noch heulen. Live gibt's die sogenannte Show nur noch im Netz, und deshalb scheint VIVA dafür nicht wirklich Kohle rauszuhauen. Die Kamera steht fest, das Studio ist das billigste, was VIVA bekommen konnte.
In der am Mittwochvormittag wiederholten Sendung moderierte ein Rapper namens T-Zon. Das weiß erstaunlicherweise nicht mal Wikipedia, und dabei weiß Wikipedia alles. Na ja, sagen wir mal, er, äh, stammelte, äh, irgendwas, äh, und sein, äh, liebstes Füllwort, äh, war: „ääääh". Es schien, als brachte er keinen vernünftigen, äh, Satz zustande. Damit qualifiziert man sich als VIVA-Moderator?
Für Gäste scheint auch kein Geld übrig zu sein, im Hintergrund saß ein gewisser Jona Selle. Er macht Musik, und wenn man sich mal bei Youtube reinklickt, ist das sogar ganz nett – allerdings ist kein Video dort jünger als neun Monate. Aber immerhin bekommt man im Netz schnell raus – und das wurde auch erwähnt – dass die beiden zusammenarbeiten.
So saß der VIVA-Charts-Stammelator also mit seinem Kumpel im Rumpelstudio.
Warum auch immer, aber T-Zon fragte Jona Selle kurz vorm Tschüsssagen noch, wann er denn das letzte Buch gelesen habe. Das sei lange her, meinte Selle, und er musste kurz überlegen. Ohje. Und dann: In der Schule habe er einen dicken Wälzer gelesen – bis Seite zwei. Hihi.
Die Szene sagte so einiges.
Liebe VIVA-Leute – dann spielt doch am besten die Chartclips pur ab! Dann muss sich dieses Möchtegernsendungs-Trauerspiel niemand mehr ansehen.

Die Simpsons: Traumwelten
DI 30.08.2016 | 20.15 Uhr | ProSieben

Die Aufgabe war alles andere als einfach: Immerhin gab Norbert Gastell in 26 Staffeln der „Simpsons" dem Familienoberhaupt Homer seine Stimme. Im vergangenen Jahr ist Gastell gestorben. Die Serie aber geht weiter, es musste also ein Nachfolger gefunden werden.
Bei ProSieben hat man monatelang ein Geheimnis daraus gemacht, wer Gastell beerben wird. Wieder ein Promi, wie im Fall Anke Engelke und Marge Simpson?
Am Dienstagabend lief die erste Folge der neuen, 27. Staffel: „Traumwelten". Christoph Jablonka ist Homers neue deutsche Stimme, und Jablonka hat sich dafür entschieden, Norbert Gastells Homer-Sprechweise fortzuführen.
Immerhin klingt der Original-Homer doch anders als in Deutschland. Jablonka aber spricht ihn sehr ähnlich wie wir Homer in 26 Jahren kennengelernt haben. Tatsächlich gibt es Momente, da hört man kaum einen Unterschied, vor allem in den Höhen, wenn Homers Stimme sich leicht überschlägt. Dass der Sprecher ein anderer ist, merkt man aber, wenn er ziemlich normal spricht – da ist die Stimmfarbe leicht anders, ganz leicht nuscheliger.
An die Stimme kann man sich also gewöhnen. Dass aber die Serie leider immer flacher wird, dass im Grunde die Luft schon lange raus ist – daran kann auch die neue Homer-Stimme nichts ändern.

So kommt Deutschland - Paula, ihr Mann und die Reise zum besten Sex
MI 31.08.2016 | 20.15 Uhr | sixx

Geil. Paula Lambert lässt sich den G-Punkt massieren. Mit ihrem Mann und einem weiteren Paar macht sie ein erotisches Flaschendrehen. Dann verbringt Paula Lambert eine Nacht mit einem Escort. Und ihr Mann lässt sich zeigen, wie man eine Vagina massiert. Und zum Pornodreh geht es auch noch.
Alles über gute Orgasmen, über geilen Sex: „So kommt Deutschland". Und das alles um 20.15 Uhr. Da wundert man(n) sich doch ein bisschen was da los ist, beim Frauensender sixx.
Okay, die Sache mit dem G-Punkt haben wir nicht wirklich gesehen. Das erotische Flaschendrehen bestand dann mehr aus netten Sexbeichten. Mit dem Escort-Mann hat Paula nur geredet (ja, wirklich, nur geredet!). Und die Sache mit der Vagina, na ja, egal. Vom Pornodreh wurde auch nur erzählt. Einen Orgasmus hatte jedenfalls niemand in dieser neuen Sex-Dokureihe.
Geht es um Sex in der Primetime, dann bleibt der eher theoretischer Art. Aber das muss man Paula Lambert und den Sex, äh, sixx-Leuten lassen: Der Titel knallt: „So kommt Deutschland – Paula, ihr Mann und die Reise zum besten Sex". Da erwartet man schon einiges. Aber anders als in der ZDF-Reihe „Make Love" gibt es nichts Heißes zu sehen. So richtig erfahren wir es also nicht: „So kommt Deutschland".
Dass das ganze Sexgerede irgendwie unterhaltsam war – das immerhin kann man Paula Lambert (und ihrem Mann) zugute halten.

Lesermeinung: „Wo sollen Kinder sonst pullern?"

DO 01.09.2016 | Berliner Kurier

Das Schöne am Internet ist ja, dass jeder alles schreiben kann. Dass jeder seine Meinung kund tun kann. Gleichzeitig ist das aber auch das Schlimme am Internet.
Sarah Kuttner, zum Beispiel. Hat sie sich doch tatsächlich und unverschämterweise über Berliner Mütter beschwert, die ihre Kinder fix mal an den Baum pinkeln lassen. Weil's ja so süß ist und es ja auch nicht anders geht, sagen die Mütter. Die REGEN SICH NÄMLICH JETZT TOTAL AUF, die EMPÖRUNG ist mal wieder groß. Wie kann es sich Frau Kuttner bloß ERDREISTEN, zu sagen, dass sie an Bäume pinkelnde Kinder doof findet und die Eltern gleich mit.
Nun kann man gern darüber diskutieren, aber leider werden solche Diskussionen eher selten wirklich sachlich geführt. Stattdessen wird gepöbelt und beschimpft – gern auch mehr oder weniger anonym in Internetforen.
Und im Berliner Kurier.
Auf der Lesermeinungsseite durften sich die Leser der Zeitung mal so richtig auskotzen. „Wenn Frau Kuttner Kinder hätte, gäbe es die Diskussion nicht", schrieb jemand unter Pseudonym (es sei denn, Michael Randberliner heißt wirklich so). Ist eine Meinung, aber sie ist Unsinn, weil es ja eventuell sein könnte, dass Sarah Kuttner ihre Kinder, wenn sie denn welche hätte, trotzdem nicht an den Baum pissen lassen würde.
Oder: „Wenn meine Kinder pinken müssen, ist es so! Ich werde ihnen das nicht verbieten", schreibt eine Erna Schmidt, und man fragt sich dann doch, was Eltern ihren Kindern eigentlich so beibringen und was nicht. Dass sie mit dem Pinkeln auch mal warten müssen, gehört auch dazu.
Eine Kathrin Pilakovic rief gar in der Leserbriefspalte des Berliner Kuriers dazu auf, dass es nun doch bitte alle Kinder in Frau Kuttners Gegend laufen lassen sollen. Da muss man dann schon nach dem Niveau sehr weit unten suchen – um es nicht mal dort zu finden.

Trauriger als die Art der Diskussion ist aber, dass das so ein niveauloses, teilweise anonymes Gequatsche im Berliner Kurier stattfinden kann. Man fragt sich erstens, was diese Zeitung bloß für Leser hat – und was für einen Chef, dem es scheinbar völlig wurscht ist, was er da veröffentlicht.

Promi Big Brother
Edona
SA 03.09.2016 | 22.15 Uhr | Sat.1

Es muss immer schwieriger sein, Fernsehnasen für Reality-Live-Formate zu finden. Anders ist die Castingkatastrophe nicht zu erklären, die momentan bei Sat.1 zu betrachten ist. „Promi Big Brother" 2016 ist gestartet, und so langweilig war die Show noch nie. Wenn es das Ziel war, die uninteressantesten und lahmsten Menschen zu finden, die man im Haus einsperren kann, dann ist das Sat.1 gelungen.
Irgendeine aus „Verbotene Liebe" ist dabei. Irgendeine, die mal was beim „Bachelor" war. Natascha Ochsenknecht. Der schnarchende und rauchende Mario Basler. Irgendeiner, der sich Prinz nennt. Ein Ex-Soap-Darsteller. Und so weiter. Alles nette Leute, aber alle nicht sonderlich interessant.
Mario Basler wird ja nicht gleich spannend, nur weil er laut schnarcht. Oder die Tante aus der „Verbotenen Liebe", weil… weil… ähm… Ach, lassen wir das.
Immerhin hat Sat.1 Edona James. Die war mal irgendwas bei „Adam und Eva" (eine Nackt-Doku-Soap), war früher mal ein Mann und hat nun Monstertitten. Und eine Muschi. Das muss man an dieser Stelle betonen, denn Mördertitten und Muschi musste sie gleich im Haus ausgiebigst präsentieren. Mit einer der anderen Kandidaten macht sie vor laufenden Kameras einen Muschivergleich. Beine breit und staunen. Das sind die ganz großen Momente im BB-Haus. Ob sich die Herren auch die Schwänze gezeigt haben, ist bislang nicht bekannt. Edona aber streitet sich, sie blökt rum, sie keift, sie spricht

Kauderwelsch – sie ist unerträglich, und doch momentan das einzig Interessante in der ganzen Show. Immerhin füllte sie einen Großteil der Sendung vom Sonnabend, während vom zweiten Team so gut wie nichts zu sehen war – vermutlich weil da einfach nichts Spannendes passiert ist.

Promi Big Brother
Die Lugner-Soap
DI 06.09.2016 | 22.15 Uhr | Sat.1

Das Konzept von „Promi Big Brother" bei Sat.1 und sixx ist gescheitert. Es funktioniert null.
Weil offenbar im Haus selbst nichts passiert, was irgendwie spannend ist, muss man bei Sat.1 von außen eingreifen.
Cathy „Mausi" Lugner wohnt im Haus und lebt da vor sich hin. Ja, das ist auf Dauer lahm. Aber dafür sorgte ihr Mann, Richard „Mörtel" Lugner, für ein laues Lüftchen im Wasserglas: Er gab einer österreichischen Zeitung ein Interview und beschwerte sich dort über seine Frau, die ihn nicht gefragt habe, ob sie ins BB-Haus einziehen dürfe. Das wiederum hat man Cathy gezeigt, und die blubberte dann auch. Und so weiter, ich muss kurz gähnen.
Und weil bei „Big Brother" ja gepflegte Langeweile herrscht, wollte man wohl dafür sorgen, dass etwas weniger Langeweile herrscht. Also lud man Mörtel Lugner am Dienstag auch noch ins Studio ein, ließ ihn noch mal ein bisschen blubbern und ließ in Breaking-News-Laufbändern einblenden, dass Lugner ja gleich ins Haus gehe.
Uijuijui, ist das spannend. Nicht.
Tatsächlich war Mausi dann baff, als Mörtel im Haus am Tisch saß und sich die beiden mal aussprechen konnten. Live, vor der Kamera. Die Lugner-Soap.
Und mittendrin war Schluss, weil man dieses sehr, sehr, sehr spannende Drama dann morgen zeigen will . Wegen der Spannung und so. Das Lächerliche daran ist, dass aus diesem Pups, aus diesem absolut uninteressanten Dispütchen eine große Sache

gemacht wird. Das ist alles andere als gutes Fernsehen. Das ist das Scheitern eines Castingformates.

Die allgemeine Zentrale
FR 09.09.2016 | 15.00 Uhr | joiz

Und schwupps, ist sie da: die Krise. Der Jugend- und Social-Media-Sender joiz hat einen neuen Besitzer, und der hat leider überhaupt keine Lust auf das Gelaber seiner aktuellen Moderatoren. Er wolle „keine Games oder so einen Scheiß" auf dem Sender mehr sehen, ließ er in einem Interview verkünden. Er habe keine Lust auf einen Teenagersender. Stattdessen wolle er joiz zu einem Musiksender umbauen. Ist natürlich eine Riesenidee in Zeiten des Internets, wo selbst VIVA auf dem letzten Loch pfeift.

Bei joiz herrscht nun Galgenhumor, am Freitagnachmittag gaben sie in der Live-Sendung „Die allgemeine Zentrale" dem Affen Zucker. Da wurden dann schon mal Möbel rausgetragen, und die Moderatoren riefen die Zuschauer dazu auf, Fragen an einen Bösewicht (den neuen Chef?) zu stellen.

Sie sprachen nie wirklich über ihre eigene Situation, man musste um die Ecke denken. Es gebe ja Weltherrscher, die überhaupt keinen Plan hätten, sagte Moderator Kevin Klose.

Sie haben nichts mehr zu verlieren. Ob sie vom neuen Chef im neuen Sender (der dann vielleicht auch ganz anders heißen wird) übernommen werden, steht nicht fest, das scheint ihnen auch wurscht zu sein. Also lästerten sie, was das Zeug hielt. Für sie ist das aber auch bitter. Sie haben hart geackert, um den Sender dahin zu bringen, wo er jetzt steht – mit einer großen Community im Hintergrund. Schade, dass da nun jemand kommt und alles mit dem Hintern wieder einreißt.

Schwiegertochter gesucht
SO 11.09.2016 | 19.05 Uhr | RTL

Dass der frotzelnde Fernsehnarr Jan Böhmermann einen kuscheligen Kandidaten bei „Schwiegertochter gesucht" eingeschleust hat (Stichwort #verafake) – keine Rede davon. Dass die lumpigen Leute von der profitierenden Produktionsfirma versucht haben, zu manipulieren, dass sie sich lustig machen, dass sie einfach eine widerliche Schiene fahren – hat beim ranzigen RTL keinen interessiert. Weder die voluminöse Vera Int-Veen ist gefeuert worden, noch die Produktionsfirma. Alles wie gehabt.
Jedenfalls fast.
Am sonnigen Sonntag startete die jubelige Jubiläumsstaffel „Schwiegertochter gesucht". Die moppelige Moderationsgranate Vera Int-Veen stand in einem verträumten Vergnügungspark rum und laberte Stuss. Dass sie wieder mal liebesbedürftige Leute verkuppeln will. Und dass sie schon total gespannt sei. Laber, sülz.
Es sind die üblichen seltsamen verträumten Verdächtigen, die da auftreten. Der trantütige Typ, der bei seiner mosernden Mama wohnt, und die ja mit über 80 noch den heiligen Haushalt schmeißen muss. Er lädt sich zwei willige Weibsbilder ein, die erst mal süffige Süßigkeiten naschen müssen und wirken, als seien sie aufgezogen, weil sie sprechen, als würden sie ihre Texte ablesen.
Dann aber gibt es noch den dödeligen Dennis aus dem ralligen Rheinland-Pfalz. Für ihn müsste die sackgesichtige Sendung in „Schwiegersohn gesucht" geändert werden. Ist man bei RTL total stolz: der erste schwule Kandidat bei der verrückten Vera. Er lässt sich gleich drei Männer kommen – einen hässlichen und zwei Schönlinge. Für den hässlichen Hässlichen interessiert er sich dann aber nicht, und als dem hypertraurigen Hässlichen das auffällt und er abhaut, ist der dauergeile Dennis auch noch beleidigt. Wirkt zumindest so, denn auch diese Szenen wirken, als ob die dusseligen Dialoge von pupsigen Pappen abgelesen werden. Aber vielleicht findet der junge Mann noch seinen träumerischen Traumprinzen. Obwohl die schwulen Schönlinge intellektuell

unerreichbar für den dünnhäutigen Dennis sind. Aber beim Sex zählen ja andere Dinge.
Die miese Masche ist dieselbe, und das Erschreckende ist eigentlich, dass es davon nun wirklich schon zehn stockdoofe Staffeln gibt. Geistig minderbemittelte Leute, die noch bei Mama wohnen, bemerkenswerte Hobbys und eigenwillige Eigenarten haben, werden von den RTL-Leuten zur Schau und bloßgestellt. Man bringt sie in bekloppte Situationen, immer müssen sie küchenfertige Kuchen fressen und sich doofe Geschenke machen, und eigentlich möchte man diese Leute schütteln und rufen: Worauf lasst ihr euch da bloß ein?!
Dieses Format ist weder interessant, schon gar nicht lustig. Es macht wütend. Und ich frage mich, ob nicht irgendwann der Tag kommt, an dem Vera sich vor sich selbst ekelt.

rbb spezial: Heißer Herbst
DI 13.09.2016 | 20.15 Uhr | rbb

Sondersendung zur Primetime. Da muss was ganz Brisantes, was ziemlich Schlimmes passiert sein, wenn der rbb zwei wichtige Politreportagen verschiebt. Es muss wichtiger sein als die anstehende Berlin-Wahl und die Debatte um die deutsche Angstkultur.
Am Dienstagabend zeigte das Dritte aus Berlin-Brandenburg ein „rbb spezial".
Weil es warm draußen ist.
Der rbb berichtete live aus Potsdam. Es lief ein Bericht, der so ähnlich schon 45 Minuten vorher in „Brandenburg aktuell" und 105 Minuten danach noch mal in „rbb aktuell" zu sehen war. Dazu irgendwelche Experten, die sagen sollten, dass das ja alles ganz außergewöhnlich ist.
„Heißer herbst" hieß die Sendung.
Ich glaub', es hackt.
Ja, wir haben Mitte September, da ist eine solche Sommerhitze eher ungewöhnlich. Aber: Wir haben Sommer! Immer noch! Weil wir also ein bisschen schwitzen, schmeißt der rbb sein Programm um und ruft den Ausnahmezustand aus.
Schon in der „Abendschau" um 19.30 Uhr war die Wärme das angeblich wichtigste Thema des Tages. So wichtig, dass das Thema am Ende der Sendung gleich noch mal aufgegriffen worden ist. Und wichtiger als ein Wasserthema, das viel brisanter war. Für das „rbb spezial" wurde der schon gezeigte Beitrag leicht bearbeitet einfach noch mal gezeigt.
Beim rbb sollte man dringend mal über die Themenprioritäten nachdenken. Wärme im Spätsommer ist nun wirklich kein Thema, das einen regionalen „Brennpunkt" erfordert.

Wir sind die Angst! -
Der Verlust der inneren Sicherheit
DI 13.09.2016 | 21.15 Uhr | rbb

Angst. Übermäßige Angst.
Parteien wie die AfD profitieren von der Angst: vor dem Fremden.
Vor Gewalt. Vor schlimmen Nachrichten. Vor Veränderungen.
Die Wirtschaft profitiert aber auch von der Angst. Waffenläden haben Hochkonjunktur, weil sich Menschen bewaffnen.
Und diese Angst macht Angst. Nämlich davor, dass die Leute die Nerven verlieren. Weil... tja, einfach deshalb. Weil sie sich in einer Spirale befinden.
Die rbb-Doku „Wir sind die Angst!" zeigte das am Dienstagabend sehr eindrucksvoll.
Da ist die junge Frau, die ihre abendlichen Wege so plant, dass sie nicht in Angstzonen muss. Was immer und wo immer die auch sind. Die junge Frau hat eine Gaswaffe, und sie übt immer wieder und wieder und wieder und wieder, wie sie sie in Sekundenschnelle bedient.
Da ist der ältere Herr, der Bücher schreibt, in denen er immer vor dem schlimmsten warnt. Alles wird schlimm, ganz schlimm. Er glaubt vermutlich dran, aber damit ist er ein Brandstifter.
Da sind die Leute, die an einem Kampftraining teilnehmen, um im Fall der Fälle... ja, was eigentlich? Kämpfen?
Es ist ein verdammt kompliziertes Thema. Wir alle müssen diese Angst ernst nehmen. Man muss aber auch sagen: Diese Leute haben eine übermäßige Angst, eine die fast krankhaft erscheint. Es kann einfach nicht gesund sein, immer Angst zu haben, immer an das Schlimmste zu glauben, immer Panik zu schieben.
Das soll nicht heißen, dass wir in Watte gepackt sind. Einen gewissen Respekt, eine Umsicht – die sollten wir alle haben. Aber wir sollten aufpassen, dass uns die Angst nicht auffrisst.

Netz-O-Rama
SA 17.09.2016 | 23.50 Uhr | Comedy Central

Man hat „Upps", der Pannenshow von Super RTL, viel Unrecht getan. Man hat gesagt, es sei ganz schön billig, einfach nur alte Schenkelklopferclips aneinander zu schneiden.
Jetzt weiß ich: Es geht wirklich schlimmer, und eigentlich war es von Super RTL eine super Idee, die Clips pur zu zeigen (manchmal kommen überflüssige Moderationen, aber die wurden, glaube ich, auch schon ganz abgeschafft).
Bei Comedy Central gibt es einmal wöchentlich „Netz-O-Rama". Motto: Clipshow trifft Stand-Up.
Soll heißen: Oft furchtbar lahme Clips werden danach noch sehr viel lahmer zerredet.
In „Netz-O-Rama" steht ein gewisser Masud vor einer Greenbox, zeigt Clips und macht Witze darüber. Das wirkt ein wenig wie „TV total" – nur in unlustig.
Nicht nur, dass die Gags von Masud so lau wie seit Tagen rumstehender Kaffee sind. Auch sagt er sie auf, als würde er sie entweder ablesen oder schlecht auswendig aufsagen. Er plaudert nicht, er rezitiert.
Und er macht sich lustig. Gezeigt wurde ein Ausschnitt aus einer Facebook-Versammlung, in der ein Deutscher in sehr, sehr schlechtem Englisch wissen wollte, wenn denn Otto-Normal-Bürger live auf Facebook streamen könnte.
Ja, das war wirklich komisch. Zumal der Mann gar nicht wusste, warum man über ihn lacht. Das wiederum war dann nicht mehr ganz so komisch, weil Masud das recht hemmungslos und plump ausgenutzt hat. In einem sinnfreien Einspieler stellte er ihn in einer Unterrichtssituation zur Rede, und in einem weiteren Sinn suchenden Filmchen machte Masud mit dem Facebook-Frager seltsame Box-Übungen.
Gesucht: der Witz.
Die Witzlosigkeit von „Netz-O-Rama" ist wirklich atemberaubend, geradezu bedrückend. Dass so was überhaupt auf Sendung geht, und keiner in dem Team scheinbar ein Gefühl für Gags hat, ist

erstaunlich. Auch, weil die Sendung eine Produktion von Strandgut-Media ist. „Circus Halligalli" können sie, auf „Netz-O-Rama" hatten sie wohl keinen Bock.

InTouch - Stars. Styles. Stories
MO 19.09.2016 | 22.15 Uhr | RTL II

Wir wollten ja schon immer mal wissen, was das für Journalisten sind, die Tag für Tag sabbernd und geifernd irgendwelchen Promis hinterher rennen. Und zwar, um zu sehen, was das für merkwürdige Menschen sind. Und ob sie wirklich so unsympathisch sind, wie man beim Durchblättern der furchtbaren Klatschzeitungen denken mag.
Deshalb hat uns RTL II das, nun ja, etwas andere Boulevardmagazin geschenkt: „InTouch – Stars. Styles. Stories." Am Montagabend lief Folge 1.
Einerseits ist das Magazin nicht mehr als eine überlange Dauerwerbesendung für die „InTouch". Was steht drin? Was steht warum drin? Oder auch nicht. Was oder wer kommt auf die Titelseite?
Alles ganz doll interessant.
Andererseits stehen da ständig Leute in einer leeren Redaktion rum und blubbern ein bisschen vor sich hin und kommen sich wichtig vor, weil sie über die Promis sprechen dürfen.
Da gibt es dann den Paparazzo, der auf die Modenschau von Guido Maria Kretschmer darf. Er soll rausfinden, wen der Designer mag und wer deshalb in die 1. Reihe am Catwalk darf. Höchst spannend. Da sitzt doch tatsächlich der Regisseur Detlev Buck in der 1. Reihe. Voll interessant und so! Echt Wahnsinn (gähn!). Und dann: der Kracher! DAS große Ding! Kretschmer küsst am Ende nicht nur seinen Ollen, sondern auch den Buck! Den! Buck!!!! Da wird die Redaktion schon ganz zittrig und wittert eine große Story, und der Zuschauer ist an dieser Stelle – wenn er nicht längst umgeschaltet hat – weggenickt.

Dann geht's es noch mit Tanja Tischewitsch (Wer?) zu einem Schönheitseingriff, weil sie ja nach ihrer Schwangerschaft ein paar Fettpolster hat (ach Gottchen).
Und RTL II darf noch eine strunzdumme Dokusoap mit irgendwelchen reichen Schnepfen promoten, die bereits als Vorprogramm der „InTouch"-Sendung lief. Die Redaktion sah sich die Ausschnitte höflich interessiert an.
Eine Reporterin ließ sich dann noch von Désirée Nick zusammenscheißen – und irgendwie war das dann doch lustig, denn die Nick hat das schon ganz richtig gemacht.
Wer sich bislang nie eine „InTouch" gekauft hat und aus Versehen RTL II eingeschaltet hatte, weiß jetzt wenigstens, dass er nichts verpasst, wenn er die Klatsch-Gazette nicht kauft. Lahme Storys, pseudowichtiges Gelaber, was denn nun angeblich so hot und so wichtig ist. Unfassbar überflüssig.

Match Factor
DO 22.09.2016 | 20.15 Uhr | ProSieben

ProSieben hat ein echtes Brechmittel im Programm. Man schaut es, kann es nicht fassen, kämpft mit der Übelkeit. Beim „Match Factor" sucht sich ein Typ mehr als zwei Stunden lang eine Freundin. Der ProSieben-Frauenbasar funktioniert im Grunde wie Tinder im Internet. Mann sieht Frau und wischt die weg, die er hässlich findet.
Das ist am eigenen Handy vielleicht ein netter Zeitvertreib, vielleicht macht das auch ein bisschen Spaß, ist aber eben eher oberflächlich, aber warum man eine Ewigkeit dabei einem Typen zusehen sollte, bleibt unklar.
Benjamin ist Single, und das will er ändern. Deshalb stellt er sich in eine ProSieben-Show, um sich eine Frau auszusuchen. Der erste Eindruck zählt. Sieht doof aus – weg mit ihr. Hat sie ein beklopptes Hobby – pff, die soll gehen. Um zu sehen, was die Tante so hermacht, lassen die Fernsehmacher sie dann vor Benjamin tanzen. Damit er die, die doof tanzt, auch aussortieren kann.

Klar, dass die mit der hässlichen Friseur durchfällt, die mit dem Porno-Zwinker-Blick aber weiterkommt.

Die mit den vielen Hobbys, die so ein bisschen verrückt ist, wie sie sagt, die fällt auch durch, weil der Benjamin eher so der häusliche Typ (also langweilig) ist.

Und während Benjamin da die Frauen aussiebt, sitzen im Hintergrund seine Schwester und Freunde und lästern. Sagen, dass die mit den hässlichen Schuhen ja gar nicht gehe. Und die Öko-Tante ja auch voll daneben sei. Lästerfernsehen.

Eigentlich konnte einem dieser Benjamin auch ein bisschen leidtun. Als Arschloch da im Fernsehen zu stehen und einer Frau sagen zu müssen, dass sie gerade zwar nett getanzt hat, es ihn aber nicht angesprochen habe, das ist sicherlich ein unschönes Gefühl. Andererseits kann man sich ja immer noch aussuchen, ob man an einer solchen Show teilnimmt oder nicht.

Aber es ist gut zu wissen, dass so manche Rollenbilder nicht tot zu kriegen ist. Wie das vom ach so geilen Stecher, der sich in der Disse die Olle aussucht, der er nun täglich beiwohnen wolle und sie er dann auch lieben wolle. Und so. Und die Frauen stellen sich dem, drapieren noch mal ihre engen Kleider, um in dem einen Moment Eindruck zu schinden und dann zu hoffen, hoffen, hoffen, dass er ja sagt.

Meine Güte. Ist das schlecht.

Zimmer frei! - Der Abschied
SO 25.09.2016 | 22.15 Uhr | WDR

20 Jahre. 700 Sendungen. Nun ist die berühmteste WG Deutschlands aufgelöst.
Am Sonntagabend lief im WDR das große „Zimmer frei!"-Finale. Christine Westermann und Götz Alsmann luden sich noch einmal eine Reihe von Promis ein, um Abschied zu feiern, und zum Schluss sind dann sogar Tränen geflossen.
Der WDR hat die Show nicht abgesetzt, sondern die beiden Moderatoren haben schon vor drei Jahren beschlossen, dass sie mit dem 20. Jubiläum aufhören werden.
1996 ist die Show als Sommerpausen-Special ins Programm genommen worden. Damals schien alles ein bisschen planlos. Auch 20 Jahre danach war „Zimmer frei!" immer noch ein Stück Kindergeburtstag – aber eben auch ziemlich betulich geworden. Christine und Götz empfingen Promis, es wurde geplaudert, dazwischen gab's sinnfreie heitere Spielchen.
Die Betulichkeit war manchmal anstrengend, aber andererseits: So ein wenig Betulichkeit kann ja manchmal auch beruhigend sein.
Das gute Fernsehen von gestern mit lauter alten Hasen, die durchaus staunend oder gelangweilt auch die nächste TV-Generation in ihrem WG-Studio begrüßten.
Es wäre schön, wenn der WDR an Stelle dieser Sendung nicht einfach nur eine neue Quizsendung zeigt (so ist es vorgesehen), sondern sich auch weiterhin interessante Personality-Formate ausdenkt.

aspekte
Tobias Schlegl hört auf
FR 30.09.2016 | 23.05 Uhr | ZDF

Am Ende stand ein bescheidenes Tschüs. Tobias Schlegl hat am Freitagabend seine letzte Sendung „aspekte" moderiert. Er hat überhaupt seine letzte Sendung im Fernsehen moderiert. Schlegl hört auf mit dem Fernsehen – stattdessen beginnt er nun eine Lehre als Rettungssanitäter.

Er möchte etwas Sinnvolles tun, und die meisten Menschen sagen, sie hätten Respekt vor dieser Entscheidung. Und den kann man auch haben. Tobias Schlegl hat sich mit 39 Jahren (der letzte „aspekte"-Tag war auch sein Geburtstag) entschieden, noch mal was ganz Neues zu machen.

Und den Respekt muss man nicht haben, weil sich der Promi entscheidet, kein Promi mehr sein zu wollen, in Zukunft wohl sehr viel weniger Geld zu verdienen. Den Respekt sollte man vor jedem haben, der sich in seiner Lebensmitte dazu entscheidet, aus dem Trott rauszugehen und einen Neuanfang zu wagen. Wenn man diesen Schritt tut und das dann auch klappt, dann kann das eine tolle Sache sein.

1995 fing der Tobi bei VIVA an, von Oliver Kalkofe damals als Tobi Pupsnase verspottet. Seine Sendung „Kewl" im Vorabendprogramm war Kult, sein zwischenzeitliches Engagement als ProSieben-Daily-Talker eher nicht so. Als es hieß, er übernimmt „extra 3" habe ich mich gefreut. Am Ende dann ganz seriös bei „aspekte".

Ab und zu will er noch Radiosendungen moderieren, und sicherlich wird er hin und wieder kleinere Sachen für's Fernsehen machen. Aber die Medien werden nicht mehr sein Lebensmittelpunkt sein. Er hat – das kann man wohl so sagen – nun Wichtigeres zu tun. Alles Gute!

Das war zdf.kultur
FR 30.09.2016 | 23.55 Uhr | zdf.kultur

Funk! Das ist der neue heiße Scheiß von ARD und ZDF! So nennt sich der neue Jugendkanal, der ja kein Jugendkanal ist, weil ...ähm, ist ja Internet und nicht Fernsehen, ne?
Mit Funk will man aber endlich die Jugend erreichen. Da wartet die Jugend zwar nicht drauf, man kann aber trotzdem mal schnell 45 Millionen Euro ausgeben, um das Internet mit jungen, frischen, frechen Formaten zu fluten. Und weil das ja am Sonnabend gestartet worden ist, durfte das ZDF endlich das ungeliebte Anhängsel zdf.kultur abschalten.
„Das war zdf.kultur" hieß dann auch am Freitagabend die fünfminütige Abschiedssendung. Sie zeigte, was zdf.kultur vor ein paar Jahren mal war. Cool! Ja, und Kult!
Ich könnte jetzt sagen: Ich werde zdf.kultur vermissen. Aber ich vermisse eher das zdf.kultur, das es gab, bevor das Aus beschlossen und der Sender in den Wiederholungsmodus gesetzt wurde.
Es gab sehenswerte Musiksendungen, lange Live-Übertragungen von Festivals, außergewöhnliche Talks, und das ganze Senderdesign war ein echter Hingucker. Im Grunde hatte sich das ZDF einen Jugendsender geschaffen – ihn aber gleichzeitig mit dem Namen zdf.kultur gleich wieder begraben.
Am Ende gab's dann nur noch alte ZDF-Serien, alte ZDF-Shows und wenige alte Musiksendungen. Dieses zdf.kultur war verzichtbar. Das davor – das fehlt.
Also, liebe jugendliche Zielgruppe: Jetzt schaut euch gefälligst an, was ARD und ZDF da beim Funk Tolles machen. Damit das Aus von zdf.kultur wenigstens irgendeinen Zweck hat.
PS: Habe ich einen Wunsch frei? Wie wäre es mit einem ARD/ZDF-Retrokanal? Fänd ich gut! Schließlich sind die Archive groß genug.

einsplus: Sendeschluss
FR 30.09.2016 | 0.00 Uhr (Sa.) | einsplus

Bei der ARD und beim verantwortlichen SWR scheint man einsplus nicht gerade lieb gehabt zu haben. Während bei zdf.kultur zum endgültigen Sendeschluss ein kleines Abschiedsfilmchen lief, gab es am Freitagabend bei einsplus – nichts.
Der Spielfilm „Das fünfte Element" war um 22 Uhr die allerletzte Sendung. Der Abspann war zu Ende – und flupp! Aus. Seitdem steht dort eine grüne Hinweistafel, dass das Programm einsplus zum 1. Oktober eingestellt worden sei.
Hatte man zum Sender nichts mehr zu sagen? Wollte man nichts mehr sagen? Anders als bei zdf.kultur gibt es auf einsplus auch keinen Hinweis auf das neue Jugendangebot „Funk", wegen dem ja einsplus abgeschaltet worden ist.
Immerhin 19 Jahre gab es diesen Sender. Gestartet zur IFA 1997 mit dem Namen EinsMuxx wurden dort die Sendungen vom Ersten zeitversetzt ausgestrahlt. Damals eine schöne Idee, heute eigentlich wegen der fortgeschrittenen Technik nicht mehr nötig. Vor gut zehn Jahren wurde daraus einsplus, zunächst als Servicesender.
Dann aber dachte man sich beim federführenden SWR, dass man ja aus einsplus einfach mal einen Teilzeit-Jugendsender machen könnte. Immerhin war ja schon ewig über einen „Jugendkanal" debattiert worden – einsplus war das eigentlich schon.
Blöd nur: So richtig Reklame wurde für einsplus nirgendwo gemacht. Dass da ordentlich Kohle für viele (durchaus sehenswerte) Jugendformate rausgehauen wurde, wusste kaum jemand. Deshalb waren die Einschaltquoten wohl bis zum Schluss kaum messbar.
Man hat schlicht an der Zielgruppe vorbei gesendet.
Aber eine Debatte darum ist müßig. Die Politik und die Entscheidergremien wollten, dass es einen neuen Jugendkanal nur online gibt – und dass dafür einsplus und zdf.kultur eingestellt werden.
Und wie auch bei zdf.kultur ist es um einsplus schade drum –

wenn auch das Programm im vergangenen Jahr auch dort nur fast noch aus Wiederholungen bestand.
Und jetzt sind wir alle mal gespannt, ob der „Funk" durch die Decke gehen wird.

OGOT - Old Guys on Tour
SO 02.10.2016 | 20.15 Uhr | Tele 5

Sie stritten sich, schwiegen sich an, und am Ende hatten sie sich wieder lieb. Die Old Guys haben Santiago de Compostela erreicht. Zwölf Folgen lang konnten wir Jörg Draeger, Frederic Meißner, Björn-Hergen Schimpf und Harry Wijnvoord dabei zusehen, wie sie auf dem Jakobsweg pilgern. Karl Dall empfing die Männer an den jeweiligen Etappenzielen.
Am Sonntagabend ging „OGOT – Old Guys on Tour" mit der Ankunft in Santiago de Compostela zu Ende. Das aber ein bisschen enttäuschend – für alle Beteiligten.
Tele 5 hat mit der Sendung für ein leider viel zu wenig beachtetes Fernsehhighlight gesorgt. Das Konzept war dabei sehr simpel: vier Männer wandern, und wir schauen zu. Kein Skript, keine Challenges. Nur der Weg. Nur das Ziel erreichen. Nur darum ging es.
Ein wenig war das Slow-TV, denn Tele 5 hat auch darauf verzichtet, dieses Projekt so aufzupeppen, dass das ganz große Ding draus wurde. Fast muss man sagen, Tele 5 hätte ein wenig mehr draus machen können, schon durch den seltsamen Titel, „OGOT", sind sicherlich viele Zuschauer gar nicht auf das Jakobsweg-Projekt aufmerksam geworden.
Vermutlich ist noch nie so ausführlich – immerhin mehr als 13 Stunden – vom Jakobsweg berichtet worden. Wir haben gesehen, dass es oft öde ist. Dass es tolle Momente und Stellen gibt. Dass man sich anstrengen, überwinden muss. Dass man den inneren Schweinehund besiegen muss. Herrliche Gegenden, runtergekommene Wege, lange Steppen, schöne Dörfer und Städte.

Auch ohne Challenges – eigentlich ist natürlich der Weg selbst die Challenge – ist viel passiert. Denn die vier Männer kamen nicht immer miteinander klar. Jörg und Frederic waren immer schnellen Schrittes, Björn und Harry eher weniger. Und Harry war genervt. Am Ende so sehr, dass er sich mehr und mehr von den anderen entfernte. Was wiederum die anderen aufregte.
So war die Stimmung leider am Ende sehr gedrückt, in Santiago de Compostela herrschte wenig Euphorie. Und dann wurden sie auch noch aus der Kathedrale rausgeschmissen, weil man da nicht mit Rucksäcken rein darf. So gab es auch nicht den berühmten Gottesdienst mit dem großen Weihrauch-Pendel zu sehen. Wirklich schade.
So war das Finale dann eher Gesprächstherapie. Aussprache. Aber wenigstens konnten beim Abschluss-Picknick alle wieder lachen.
Fazit am Ende: „OGOT" – schön, es gesehen zu haben.

Slow TV auf Tele 5: Boccia Boccia
SO 02.10.2016 | 22.10 Uhr | Tele 5

In Skandinavien soll ja Slow-TV der große Hit sein. Da kann man dann zig Stunden live dabei sein, wenn ein Zug von A nach B fährt. Oder man kann irgendwem stundenlang beim Stricken zusehen. Bei Tele 5 muss man dieses Slow-TV-Konzept irgendwie falsch verstanden und mit Edel-Trash verwechselt haben.
Am Sonntagabend gab es erstmals „Slow TV auf Tele 5". Friedrich Liechtenstein präsentierte den Film „Boccia Boccia". Darin traf sich eine große Gesellschaft und spielte überraschenderweise Boccia. Und das machten sie gaaaaaanz laaaaaangsam. Der komplette Film war in einer Art Slowmotion aufgenommen. Leute, die durch einen Park schlenderten. Leute, die seltsame Gruppenbewegungen machten. Und sogar Leute, die Boccia spielten. Und andere, die zuschauten. Und soffen, natürlich Champagner.
Alles in Slomo.
Dazu chillige Musik und irgendein Geseier von Friedrich Liechtenstein.
Das war kein Slow-TV, das war Hochkultur! Und das auf Tele 5. Ergab nur keinen Sinn, machte keinen Spaß, war total langweilig und seltsam hochtrabend. War zwar langsam, hat mit der Slow-TV-Idee war so gut wie nichts zu tun.
Kein Wunder, dass die Zuschauer in Scharen flohen.

Terror - Ihr Urteil
MO 17.10.2016 | 20.15 Uhr | Das Erste

Nicht schuldig. Mit überwältigenden 87 Prozent haben sich die Deutschen am Montagabend entschieden. Es müssen sich so viele Menschen an der Abstimmung beteiligt haben, dass Telefonleitungen und Internetserver überlastet waren – und längst nicht alle mit abstimmen konnten.
Das Interesse also war groß. Kein Wunder, sorgte die ARD doch für einen extrem spannenden Fernsehabend.
Beängstigend: Ein Flugzeug mit 164 Leuten an Bord wird von Entführern gekapert. Es soll auf ein Fußballstadion stürzen, in dem sich 70.000 Menschen befinden. Ein Kampfflieger der Bundeswehr schießt das Flugzeug ab.
Ist er schuldig?
Der Film „Terror" ist nichts anderes als eine abgefilmte Gerichtsverhandlung. Wie die Gerichtsshows bei RTL – nur edler und dass da niemand rumkeift, und dass es um wirklich wichtige Themen geht.
Der Film kam ohne Musik aus. Nur das gesprochene Wort. Fast 85 Minuten lang.
Langweilig? Nein, äußerst spannend! Denn es war hochinteressant, zu verfolgen, was der Pilot zu sagen hat. Wie ihn die Staatsanwältin grillt. Wie sich der Verteidiger aufregt. Wie sich eine Hinterbliebene positioniert.
Viele Gänsehautmomente.
Wir als Zuschauer mussten genau zuhören, denn wir waren es, die am Ende entscheiden sollten, ob der Pilot richtig gehandelt hat oder falsch.
Eine schwierige Entscheidung, eine sehr schwierige.
Kann man 164 Menschenleben mit 70.000 anderen abwiegen? Gilt nicht: Jeder Mensch hat eine Würde, die unantastbar ist? Kann man sich sicher sein, dass das Flugzeug wirklich ins Stadion gestürzt wäre? Hätte es nicht auch sein können, dass die Passagiere die Entführer überwältigen? Hätte das Flugzeug das Stadion nicht auch verfehlen können?

Und, auch das ist thematisiert worden: Hätte nicht auch entschieden werden müssen, das Stadion zu räumen? Es wäre zeitlich möglich gewesen. Aber es wurde eben darauf spekuliert, dass der Pilot die Anweisungen, nicht zu schießen, ignoriert.
All das ist es, womit wir alle uns heute auseinandersetzen mussten. Es ging um das Gesetz, um Moral, um Sondersituationen. Ich habe dafür gestimmt, dass der Pilot schuldig ist. Ja, er hat vielleicht 70.000 Leute gerettet. Aber er hat 164 Menschen dafür geopfert. Und ließ dafür außer Acht, dass der Absturz und die Eventualitäten im Stadion eben nur das waren: Wahrscheinlichkeiten.
Dass das Ergebnis aber so eindeutig ausfiel, ist erstaunlich und zugleich beängstigend. Zeigt es doch auch, was mehr und mehr sowieso schon zu beobachten ist: Dass sich Menschen von Gefühlen leiten lassen, von Emotionen. Dass sie das, was sie für gesunden Menschenverstand halten, auch als einzig richtig erachten. Dass sie das, was moralisch vielleicht schwierig ist, nicht akzeptieren. Dass es uns die Gesetze und die vorhandenen Begebenheiten eben nicht immer einfach machen.
Und allein, dass „Terror" diese Diskussionen, dieses Nachdenken darüber, möglich macht, macht diesen Film zu einem der großen TV-Ereignisse 2016.

Schlagerbooom -
Das internationale Schlagerfest
SA 22.10.2016 | 20.15 Uhr | Das Erste

Ganz ehrlich: Respekt an den mdr! Waren die Feste der Volksmusik im Ersten einst eine betuliche Angelegenheit, ist die Show nach und nach behutsam modernisiert worden. In den vergangenen Jahren verschwand die Volksmusik aus dem Sendungstitel, langsam zog auch die moderne Musik bei Florian Silbereisen ein. Und jetzt? „Schlagerbooom"! Eine Show, die sich erstaunlich gut sehen lassen kann.
Die Show kam am Sonnabend live aus der Dortmunder Westfalenhalle und wirkte wie ein Megaevent – wie der Eurovision Song Contest. Die Bühne ist wie eine Arena in der Mitte der Halle aufgebaut worden, Kulissen gab es ansonsten kaum.
Das Publikum war sehr gemischt – im Innenraum standen vor allem junge und mittelalte Leute, die ordentlich Party machten.
Helene Fischer feierte nach ihrer Bühnenpause ihr Comeback. Maite Kelly kam und heulte vor Rührung. Howard Carpendale sang seine größten Hits. Zwischendurch hatte Patricia Kaas einen Auftritt, der Volks-Rock-'n'-Roller Andreas Gaballier und natürlich Silbereisens Band Klubbb3.
Es war ein spannendes Potpourri, und zu keinem Zeitpunkt glitt das Ganze wieder in die betuliche Schlagerwelt ab. Vielen Künstlern war deutlich anzusehen, wie sie selbst beeindruckt waren von dieser Kulisse, von dieser Art Popfernsehen zur Primetime, bei dem sie dabei sein durften. Nur eines sollte Pflicht sein: live singen!
Man kann von Florian Silbereisen halten, was man will. Aber er hat es geschafft, den Schlager in Deutschland wieder salonfähig zu machen, ja, man möchte fast sagen: cool. Kein Wunder, dass fast sechs Millionen Leute die weit mehr als dreistündige Show einschalteten, und sogar überdurchschnittlich viele junge Zuschauer dabei waren.
Liebe Verantwortlichen des Musikantenstadls, die die Sendung als Stadlshow ruiniert und in den Müll geworfen haben, weil sie

absolut unfähig waren, etwas Gutes mit der Show anzufangen – beim „Schlagerbooom" seht ihr, wie man es richtig macht

Like or Dislike?
MI 26.10.2016 | 0.50 Uhr (Do.) | ZDF

Die Amerikaner verstehen ihr eigenes Land nicht mehr. Sie fragen sich, was da eigentlich abgeht und fühlen sich von denen „da oben" nicht vertreten. Und jetzt, im Präsidentschaftswahlkampf: Hillary Clinton? Donald Trump? Eigentlich gehen beide gar nicht, finden viele, die so gefragt werden.
Das ZDF schickte aber nicht einen der üblichen Korrespondenten in den USA herum. Sie schicken den Youtube-Star Dner durch das Land. Der 22-jährige Felix von der Laden reiste von Stadt zu Stadt und traf viele Menschen, um sich über die aktuelle politische Lage zu unterhalten. „Like or Dislike?" hieß die erfreulich spannende und gut gemachte Doku. Sie war jugendlich-locker, eine sogenannte Presenter-Doku, aber nicht so aufdringlich auf Hip gemacht, wie man das ja oft vom guten, alten öffentlich-rechtlichen Fernsehen kennt.
Produziert wurde sie auch und für Funk, dem neuen jungen Angebot von ARD und ZDF. Aber selbst für Funk ist diese Doku ungewöhnlich, denn die Sendedauer von 45 Minuten kommt dort relativ selten vor. Aber wer sie in der App aufruft, wird belohnt. Denn Dner kitzelt aus den Leuten viel heraus. Sie ärgern sich über die soziale Schere, die in den USA immer mehr aufgeht. Er reist nach Detroit, an den Ort des Anschlags auf ein Lokal, das von Schwulen und Lesben stark frequentiert wurde. Dort berichten Augenzeugen von ihrer Angst.
Auf Funk kann man die Doku sehen, wann man will. Im Grunde ist die Hauptzielgruppe sowieso dort (wenn die denn Funk kennt).
Warum das ZDF aber diese Doku mitten in der Nacht versendet, ist unverständlich und schade. Um 0.50 Uhr schaut kaum ein Jugendlicher zu. Und auch kaum ein Erwachsener.
Für den Film ein Like. Für den ZDF-Sendeplatz ein Dislike.

Wishlist
DO 27.10.2016 | 15.00 Uhr | Funk

Funk. So ganz sehe ich da noch nicht durch.
Ich kann ja verstehen, dass ARD und ZDF mit dem jungen Angebot dort sein wollen, wo die Jungen auch sind. Dass es aber nirgendwo alles von Funk gibt, sondern immer nur eine Auswahl, das finde ich irritierend.
In der App gibt es ein bisschen was, auf Youtube auch, hier und da auf Facebook, auf Snapchat und Werweißwonoch. Und selbst auf Youtube gibt es die Funk-Inhalte nicht auf der Funk-Seite, sondern alle Inhalte haben eigene Youtube-Seiten. Hinzu kommt, dass die Funk-Inhalte kaum als solche gekennzeichnet sind. Ganz am Ende gibt es meist eine halbe Sekunde ein Funk-Logo zu sehen – als ob man sich ein bisschen für die öffentlich-rechtliche Herkunft schämt.
Dass die Inhalte so verteilt werden, ist legitim, und vermutlich erreichen die Macher damit sogar mehr Leute. Aber dennoch sollte es eine Funk-Plattform geben, auf der man sich zusätzlich auch alle Inhalte ansehen kann.
Soll ja immerhin auch ein paar alte Knacker wie mich geben, die zwar nicht zur Zielgruppe gehören, aber trotzdem schauen wollen, was sich ARD und ZDF so im Funk trauen.
Zum Beispiel „Wishlist". Jede der 10 Folgen wird donnerstags um 15 Uhr in der Funk-App, auf Youtube (und Weißweißnochwo) freigeschaltet. Und „Wishlist", eine Co-Produktion von radiobremen und dem mdr, ist sehenswert. Nicht nur, wegen des recht aufwendigen Styles. Die Serie sieht sehr edel aus. Auch inhaltlich ist's recht unterhaltsam und spannend.
„Wishlist" ist eine App. Sie ermöglicht es den Nutzern, dass sie sich Wünsche erfüllen lassen. Bedingung: Dafür müssen sie eine Aufgabe erfüllen. So muss Mira (17) zum Beispiel eine Tasche aus dem Lehrerzimmer unter den Tisch einer Lehrerin schmuggeln. Das wiederum hat für die Lehrerin Folgen. So entwickelt sich eine Geschichte, die scheinbar später immer mehr ausartet.

Schön ist die Mischung aus Humor und Spannung. So absurd das alles manchmal wirkt, dann gibt es – bäm – plötzlich doch noch das Thriller-Element.
Ich hoffe nur, dass ich nicht vergesse, nächste Woche wieder... hm... Man sagt ja nicht: einschalten. Oder?
Also hoffe ich, dass ich nicht vergesse, mir Folge 3 downzuloaden. Uh, wie modern.

Verstehen Sie Spaß?
Blackfacing
SA 29.10.2016 | 20.15 Uhr | Das Erste

Wieder wird über Blackfacing diskutiert. Nach 2013 und dem, nun ja, Skandal bei „Wetten, dass...?", sorgte nun Guido Cantz in „Verstehen Sie Spaß?" für Wirbel.
In der am Sonnabend im Ersten gezeigten Show verkleidete sich Cantz in einem Film in einen schwarzen Südafrikaner. Dicke Nase, dicke Lippen, verstellte Stimme, gebrochenes Deutsch. Es ging darum, den Moderator einer Sendung im Schweizer Fernsehen zu verarschen. Eine Frau sollte ihren Vater endlich kennenlernen. Der Gag: Ins Studio kam nicht der vorher auf einem Foto gezeigte Herr, sondern der schwarze Guido. Haha, lustig.
Okay, der Gag war so mittel. Aber auch rassistisch, wie es Guido Cantz und seinem Team vorgeworfen wird?
Es ist immer ein schmaler Grad, auf dem man sich da bewegt.
Cantz ging es darum, sich so zu verkleiden, dass es völlig absurd sei, dass der Afrikaner der Vater der Frau sei. Außerdem darum, dass er keineswegs erkannt wird. Alles, um den Moderator zu verunsichern. Was ihm auch gelungen ist.
Klar, Cantz hätte auch einen Chinesen spielen können. Oder eine Frau. Oder was und wen auch immer. Und in der Tat war sein Afrikaner schon sehr klischeemäßig. Aber ist das schon rassistisch? Ich gebe zu, ich habe darauf keine wirkliche Antwort. Aber auch das Gefühl, dass sich wieder mal alle auf einen stürzen und es sich dabei auch ein bisschen einfach machen.

Die meisten Medienjournalisten sind sich jedenfalls einig, dass Cantz' Gag so gar nicht ging. Im Übermedien-Blog verurteilt Journalist Boris Rosenkranz Blackfacing ziemlich pauschal. Er zeigt auch andere Beispiele, wie Oliver Pocher als Jerome Boateng. Auch das sei rassistisch. Ist es das? Nur weil er, um diesen Menschen zu spielen, auch seine Hautfarbe ändert? Man kann die Parodie doof finden, aber sie ist deshalb nicht gleich rassistisch.

Das VSS-Team rückte trotz aller Kritik im Vorfeld nicht davon ab, den Film zu zeigen. Das ist nicht verwunderlich, denn immerhin war die Ausgabe ein Schweiz-Special, das auch live in der Schweiz gezeigt worden ist. Da einen der in der Hinsicht wichtigen Filme abzusetzen, wäre für „Verstehen Sie Spaß?" bitter gewesen. Augen zu und durch – das war da wohl die Devise.

Ja, mit dem Blackfacing verbindet man geschichtlich sehr viel Ungutes, und man hat das völlig zurecht an den Pranger gestellt. Aber ist das bloße Spielen eines Schwarzen rassistisch? Wäre es sofort rassistisch, wenn ein Schwarzer einen Weißen spielt?

Zumal es in „Verstehen Sie Spaß?" viel schlimmere Filme gab. Zum Beispiel den, wo in einem deutschen Supermarkt Schweizer bestimmte Kassen nicht mehr benutzen durften. Und wo Schweizer einen Extra-Parkplatz benutzen und 10 Euro abdrücken mussten. Da regt sich niemand über eventuellen Rassismus auf. Dabei sorgte dieser, ähm, Scherz auch eher für Übelkeit. Lustigerweise erzählte Lockvogel DJ Bobo im Anschluss, dass es auch unschöne, sehr böse Reaktionen vor Ort gab, die natürlich nicht gezeigt wurden. Das lässt tief blicken.

Oder den Gag mit dem Kind, das einfach irgendwelche Fahrräder zusammengeschlossen und Lösegeld gefordert hat. Der war nicht nur blöd, sondern auch völlig unlogisch, weil dann plötzlich die Mutter des Kindes kam, doof rumgezickt hat – und das alles einfach nur unglaubwürdig war.

Paola Felix war auch da und zeigte die immer gleichen Highlight-Gags aus den Zeiten von Kurt Felix. Hat sie angeblich in langer Suche aus dem Archiv gekramt. Jaja. Vielleicht hat das Team auch einfach nur eine der Highlight-Sendungen zurechtgeschnitten.

Immerhin zwei wirklich interessante und lustige Filme hatte die ansonsten recht biedere Show: Atze Schröder, der auf einer

Privatfeier gute Miene zu den bösen Leuten zeigen musste. Der Film war deshalb interessant, weil man das wahre Gesicht des Atze Schröder sah: Nämlich einen besonnenen, ruhigen, hochgradig sympathischen Mann. Und als zweites der Koch Alexander Herrmann, der bei „Inas Nacht" verarscht worden ist. Er konnte nämlich im Aufenthaltsraum zusehen, wie Ina Müller und Gast Steffen Halaschka böse über Herrmann herzogen.
Man könnte ja mal grundsätzlich über die Qualität der Versteckte-Kamera-Filme diskutieren. Einfach mal die vielen miesen Filme weglassen, dann müsste die Show auch nicht 185 Minuten dauern.

Tagesthemen
Jan Hofer ging's nicht gut
DO 03.11.2016 | 22.15 Uhr | Das Erste

Ich habe gelesen, dass es in den „Tagesthemen" am Donnerstagabend im Ersten dramatische Momente gegeben habe. Dass Sprecher Jan Hofer einen Zusammenbruch erlitten habe. Einen – natürlich in Großbuchstaben – KOLLAPS! Das muss schlimm gewesen sein, was da über den Sender ging. Nun ja.
Passiert ist Folgendes: Jan Hofer konnte seinen zweiten Nachrichtenblock in den „Tagesthemen" nicht lesen. Stattdessen musste Caren Miosga einspringen. Es gehe ihm nicht gut, sagte sie. Es holperte am Anfang kurz, aber dann gingen der Moderatorin die Nachrichten flüssig über die Lippen.
Die Dramatik dieser Momente muss ich irgendwie verpasst haben. Auch den Zusammenbruch, den KOLLAPS. Aber wenn so etwas Außergewöhnliches passiert, dann geraten Journalisten gern mal in Wallung und bauschen etwas auf. Das liest sich dann auf Seiten wie vom „Express" und anderen Zeitungen höchst, ähm, aufregend.
Aber klar, bringt Klicks. Und klingt besser, als wenn es heißen würde: Jan Hofer war schlecht und musste mal raus.
So war's nämlich: Magen-Darm-Virus, und Freitagmittag war er schon wieder auf Sendung.

Die US-Wahlnacht im Ersten
DI 08.11.2016 | 22.50 Uhr | Das Erste

Nach fast zehneinhalb Stunden (!) Live-Sendung waren die Moderatoren im Ersten nicht nur in Schockstarre. Schockstarre war nämlich, nachdem feststand, dass Donald Trump neuer US-Präsident wird, das Lieblingswort der Moderatoren und Gäste. Nach einer so langen Strecke waren alle auch sehr, sehr müde. War ja auch so nicht abzusehen, dass das Ganze nicht nur die Nacht hindurch dauern wird, sondern auch den ganzen Morgen. Erst um 8.30 Uhr stand wirklich fest: Donald Trump schlägt Hillary Clinton.

Es war das Ende eines monatelangen, oft extrem unschönen Wahlkampfes – und der Beginn einer Ära mit einem ungewissen Ausgang.

Diese lange US-Wahlnacht war eine Geduldsprobe für alle. Für die Zuschauer, aber auch für die Fernsehmacher. Irgendwie muss man diese verdammt lange Zeit ja füllen.

Beim ZDF war irgendwann in der Nacht eine Reporterin bei einer völlig aufgelösten jungen Frau, die – warum auch immer – nicht wählen durfte. Heulend stand die Frau nun da und ließ sich von der verständnisvollen Korrespondentin ausfragen.

Im Ersten musste der Moderator zwischendurch mal für Ruhe sorgen, wenn das Publikum maulig wurde, weil Trump schon wieder einen Bundesstaat gewonnen hatte.

Bei Family TV war man schon vorher stolz wie Bolle, dass man ja angeblich der einzige deutsche Sender, äh, na ja, Privatsender sei, der durchgängig von der US-Wahl berichtete. Letztlich übertrug man dann doch nur das CNN-Programm und laberte etwas dazu. Eher überflüssig.

Im ZDF muss sich Christian Sievers vorher so richtig vorbereitet haben, denn immer wenn in weiteren US-Staaten Wahllokale schlossen, kannte Sievers kleine Anekdoten und Randnotizen zu fast jedem der Staaten. Respekt. Wenn auch manchmal albern.

Bei Sat.1 begann man mit dem Frühstücksfernsehen immerhin schon um 4.55 Uhr, und man erzählte den Zuschauern auch, was

in den USA los ist. So ganz wollte man sie dann aber doch nicht mit der Politik belästigen. Zwischendurch wurde dann auch noch gekocht. Anders als bei RTL, wo es ab 4 Uhr eine rein journalistische Wahlsendung gab.
Eine spannende Alternative gab's im Internet, auf Youtube. Dort konnte man Jan Böhmermann und seinem „NeoMagazin Royale"-Team dabei zusehen, wie sie sich die Wahlnacht um die Ohren hauen. Inklusive Kommentare zum Wahlgeschehen. Als sich gegen 5 Uhr schon deutlich der Trump-Sieg abzeichnete, machten sie aber schon Schluss.
Unterdessen endete im ZDF „Die Nacht der Entscheidung" ohne Entscheidung, denn nach 7 Uhr übernahmen die Leute vom Frühstücksfernsehen. Diesen Luxus hatten die ARD-Kollegen nicht. Sie mussten bis weit nach 9 Uhr weitermachen. Und von der Schockstarre berichten.
Apropos Schockstarre: Immer mehr Leute werfen dem deutschen Journalismus vor, einseitig zu berichten. Die ARD-Leute ließen die Zuschauer im Minutentakt wissen, wie schockiert sie sind. Aber muss das so sein? Natürlich haben Journalisten zu allen Themen auch eine Meinung, aber sind sie auch in der Position, immer und überall kommentierend zu wirken?
Ich fand es auch schockierend, dass Donald Trump gewonnen hat, aber müssen mir das auch die Moderatoren immer wieder mitteilen?
Und dann war das noch der Junge, der während der Trump-Siegesrede direkt neben ihm stand. Er rollte mit den Augen, musste sich mehrfach heftig das Gähnen verkneifen. Er wusste ganz genau, dass zig Millionen Menschen ihm gerade zusehen und dass es ganz ungünstig wäre, nun dauernd zu gähnen. Andererseits war es weit nach 3 Uhr in New York. Und so stand der Junge da und litt sehr. Er konnte einem Leid tun. Den Spott bekam er aber auch so ab.

#Tweetclips
American Idiot
MI 09.11.2016 | 13.00 Uhr | VIVA

VIVA lebt! Da arbeiten offenbar doch noch Menschen. Ich dachte eigentlich, die zwölf Stunden, die VIVA nachts und am Vormittag vor sich hinsendet, kommen weitgehend aus dem Computer. Aber weit gefehlt, wie sich am Mittwoch zeigte.
Es war gute vier Stunden her, dass feststand, dass Donald Trump die US-Wahl gewonnen hat. Da begann am Mittag bei VIVA die Sendung mit den „#Tweetclips". Und eine Stunde lang ist darin immer wieder derselbe Song gespielt worden: „American Idiot" von Green Day.
Und als sich einige Zuschauer darüber beschweren, dass der Sender damit ja Partei ergreife, kam die Antwort prompt: VIVA sei ja kein Nachrichtensender, deshalb dürfe man das. Die „#Tweetclips" dürfen Haltung zeigen, und das muss nicht jedem gefallen.
Gute Aktion!

Deutschland tanzt
SA 12.11.2016 | 20.15 Uhr | ProSieben

Das Schlimmste an „Deutschland tanzt" bei ProSieben ist: Nächste Woche kommt die Show noch mal. Und am Sonnabend darauf sogar noch mal. Dabei hätte eine Show locker ausgereicht, und schon die war nur schwer zu ertragen.
Weil Stefan Raab im Fernsehurlaub ist, verzichtete man bei ProSieben auch auf den Bundesvision Song Contest. Was sehr schade ist. Stattdessen kreierte man eine Art Bundesvision Dance Contest. Was auch sehr schade ist.
Bei „Deutschland tanzt" treten 16 Promis (oder was man so bei ProSieben für Promis hält) aus 16 Bundesländern gegeneinander an. Wie genau ihre Tänze aussehen, wurde den Kandidaten freigestellt.
Am Ende gab es ein Voting, und aus allen Bundesländern kamen dann die Ergebnisse – abgekupfert vom Eurovision Song Contest.
Am Ende stand Niedersachsen als Sieger fest. Oliver Pocher trat, verkleidet als Donald Trump, mit einer schmissigen Nummer an. Er musste das Ding schon deshalb gewinnen, weil er als Einziger auf diesen Showmief pfiff und schon im Einspielfilm alles herrlich durch den Kakao zog. Seine Trump-Nummer ist nicht die Niveauvollste, aber diesem Kerl (also Trump) muss man einfach auch humorisch entgegentreten.
Niedersachsen also gewann. Zurecht. Auch wenn einige Kritiker wieder schäumen.
Aber eben nur in Show 1. Aus völlig unbekannten Gründen gibt es zwei weitere Shows, am kommenden Sonnabend treten zwölf der 16 Kandidaten noch mal an, eine weitere Woche danach folgt das Finale.
Warum?
Der Reiz dieses Contestcharakters ist es doch, am Ende einen Sieger zu küren.
Mehr als vier Stunden dauerte dieses aufgeblasene Spektakel. Mit Lena Gercke als langweilig-verschlafen labernde Moderatorin. Mit Ingmar Stadelmann, der einen Gag nach dem nächsten

versemmelte. Und mit, ähm, Promis. In den Vorstellungsfilmchen, die länger waren als die Tanzperformances selbst, mussten sich einige erst mal ausführlich vorstellen. „Man kennt mich aus..." Und man ruft dazwischen: Nein!
Irgendeine Miss Wasweißich für Nordrhein-Westfalen. Irgendeine Schauspielerin, die beim „Tatort" im Saarland ab und zu durchs Bild läuft. Irgendeine Verwandte der Boateng-Jungs für Berlin.
Die Tänze selbst waren allesamt ganz okay, that's Entertainment. Friedrich Liechtenstein trat für Brandenburg an und schwofte einfach ein bisschen herum. Cool.
Aber das ewige Drumherum war geradezu lähmend. Die Jury urteilte immer jubelnd, ein Gänsehaut-Moment folgte angeblich dem nächsten. Was aber nicht an der Show, sondern eventuell an der Klimaanlage im Saal lag.
Gerade grotesk wurde es, als in die Bundesländer geschaltet wurde. Gab es beim Bundesvision Song Contest oft schon Gruselmomente, konnte „Deutschland tanzt" das sehr locker unterbieten.
Da wurde zu einer Mini-Kneipenparty nach Fürstenwalde geschaltet, wo Leute so taten, als seien da noch mehr als die zehn im Bild. In Warnemünde stand neben der Moderatorin genau ein Leut herum. Irgendwo draußen. Am Hafen in Hamburg lümmelten ein paar Shantys von Ina Müller herum. In Niedersachsen ein paar peinliche Cheerleader. Und so weiter.
Selbst Mitmoderator Ingmar Stadelmann konnte sich da Häme nicht verkneifen.
„Deutschland tanzt" ist als Einmal-Event wohl gerade noch zu ertragen, und wenn man nebenher bei Twitter die dortigen Kommentar lesen kann, sogar kurzweilig. Aber noch mal muss das nicht sein.

phoenix vor Ort: Merkels Kandidatur
SO 20.11.2016 | 18.15 Uhr | phoenix

Immer wieder ist sie gefragt worden: Wird Angela Merkel auch 2017 wieder für die CDU als Kanzlerkandidatin antreten? Am Sonntagabend gab sie die Antwort: ja. Sie wird.
phoenix übertrug die Pressekonferenz live, und auch die Fragen der Journalisten im Anschluss an das Merkel-Statement. Aber manchmal fasst man sich an den Kopf: Nun hat Merkel Ja zu 2017 gesagt, und schon wollte eine Journalistin wissen, wie sie denn eigentlich aus diesem Hamsterrad rauskomme und wie das denn im Jahr 2021 aussehe.
Klar, Merkel konnte dazu nichts sagen, sie merkte nur an, dass ja auch niemand wisse, ob die fragende Journalistin dann noch an Bord sei. Blöde Frage gut gekontert.

Sarah & Pietro - Die ganze Wahrheit
MI 30.11.2016 | 21.15 Uhr | RTL II

Sarah und Pietro Lombardi tun mir Leid. Nicht weil sie gerade eine Trennung erleben und damit klar kommen müssen. Sondern weil sie ihr ganzes Leben vor der Kamera führen müssen. Verliebt bei der Castingshow. Hochzeit im Fernsehen. Flitterwochen im Fernsehen. Dokusoap über den Hausbau. In den Urlaub mit dem Fernsehteam. Erste Krise, und das Fernsehen ist dabei. Auszug aus dem Haus, beobachtet vom Kamerateam. Und jetzt die Trennung.
Das muss furchtbar sein, alles öffentlich abhandeln zu müssen.
Neulich habe ich auf Facebook noch Witze drüber gemacht, dass nach „Sarah & Pietro... bauen ein Haus" und „Sarah & Pietro... im Wohnmobil durch Italien" bald die neue Dokusoap auf RTL II läuft: „Sarah & Pietro... lassen sich scheiden".

Ja, ich dachte, das sei ein Gag. Aber bei RTL II nimmt man das sehr, sehr ernst. So huschte neulich die Meldung ins Haus, dass RTL II ein zweistündiges Special zur Trennung der beiden ausstrahlt. Als ob wir keine anderen Sorgen haben.

Bevor aber „Die ganze Wahrheit" ausgestrahlt wurde, zeigte RTL II 75 Minuten lang noch mal die, ähm, Highlights des Ehelebens der Lombardis. Ist ja auch nicht schwer, denn RTL II war fast immer dabei.

Es wirkte wie ein billiger Groschenroman, denn eine schmusige Männerstimme raunte zwischendurch immer wieder im Hintergrund: „Ob die beiden damals schon geahnt haben, dass in zweieinhalb Jahren alles anders sein würde?"

Uijuijui. Wie aufregend!

Dann kam die Beichte. Die Lombardis packten aus. Pietro raunte, dass das wohl nicht mehr wird mit den beiden. Sarah wollte aber noch mal reden, aber es hat nichts gebracht. Man wolle sich weiter ums Kind kümmern. Und so weiter.

Ich habe keine Ahnung, warum die beiden ihr Privatleben derart ausbreiten. Vielleicht haben sie einen Vertrag mit RTL II: „In guten und in schlechten Zeiten". Vielleicht kennen sie es auch gar nicht anders: „Schatz, lass uns nachher streiten, wenn die Fernsehleute da sind!" Vielleicht finden sie, sie seien es ihrem Publikum schuldig, zu beichten.

Vielleicht ist das alles aber auch nur sehr traurig.

Findet man auch bei RTL II, weshalb der Sender bald ein zweites Special nachschiebt. Vielleicht haben Sarah und Pietro dann ja schon neue Partner, mit denen man neue Dokusoaps drehen kann.

Schlag den Star
Legat und die Hackfresse
SA 10.12.2016 | 20.15 Uhr | ProSieben

Hast du es gemerkt? Da ist wieder eine kleine Empörungswelle über uns hinweggerollt. Ein kleines Geschichtchen ist passiert, und weil das eigentlich ziemlich lahm ist, musste sie ordentlich aufgeplustert – und gern auch ein bisschen entstellt werden.
Da heißt es also überall, Ex-Fußballer Thorsten Legat habe „unsere Tennisheldin" Angelique Kerber als Hackfresse beleidigt. Huijuijui! Hast du auch gerade Atemnot? Hyperventilierst du auch gerade? So von wegen EMPÖRUNG?
Passiert ist das am Sonnabendabend bei „Schlag den Star" auf ProSieben. Thorsten Legat und Detlef Soost mussten anhand von Porträtfotos erkennen, wer die jeweilige Person ist. Irgendwann erschien eine Blonde, und Legat meinte: „Boah, was dat denn für 'ne Hackfresse?" Er hat sich dann gleich entschuldigt. Aber: Er wusste nicht, dass es Frau Kerber ist. Er hat diese Frau da irgendwie beleidigt, aber so direkt Angelique Kerber eben nicht. Dass er es ja mit „unserer Tennisheldin" zu tun hatte, wusste er ja nicht. Also kann er sie auch nicht beleidigen. Es sei denn, es ist schon eine Beleidigung, „unsere Tennisheldin" nicht zu erkennen.
Viele Artikel wurden darüber geschrieben. Am Montag in der „Bild" zum Beispiel oder auch auf diversen Möchtegern-Promi-Youtube-Newsseiten. Überall ist man schon wieder empört – ohne die Story richtig zu erzählen. Vermutlich weil die wenigsten die Sendung wirklich live gesehen haben.
Auch auf Facebook rollte die EMPÖRUNGswelle. Legat beleidigt die Änschie! Ganz, ganz schlimm!! Aber wenn auf Facebook andere Leute gedisst werden, dann ist das ganz normal.
Immer diese Heucheleien.

Domian
Letzte Sendung
FR 16.12.2016 | 1.00 Uhr (Sa.) | WDR

In den letzten fünf Minuten sehen wir Jürgen Domian dabei zu, wie er sein kleines Studio rückbaut. Wie er die Kulissen im 1Live-Studio zurechtrückt. Wie er ein paar Sachen sortiert und einpackt. Und wie er dann geht.
In der Nacht zum Sonnabend endete im WDR und bei 1Live eine Ära. Eine, die tatsächlich mehr als 22 Jahre gedauert hat. „Domian" gibt es nicht mehr.
Die letzte Sendung verlief relativ normal. Noch mal ein paar Probleme der Anrufer. Eine Oma (73), die schon mal vor ein paar Jahren angerufen hatte, um Domian von ihrem Oralverkehr im Wald zu berichten, und sich nun verabschieden wollte. Ein Ex-Brummifahrer, der Domian dankte für all die Jahre.
Der Brummifahrer war der allerletzte Anrufer, und das passte gut. Denn 22 Jahre war Domian für alle die Nachtschwärmer da, die, warum auch immer, zwischen 1 und 2 Uhr nicht schlafen können oder wollen.
22 Jahre hörte er sich Probleme an, lustige Geschichten, Alltägliches, Abnormales. Die ganze Bandbreite.
Nun ist Schluss, Domian wird bald 60, und die Sache mit dem Biorhythmus wird ja auch nicht leichter. Ganz weg wird er nicht sein, vielleicht kehrt er mit einer Talkshow wieder zurück.
Völlig unverständlich ist aber, warum der WDR sich nicht um eine Nachfolge bemüht. Warum das scheinbar nicht mal ein Thema war – zumindest öffentlich. Anderthalb Jahre stand fest, dass Domian Ende 2016 aufhört. Es wäre genügend Zeit gewesen, einen Nachfolger zu suchen.
Dass man aber diesen Sendeplatz, dieses Format mit Domians Abgang einfach so fallen lässt, das ist unfassbar traurig, fast schon beschämend. Jeder Nachfolger von Domian hätte es schwer gehabt, aber er/sie hätte auch eine Chance verdient. Und vor allem die Hörer und Zuschauer hätten eine Chance verdient gehabt, an diesem Format weiter teilhaben zu können.

Echt Julia!
SA 17.12.2016 | 19.45 Uhr | one

In Folge 2 tut sich Julia beim Baden im See die Hand weh. In der Folge 3 labert sie davon, dass sie sich von ihrem Freund getrennt hat, einfach so. Und beschwert sich, dass er das so hingenommen hat.
Das ist keine Zusammenfassung der Handlung. Mehr passiert schlicht nicht in der neuen coolen Jugendserie „Echt Julia!", die diese Woche im ARD/ZDF-Jugendangebot Funk und am Sonnabend bei one (ehemals einsfestival) angelaufen ist.
1985 herrschte Aufruhr: Die neue wöchentliche Serie „Lindenstraße" sah damals sehr billig aus. Für viele ein Tiefpunkt. 1992 der nächste Schock. Das damalige RTL plus startete „Gute Zeiten, schlechte Zeiten", eine tägliche Soap. Noch billiger. 2011 ging's weiter mit „Berlin Tag & Nacht" bei RTL II. Laiendarsteller improvisierten irgendwas dahin. Nochmal billiger. 2016 kommt der nächste Trend: Selfie-Serien. Vor allem im Internet, auf Youtube, Instagram oder Snapchat, gibt es Leute, die ihr Leben filmen. Sie labern, sie erleben was, erzählen davon, und alles ist ganz dramatisch.
Diese Art Selfie-Serien gibt es natürlich auch gescriptet. Auf RTL II You gibt es „Berlyn", wo sich alle nur selber filmen, was natürlich noch viel billiger ist, weil man ja keine großartige Kameratechnik mehr braucht.
Jetzt ziehen Funk und one nach. „Echt Julia!" funktioniert auch auch so, dass diese Julia scheinbar ihr Leben filmt.
Nur interessant ist das leider überhaupt nicht. Zugegebenermaßen ist es aber auch schwierig, in den nur fünfminütigen Folgen (mehr und längere Aufmerksamkeit geht leider nicht mehr), irgendwas aufzubauen, was nach einer Geschichte riecht.
Leider waren aber die ersten drei Folgen, die am frühen Sonnabendabend bei one liefen, alles andere als spannend. Da tut sich Julia also an der Hand weh. Au weia. Und dann kommt wie aus dem nichts die Trennung vom Freund mit einer irrwitzig-bekloppten Begründung.

Die Frau soll 29 Jahre alt sein, benimmt sich aber wie ein dümmlicher Teenie. Und das will die junge Funk-Zielgruppe sehen? Und die, die älter sind als 20 oder 25: Ist denen das nicht auch zu dämlich?

Wirklich peinlich ist übrigens, dass diese Julia mit der Kamera spricht, als wäre die ihre Freundin. Sie nennt sie Kitty. Klingelt da was? Anne Frank nannte ihr Tagebuch, dem sie sich anvertraute, auch Kitty. Soll dieser Zusammenhang wirklich hergestellt werden? Oder ist das Zufall (Nein, das kann kein Zufall sein)? Das wirkt geradezu unangenehm peinlich, weil dieser Vergleich irgendwie gar nicht geht. Nicht, weil man das eventuell nicht darf, sondern weil er im Fall von „Echt Julia" so dumm ist. „Echt Julia!" ist leider nur erschütternd blöd.

Tagesthemen extra
Zu den Geschehnissen in Berlin
MO 19.12.2016 | 21.12 Uhr | Das Erste

Während andere Sender längst aus Berlin berichteten, wartete man im Ersten noch bis 21.12 Uhr, bis die Spielshow „Wer weiß denn so was?" abgebrochen worden ist.

Noch wusste keiner so genau, was eigentlich auf dem Weihnachtsmarkt an der Gedächtniskirche auf dem Breitscheidplatz passiert ist. Dennoch mussten viele Sendeminuten gefüllt werden.

Ingo Zamperoni ging mit den „Tagesthemen extra" auf Sendung. Natürlich wollte man keine Vermutung anstellen. Oder blöd rumlabern. Er und seine Kollegen taten es trotzdem.

Nein, man wisse noch nicht, ob es ein Anschlag ist. Dennoch wolle man einen Bericht über andere Terroranschläge zeigen.

Nein, man wisse immer noch nicht, ob es ein Anschlag ist. Dennoch mal die Frage an den Korrespondenten in Berlin, der ja auch nur im Studio rumsteht, ob es vielleicht doch einer war.

Angeblich soll irgendwas an der Siegessäule passiert sein, eine Schlägerei. Man wisse es nicht genau, aber ob denn vielleicht die

Korrespondentin in Berlin, die ja auch nur im Studio rumsitzt, mehr wisse. Nein, weiß sie nicht. Und ob es stimme, dass der Lkw-Fahrer dort gefasst worden sei, und man müsse ja die Frage stellen, wie er da hin kam. Vielleicht habe es ja eine Verfolgungsjagd gegeben. Ja, das kann die Korrespondentin in Berlin, die ja auch nur im Studio rumsitzt, sich auch vorstellen. Man wolle aber keine Vermutungen anstellen, deshalb wolle sie dazu nichts sagen. Macht es aber munter weiter.

Alle paar Minuten wurde zu den beiden in den Studios rumsitzenden Korrespondenten geschaltet, die immer noch nicht mehr zu sagen hatten. Nach ein paar Minuten lief einfach noch mal (derselbe?) Terror-Rückblick, bevor weitere nichtssagende Schaltungen zu den Korrespondenten folgten.

Es ist ein Dilemma für die Nachrichtenmacher: Einerseits haben sie kaum Infos und Bilder. Andererseits müssen sie auf Sendung bleiben, um die Leute einzusammeln, die erst später von dem Vorfall erfahren und ins Erste schalten, weil sie genau diese Infos erwarten. Und dass die „Tagesschau" dann auch da ist. Dennoch wäre es schön, nicht ins Blaue zu schwadronieren und ständig zu betonen, dass man nicht schwadronieren wolle.

Und sonst so? CNN war wohl schon sehr viel früher auf Sendung. n-tv ab etwa 20.45 Uhr. Dort lief ungeschnitten ein Handyvideo eines Berliner Journalisten, offenbar direkt nach dem Vorfall gedreht. Kommentierend lief er am Unglücksort entlang. Zu sehen waren auch Verletzte (Tote?) auf dem Boden. Und im Hintergrund riefen Leute, der Mann möge doch aufhören zu filmen. Zu hören war, wie der Journalist (zurecht) beschimpft worden ist. Bei n-tv hat man auch das dringelassen. Da ist man nicht zimperlich und total selbstkritisch. Oder so.

Das ZDF wollte übrigens lieber nicht den tollen „Gotthard"-Fernsehfilm unterbrechen, das ist bei so einem Vorfall in Berlin mit Toten und Verletzten aus ZDF-Sicht vermutlich nicht notwendig. Man wartete stattdessen brav auf das „heute-journal". Kann man machen. Man kann das aber auch zweifelhaft finden.

Bild und die Angst
MI 21.12.2016 | Bild

Nach dem Vorfall auf dem Breitscheidplatz in Berlin, den ich fast hautnah miterlebte, schrieb ich an anderer Stelle: „Eines aber habe ich nicht: Angst. Angst wäre jetzt das völlig Falsche." Das sieht man bei der „Bild" völlig anders, auch wenn man es vielleicht anders meint: In viele Zentimeter großen Lettern knallt den Menschen am Mittwoch das Wort „Angst!" entgegen. Martialisch sieht das aus, und das macht Angst. Im Tickerstil stehen darunter die wichtigsten Fakten zum Tag nach dem Zwischenfall in Berlin.
Wie so oft absolut ohne Fingerspitzengefühl schreien die „Bild"-Schreiber die Menschen an. Die Menschen, die sowieso schon aufgeregt, nervös und wütend sind, machen sie noch aufgeregter, nervöser und wütender. Die Hetzer von der AfD ergötzen sich an der Angst-Schlagzeile, die suhlen sich im Elend, aus ihrer Sicht ist wohl „endlich" das passiert, was sie ja schon immer vorhergesagt haben. Jetzt erheben sie sich, faseln von „Merkels Toten" und zeigen höhnisch auf die Gutmenschen, die sie verachten. Mit dieser plumpen Angstmache erwischt die „Bild" genau diese Kerbe.
Als ich den Titel im Zeitungskiosk liegen sehen habe, stockte mir der Atem. Denn: Angst? Niemals! Und ganz ehrlich: Klar gibt es viele, die jetzt Angst haben – aber die meisten versuchen, gelassen zu bleiben. Was man bei der „Bild" aber vielleicht zu lahm findet. Ich finde das eklig.
Ganz anders die „Berliner Morgenpost". Sie titelt: „Fürchtet euch nicht!"
Es ist ein Appell, eine Bitte – und eigentlich der absolut passende Spruch.
Danke!

Daniela und Lucas - Das Weihnachtsfest
SA 24.12.2016 | 20.15 Uhr | RTL II

Da sitzen sie nun alle gelangweilt an der übergroßen Festtafel: die Familien Katzenberger und Cordalis und sehr, sehr enge Freunde, oder so. Sie flüstern sich was zu, man hört nicht genau, was. Der Mann, der behauptet Costa Cordalis zu sein, sieht ein bisschen gelangweilt aus, so weit man das an seinem Gesicht noch ablesen kann. Aber es gibt ja gleich einen echten Höhepunkt: Daniela Katzenberger wirft die Klöße ins heiße Wasser, und sie ist schon ein bisschen aufgeregt.

Meine Güte, war das aber spannend! Bei RTL II dachten ein paar Leute, dass es interessant sein könnte, Dokusoap-Stars live beim Weihnachtenfeiern zuzusehen. Dass es reicht, Leute an eine Tafel zu setzen und sie zu filmen. Obwohl weder etwas Nennenswertes passiert oder irgendjemand was zu sagen hat. Um das zu kaschieren wird im Hintergrund Weihnachtsmusik eingespielt.

„Daniela und Lucas – Das Weihnachtsfest" sollte an die quotenträchtige Hochzeit der beiden anschließen. Nur leider hat man nicht bedacht, dass Heiligabend in Familie zwar was sehr Schönes ist – anderen dabei aber zuzuschauen, eher langweilig. So übertrug RTL II am Heiligabend live eine Dokusoap, so ziemlich frei von jeglicher Handlung.

Und so stand Reporter (!) Giovanni Zarella vor dem Schloss, in dem das Ganze stattfand, und kündigte, ähm, Höhepunkte an wie: Gleich präsentieren wir den Weihnachtsbaum! Gleich singt Costa Cordalis im Weihnachtsgottesdienst. Gleich gibt's Essen, und das sieht ja schon total lecker aus.

Da ging ein Ruck durch das Weihnachten feiernde Deutschland – ausgelöst durch die Köpfe der Menschen, die müde auf die Tischplatte geplumpst sind.

Auch diesmal gehörte zur Übertragung übrigens ein kompletter Gottesdienst, aber damit das alles nicht zu ernsthaft wird, verlas Daniela Katzenberger die Weihnachtsgeschichte. Nicht dass die RTL-II-Zuschauer zu lange mit dem Pfarrer alleine gelassen werden. Costa Cordalis sang „Stille Nacht", wobei es irgendwie so wirkte, als bewegte er nur die Lippen zu einem Playback.

Am Ende bewunderten alle den übergroßen Weihnachtsbaum im übergroßen Festsaal neben der übergroßen Festtafel. Aber das passt vermutlich zum übergroßen Geltungsbedürfnis der Katzenberger-Cordalis-Familie.

Ich hoffe, euer Weihnachtsfest war aufregender und schöner als das der Heinis im Fernsehen.

Willkommen 2017
SA 31.12.2016 | 20.15 Uhr | ZDF

Die großen Silvestershows des ZDF vom Brandenburger Tor in Berlin standen ja noch nie für hohes Niveau. Dennoch sind sie ein schönes Begleitprogramm für die Hausparty. Erstens, weil man eben von Musik beschallt wird. Man sich zweitens gern auch mal darüber lustig machen kann, wer da alles dabei ist. Und weil man drittens immer informiert ist, wie lange es denn noch bis Mitternacht dauert.

Irgendwer beim ZDF hielt es allerdings für eine gute Idee, im ersten Teil der Sendung „Willkommen 2017" noch mal auf das zurückliegende Jahr zu blicken. Da standen dann plötzlich Andrea Kiewel und Johannes B. Kerner in einem gläsernen Studio abseits der Partymeile und begrüßten Gäste, um zu plaudern.

Blöd nur, dass kaum jemand die „Willkommen"-Sendung einschaltet, um Plaudereien zu sehen. Oder ewig lange Rückblicke auf Olympia oder die Fußball-EM.

Für Live-Musik blieb da seltsam wenig Zeit übrig. Alle 20 Minuten gab es mal einen Musik-Act, wofür man wieder auf die Bühne am Brandenburger Tor schaltete.

Vermutlich haben die ZDF-Leute während ihrer eigenen Show bemerkt, dass das irgendwie doof ist, was sie da machen. Dass das neue Konzept so nicht funktioniert. Bei Twitter herrschte jedenfalls leichter Unfrieden über dieses merkwürdige Silvesterspektakel.

Erst im Laufe des Abends steigerte sich der Live-Musik-Anteil – wenn auch nicht zwingend das Niveau. Und warum bekommen das ZDF und die Veranstalter der Festmeile es immer noch nicht hin, die Mitternachtssekunde auch optisch irgendwie besonders zu machen. So stehen um 0 Uhr im ZDF auf der Bühne Leute rum, die sich zuprosten. Gelangweiltes neues Jahr.
Aber in der Hinsicht war Berlin ja schon immer posemuckelig.

Silvesterfeuerwerk am Kölner Dom
SA 31.12.2016 | 23.50 Uhr | WDR

Silvester 2015 im WDR: Während vor dem Kölner Hauptbahnhof und Nahe des Doms der Mob tobte, übertrug man live aus der Kölner City, das ach so schöne Neujahrsfest. Was wirklich da los war, hatte irgendwie kaum einer mitbekommen.
Silvester 2016 im WDR: Irgendwie war allen nicht so richtig nach Feiern zumute. Zwar hieß die Sendung, die zehn Minuten vor Mitternacht begann, „Silvesterfeuerwerk am Kölner Dom", aber darum ging es eigentlich nicht wirklich.
Stattdessen quasi eine Live-Sondersendung zur Lage am Hauptbahnhof. Darüber, wie nun Hundertschaften der Polizei vor Ort waren. Darüber, ob denn schon Straftaten passiert sind. Wie sich die Leute ein Jahr nach den Vorfällen fühlen. Das hatte so gar nichts von „Happy new Year". Aber der WDR konnte in diesem Jahr gar nicht anders, als das Feiern hintenan zu stellen, auch wenn das eventuell die eine oder andere Silvesterparty zu Hause stimmungstechnisch gedrückt haben könnte.
Seltsam aber auch: Es wird ein Silvesterfeuerwerk angekündigt, dann kommt aber keins. Stattdessen zeigen die Kameras nach 0 Uhr einfach die vielen kleinen Feuerwerke, die sowieso in der Kölner City gezündet werden. Imposant ist was anderes.
Ebenfalls seltsam: Um 23.59.45 Uhr blendete der WDR die Uhr aus – der Zehn-Sekunden-Countdown ließ danach aber länger als fünf Sekunden auf sich warten. Nämlich 14 Sekunden. Da hat wohl irgendjemand die Uhr nicht richtig gestellt gehabt?

radioZWEI - Wosch denkt, Gotti lenkt
FR 06.01.2017 | 17.05 Uhr | radioeins

Ich bin immer dafür, ganz genau zu beobachten, was die AfD-Leute so von sich geben. Dass man nachfragt, nachhakt und unter Umständen offenlegt, was dahinter steckt. Den Populismus im Keim ersticken.
Aber man muss es gut machen und nicht einfach nur plump drauf hauen.
Bei radioeins haben sie leider die zweite Methode angewandt, und das tat schon ziemlich weh.
Vorweg: Ich mag diese Show, die seit einiger Zeit immer am späten Freitagnachmittag bei radioeins läuft: Es ist die Comedysendung „radioZWEI – Wosch denkt, Gotti lenkt". Tommy Wosch und Martin „Gotti" Gottschild besprechen die Ereignisse der Woche und was sie überhaupt so bewegt. Das ist oft lustig, manchmal abseitig, auf jeden Fall macht es Spaß, das zu hören. Also, fast immer.
Am Freitag gab es ein „Best of 2016". Dazu gehörte auch ein Interview vom November. Darin ging um ein Startup-Wettbewerb, bei dem eine Firma 5000 Euro gewann, die erstmals einen lautlosen Vibrator herstellte. Die AfD Sachsen störte sich daran. Weil das Preisgeld vom SPD-geführten Wirtschaftsministerium Sachsens ausging und weil ja die SPD eigentlich Familienpolitik propagiere und Sexspielzeug dazu nicht gehören könne.
Bei radioeins kamen eine Vertreterin der Vibratorfirma und der AfD-Mann zu Wort, der sich darüber aufregte. Und natürlich war der AfDler geschickt. Er pochte darauf, dass Sextoys ja nichts Schlimmes seien, aber er wolle nicht, dass die SPD dafür Preisgelder zahle.
Das ist dann eine Meinung, die man durchaus haben kann. Aber nicht ganz das, was die AfD vorher dazu geäußert hatte. Und da lag das Problem in diesem „radioZWEI"-Interview. Wosch und Gotti hauten verbal auf den AfD-Mann ein, machten sich lustig und wollten wissen, was er denn gegen das Spielzeug habe. Und

natürlich betonte der AfD-Mann, doch gar nichts dagegen zu haben und sich nur am SPD-Zusammenhang zu stören. Das führte dazu, dass die Moderatoren und der Politiker vollkommen aneinander vorbeidiskutierten und dabei leider die Radiomänner peinlich wirkten. Ich musste wegschalten, weil ich mir das nicht länger anhören konnte.

Es wäre sinnvoller gewesen, den AfD-Mann auf die Diskrepanz zwischen seinen Aussagen im Radio und denen vorher aufmerksam zu machen. Dann wäre der Populismus nämlich aufgeflogen – so aber wirkte es, als ob sich die Moderatoren einfach nur lustig machen. Und das kann leider auch nach hinten losgehen, wenn wenig oder das Falsche dahinter steckt.

Bitte weiter kritisch über die AfD berichten! Aber eben anders und besser als in diesem Fall bei „radioZWEI" auf radioeins.

Elbphilharmonie 2017 - Live vom roten Teppich
MI 11.01.2017 | 18.00 Uhr | NDR fernsehen

Eigentlich sollte die Elbphilharmonie in Hamburg ja schon 2010 eröffnet werden. Hat ein bisschen länger gedauert, und deshalb kommt es auf 30 Minuten dann auch nicht mehr an – jedenfalls nicht für die Hamburger.

Für den NDR schon – und für die Zuschauer auch. Weil in Berlin nämlich mieses Wetter war, die deutsche Politstaatsspitze deshalb zu spät in Hamburg eintraf, begann der Festakt zur Eröffnung des neuen Konzerthauses eine halbe Stunde später als geplant. Zumindest beim NDR muss man ins Schwitzen gekommen sein, denn dort führte die Verspätung dazu, dass man um 19.30 Uhr einfach mal alle vier Regionalmagazine ausfallen ließ – immerhin die quotenstärksten Sendungen des ganzen Tages. Auf Facebook herrschte Unverständnis, und ich will nicht wissen, was in der NDR-Telefonzentrale los war.

Dabei hätte der NDR ja den Festakt für die Zuschauer in Hamburg weiterlaufen und in den anderen Bundesländern die

Regionalmagazine starten lassen können. Immerhin sind ja alle vier NDR-Regionalvarianten über Satellit und in vielen Kabelnetzen empfangbar. Produziert wurden die Magazine trotzdem – für die paar tausend Zuschauer im Internet und die Wiederholungen.
Und warum rasten die Medien eigentlich völlig aus, nur weil Merkel, Gauck, Scholz und Co. die „Elphi" betreten? Fast schon ein Kniefall, für den ein laufender Beitrag abgebrochen worden ist – nur um live zu zeigen, wie die Politpromis vorbeihuschen. Ich wäre nicht böse gewesen, wenn der NDR das drei Minuten danach als Aufzeichnung nachgereicht hätte.
Und immer wieder dieses Geraune: Beim Festakt die ersten Konzertklänge überhaupt im neuen Haus! Was im Eröffnungskonzert gespielt wird, ist ein Geheimnis! Uuuuuh! Dabei gab es schon eine Generalprobe vor Publikum! Erste Klänge sind also längst vorbei, und ein Geheimnis kann es nicht gegeben haben, wenn das Konzert schon mal gespielt worden ist. Aber irgendwie muss man sich ja wichtig machen.
Aber klar, die Eröffnung der Elbphilharmonie war etwas Besonderes, und das vom NDR fernsehen übertragene Eröffnungskonzert war ein großer Genuss. Klänge, die man leider nur noch selten im Fernsehen erleben darf – historische Werke und zeitgenössische Musik. Das sorgte für Gänsehaut.
Rund 2,5 Millionen Zuschauer sahen sich das Konzert an – für den NDR und für eine Klassik-Übertragung ein überragender Wert!

Handball-WM 2017: Deutschland - Ungarn
FR 13.01.2017 | 17.45 Uhr | Youtube

Fußball-WM 2014: Wir haben uns alle vor den Fernsehern versammelt, es war ein Massenerlebnis.
Handball-WM 2017: Ich sitze zu Hause, habe mir die Kopfhörer ins Ohr gesteckt und starre auf mein Smartphone. Dort läuft das erste Spiel der deutschen Nationalmannschaft gegen Ungarn. Im Internet. Bei Youtube. Auf der Seite der DKB, einer Bank.
Irgendwas ist da ganz gewaltig schief gelaufen.
ARD und ZDF hätten die WM sehr gern übertragen. Aber der Rechteinhaber „beIN Sports" gab Ihnen keine Rechte, weil eine Free-TV-Übertragung über Deutschland hinaus nicht gewünscht war. Somit waren auch die Privatsender raus.
Mit Sky aber gab es auch keine Einigung. Auch nicht mit anderen Sport-Pay-TV-Sendern. Oder mit Sport-Internetportalen.
Offenbar wollte der Rechteinhaber gar keine Rechte vergeben, verstehe das, wer will.
Kurz vor Peng dann immerhin die Nachricht: Ein Sponsor springt ein. Die DKB, eine Bank, zeigt die Spiele auf deren Internetseite, über die Youtube-Plattform.
Tja, so weit ist es gekommen: Die Handball-WM spielt ein Internet-Nischen-Dasein. Natürlich regt das die Fans auf. Und die Handball-Funktionäre. Dabei haben Letztere durchaus Mitschuld, man hätte ja im Vorfeld mal mit dem Rechteinhaber klären können, was geht und was nicht. Nächstes Mal vielleicht.
Stattdessen wird immer wieder gern auf ARD und ZDF draufgehauen. Nach dem Motto, und jetzt bitte einmal aufstampfen: Wozu zahle ich GEZ? Es ist aber auch sehr einfach, auf ARD und ZDF zu schimpfen, obwohl die wenig dafür können. Außer vielleicht auf lange Sicht mal drüber nachzudenken, ob man wirklich das komplette Programm europaweit frei rauspustet – machen die Österreicher mit dem ORF ja auch nicht.
Immerhin gut eine halbe Million Menschen schauten über Youtube zu. Wenn denn was zu sehen war. In der ersten Halbzeit fiel der

Stream mehr als 15 Minuten komplett aus. Angeblich weil der Rechteinhaber das Signal gekappt hatte. Doll.
Eine große WM-Euphorie wird da nicht aufkommen, und für den Handball ist das echt bitter. Denn schon das deutsche Auftaktspiel zeigte wieder mal, dass es extrem spannend sein kann, wenn kurz vor Schluss noch alles möglich ist.

Spiegel TV
Erst Dschungel, dann Politik
SO 22.01.2017 | 23.35 Uhr | RTL

Bei „Spiegel TV" sind sie mal wieder absolut angewidert vom RTL-Dschungelcamp. Absolut nicht ihr Niveau und großer Ekelpickel-Alarm in der Redaktion.
Nun lief die Sendung am Sonntag aber direkt nach dem Dschungelcamp, und diese Top-Einschaltquoten wollte man dann aber doch gern mitnehmen.
Und deshalb liefen die eigentlich wichtigen Beiträge über das Treffen der Rechtsextremen in Koblenz und über Nazis in den USA erst weit nach Mitternacht.
Stattdessen musste man – damit die Zuschauer auch ja nicht umschalten – noch angewidert über den Dschungel berichten.
Aber, wie gesagt, die „Spiegel TV"-Leute ekelt das alles an, und dieser Ekel war dem Beitrag deutlich anzumerken. Man berichtete über Dschungelkönig Menderes, der sich jetzt mit Luftproblemen im Magen rumschlagen muss. Genüsslich zeigte man, wie Sophia Wollersheim nicht zu einer „Gala"-Party durfte. Und wie Joey Heindle vor sich hinwurschtelt.
Der im Gesicht grotesk entstellte Wolfgang Joop lamentierte über groteske Figuren im 2017er-Camp, und auch ihm fiel der Ekel regelrecht aus der ziemlich ramponierten Visage. Ganz grauenvoll findet er übrigens Kader Loth. Aus dem aktuellen Dschungel hat er zwar nichts gesehen, aber er fand sie trotzdem grausam, und fast schien es, als ob aus den restaurierten Augenwinkeln Tränen der Empörung fielen.

Da hatten sie bei „Spiegel TV" vermutlich ein paar Erektiönchen, als sie ihren hämischen, fast schon bösartigen Dschungel-Beitrag bei RTL über den Äther schicken durften.
Danach blieb „Spiegel TV" übrigens auf der billigen Boulevardschiene. In dem Bericht über die rechte Sause in Koblenz ging es ausschließlich darum, dass man nirgendwo so richtig filmen durfte. Das kann man machen – aber bei denen, die ständig „Lügenpresse" schreien, wird man mit so einem selbstherrlichen Gefasel auch nichts erreichen.#
Natürlich muss man darauf aufmerksam machen, dass die AfD von freier Presse nichts hält und geradezu in grotesker Stasi-Manier entscheidet, was man über sie sagen darf – aber bei „Spiegel TV" verließ man sich auf das eigene Gejammer, wirklich Handfestes hatte man nicht zu sagen. Leider ziemlich billig und überhaupt nicht hilfreich.

Ich bin ein Star - Holt mich hier raus!
Das große Finale 2017
SA 28.01.2017 | 22.15 Uhr | RTL

Eigentlich sehen wir nur einen Mann am Lagerfeuer sitzen. Er sagt kaum was. Aber er ist aufgeregt. Minutenlang schauen wir nur ihm zu. Und obwohl gar nicht so viel passiert, ist es ein sehr spannender Augenblick.
Wir sehen Marc Terenzi, der soeben erfahren hat, dass er Dschungelkönig 2017 geworden ist. Einige Minuten lässt man ihn mit dieser Nachricht allein. Er kann es nicht fassen, bleibt aber ruhig.
Es ist ein Stück Menschenkunde, die man in der Nacht zu Sonntag bei RTL live beobachten konnte. Wie reagieren Menschen, die sich seit langem mal wieder auf einem Karriere-Hoch befinden (ja, es nur nur der Dschungel-Titel, aber davor hat Terenzi ja lange keinerlei wahre Erfolge gehabt). Ross Antony und Joey Heindle reagierten einst sehr viel emotionaler, aber das ist ja das Spannende: zu sehen, wie unterschiedlich die Menschen sind.
Staffel 11 von „Ich bin ein Star – Holt mich hier raus!" ist Geschichte. Marc Terenzi geht als Dschungelkönig in Ordnung, er war oft der Schiedsrichter im Camp, der Mann, der versuchte auszugleichen.
Dabei hatte ich eine heimliche Favoritin: Kader Loth war schon in vielen Reality-Formaten, deshalb wusste sie, worauf sie sich einließ. Aber im Dschungel ist eben alles anders, und irgendwann fallen die Masken. Und plötzlich wurde aus der abgehobenen, oft arrogant wirkenden, leicht blöden Tante eine andere: Bodenständig ist sie. Sie weiß, wie die Branche tickt. Sie erzählte, wie sie sich Geld dazu verdient, dass sie einen Nicht-Medien-Job hat und ziemlich genau weiß, was geht und was nicht. Und dass Emotionen in ihr schlummern und raus wollten.
Für Kader Loth war diese Show sicherlich imagefördernd. Meine Dschungelkönigin 2017.

live ran - Football: Super Bowl 51
SO 05.02.2017 | 22.55 Uhr | Sat.1

Was für eine Sportnacht! Was für eine Spannung! Was für eine Dramatik!
In den USA ist der Super Bowl – das Finale der American-Football-Liga – das Top-Ereignis des Jahres. Großer Sport mit großen Emotionen – von Drama bis Jubel ist alles dabei. In diesem Jahr spielte New England gegen Atlanta. In der Halbzeitshow treten die ganz großen Stars auf – diesmal Lady Gaga.
Das Spiel ist – erstmals in der Super-Bowl-Geschichte – in einer Verlängerung entschieden worden. New England holte einen 3:28-Rückstand auf und gewann am Ende 34:28. Der blanke Wahnsinn!
Inzwischen herrscht auch in Deutschland ein größeres Football-Fieber, und das ist ProSiebenSat.1 zu verdanken. Der Super Bowl wird auch hierzulande schon immer irgendwo übertragen. Zwischenzeitlich nur verschlüsselt im Pay-TV, übertrugen das damalige DSF und einige Jahre Das Erste.
Sat.1 aber hat daraus ein Event gemacht – und überhaupt den Sport in Deutschland bekannter gemacht. Denn „jeden verdammten Sonntag" laufen die Spiele bei ProSieben Maxx und erreichen mittlerweile im Minisender mehr als eine halbe Million Zuschauer. Auch weil die Begleitung aufwendig gestaltet wird. Hinzu kommen gleich vier Kommentatoren, die deutlich hörbar Spaß an der Sache hatten.
Selbst wenn man die Regeln nicht hundertprozentig kennt – letztlich geht's ja auch nur darum, den Ball in die eigene Endzone zu bugsieren – die Stimmung überträgt sich schnell nach Hause, und wenn ein Spieler plötzlich über das halbe Feld rennt und einen Touchdown erzielt, dann weiß auch der Laie: Das ist geil! Und wenn erst ganz am Ende entschieden wird, wer gewinnt: unfassbar!!
Kommt nicht oft vor: Aber gut gemacht, Sat.1! Und überhaupt: Was für ein Sport!

Traumfrau gesucht
MO 06.02.2017 | 22.15 Uhr | RTL II

Dumm gelaufen für Dennis. Da reist er extra nach Russland, um endlich eine Frau vorgestellt zu bekommen. Er lässt sich dafür extra von RTL II begleiten, weil die das beim Fernsehen schon hinbekommen mit der Partnervermittlung. Und dann das. Da kommt eine Frau auf ihn zugelaufen, die, nun ja, wie ein Dorfmädchen wirkt, sagt Dennis. Dafür müsse er nicht nach Russland fliegen sagt er, so eine bekomme er auch Köln, sagt er. Ich glaube nicht.
Dennis ist nämlich auch nicht gerade ein Adonis, bei dem bäuerlich wirkende Russinnen jubelnd in die Luft springen.
„Traumfrau gesucht" heißt die merkwürdige Dokusoap am Montagabend bei RTL II. Sie zeigt pro Folge drei Herren, die – warum auch immer, man kann sich das wirklich nicht erklären – nach Osteuropa reisen, um dort die Frau fürs Leben zu finden. Oder so ähnlich.
Weil die Russin aber nun mal da ist, müssen Dennis und sie auch noch ein Kosmonautenmuseum besuchen.
Jetzt wird es ganz übel für Dennis: Er findet die Frau blöd und das Museum auch. Also läuft der willige, aber schwer enttäuschte Deutsche gelangweilt durchs Museum, um die Russin dann auch gleich abzuservieren. Passt halt nicht. Findet sie übrigens auch und ist froh, dass sie den Typen nicht weiter ertragen muss. und Dennis ist empört, was man ihm denn da vorgesetzt habe. Äärrgh.
Walther sucht seine Traumfrau unterdessen in Budapest, bekommt eine Blonde vorgesetzt und, ähm, verliebt sich. Sie versteht zwar kein Wort, was er so faselt, aber es ist Liebe. Wirklich. Sie hofft ja immer noch, dass er nicht verrückt ist, sagt sie. Man kann es nur mit ihr gemeinsam hoffen. Christian hat es unterdessen mit der hübschen Irina zu tun, und er mag, wie sie riecht und möchte immer wieder an ihr schnuppern. Öhm. Ja.

Man könnte ja sagen: RTL II führt diese Menschen vor. Aber erstaunlicherweise macht RTL II das in „Traumfrau gesucht" nicht wirklich. Was diese Männer so unangenehm macht, das sind sie selbst. Wie sie sich verhalten. Wie sie meinen, was Liebe ist, und wie einfach das alles sein soll. Und was für ein Frauenbild sie haben.

Und überhaupt, wie man auf die Idee kommt, ein Fernsehteam dabei zusehen zu lassen, wie man extra nach Sonstwohin reisen muss, um endlich was fürs Herz (und südlich) zu finden. Zutiefst unsympathisch, das Ganze.

15 Dinge, die Sie über Burger King wissen müssen
MI 08.02.2017 | 20.15 Uhr | Sat.1

Die sind ja echt so vorbildlich, da bei Burger King. Halten alle Vorschriften ein, sind da ganz doll penibel. Und das nicht nur, weil das Fernsehen dabei ist. Echt nicht!

Sat.1 widmete dem Boulettenkönig am Mittwochabend geschlagene 135 Minuten für „15 Dinge, die Sie über Burger King wissen müssen". Dabei ist schon der Titel der Sendung eine glatte Lüge, denn wissen müssen muss man über Burger King eigentlich nichts. Und schon gar nicht die vielen Reklamebotschaften, die über den Abend verteilt worden sind.

Da gibt es beim Fleischherrscher in Bernau neuerdings einen Bringdienst. Und na – tür – lich wird da alles frisch verpackt und innerhalb von zehn Minuten zum Kunden gebracht. Und na – tür – lich rückt sofort ein Ersatzmann mit neuen Burgern aus, wenn der erste Bringdienstwagen im Stau steckt. Und na – tür – lich wäscht sich die Bringdienst-Frau immer sofort und total gründlich die Hände, wenn sie dann wieder in den Laden kommt. Hoffentlich auch immer, wenn kein Sat.1-Team dabei ist.

Auch als der Qualitätsprüfer kam, war er na – tür – lich unangekündigt im Laden, weil ja auch keiner wusste, dass da eine Doku gedreht wird.

Dass das Fleisch gegrillt wird, und dass das ja etwas Besonderes sei, wurde na – tür – lich auch erwähnt. Nicht aber, dass dieses gegrillte Fleisch dann Ewigkeiten in Warmhalteschubladen rumliegt und die Frische dann gleich im Eimer ist. Selbst wenn der Burger frisch zusammengelegt wird.

Das alles ist dann von Blue-Box-Promis kommentiert worden. Aber eigentlich waren sie nur dazu da, um mal ein „Ach, das ist ja spannend" einzuwerfen. Oder: „Jetzt wird's spannend." Völlig überflüssig. Aaron Troschke tat so, als würde er beim Bulettenkönig anrufen, um sich was bringen zu lassen. Und um, uijuijui, Kritik anzubringen, tat er dann so, als habe man ihm nach 35 Minuten immer noch nichts gebracht, und dann war alles kalt. So ein Stuss.

Irgendeiner der Kommentar-Promis meinte am Ende, jetzt sei der Hunger nach einem Whopper da. Da ist was dran, und das ist perfide. Denn nach 135 Minuten Burger-King-Doku bleibt am Ende etwas im Hirn haften, auch wenn zwischendurch mal Kritik geäußert wird. Am Ende sagt man sich: Man müsste man wieder hingehen.

Dabei hat Burger King in den vergangenen Jahren extrem stark nachgelassen. Durch das warmgehaltene Fleisch schmecken selbst frisch hergestellte Burger wie eingeschlafene Füße. Schlimmer wird es, wenn man etwas bekommt, was schon fertig in der Ablage lag. Seinen Glanz hat die Bude leider längst verloren. Aber dennoch: Eine bessere Reklame konnte der Fastfood-Gigant von Sat.1 nicht bekommen.

Eurovision Song Contest 2017: Unser Song
DO 09.02.2017 | 20.15 Uhr | Das Erste

Als 2013 Cascada mit „Glorious" für Deutschland am Eurovision Song Contest teilnahm, warf man dem Song vor, so ähnlich wie Loreens „Euphoria" zu klingen.

2017 in Kiew geht Deutschland mit Isabella Levina Lueen und dem Song „Perfect Life" ins Rennen. Obwohl es sich nicht um den Favoriten im Saal handelte, wählte das Fernsehvolk mal wieder anders. Vielleicht weil das Lied für irgendwie tauglich gehalten worden ist – vielleicht weil es so ähnlich wie „Titanium" von David Guetta und Sia klingt. Die Ähnlichkeiten gerade am Anfang sind nicht zu überhören.

Am Donnerstagabend startete im Ersten der Eurovision Song Contest 2017. Der gewählte Song ist nett, aber warum Fernsehdeutschland mal wieder unerwartet anders wählte, bleibt offen. Als Zweites stand das Lied „Wildfire" zur Wahl, und das hatte deutlich mehr Hitcharakter. Aber die Deutschen haben ja ein Händchen dafür, öde Songs zu wählen, um sich danach drüber aufzuregen, dass man ihr Lied in Europa eben das findet – öde. Aber wer weiß, vielleicht gibt es ja doch einen Knall, und wir gewinnen. Aber ich glaube nicht.

Diesmal hatte übrigens auch schon beim Vorentscheid Europa ein Wörtchen mitzureden. Zumindest sind immer mal wieder Prozentzahlen gezeigt worden, die aussagen sollten, wie denn Europa voten würde. Allerdings: Völlig offen blieb, wer da wo votete, wie diese Ergebnisse zustande kamen. Völlig intransparent. Oder habe ich da was verpasst?

Falls wir also im Mai mit unserem Song wieder absaufen, können sich dennoch die Zuschauer nur den Vorwurf selbst machen. An der Show lag es nicht, das Konzept von „Unser Song" hat an sich ganz gut funktioniert.

Überraschenderweise bestand auch die Jury mit Tim Bendzko, Florian Silbereisen und Lena nicht nur aus Ja-Sagern. Was ihnen nicht gefallen hat, äußerten sie auch. Aber vielleicht fand das Publikum diese Bevormundung ja gerade doof. Dass alle im Saal sich entschieden haben – das konnte sich Fernsehdeutschland nicht gefallen lassen und wählte prompt den anderen Song.

Ach, und noch ein Lied fiel auf: Die Showband Heavytones, bekannt auch „TV total" wählte das Titellied für den Song ausgerechnet die aus der Raab-Show bekannte Melodie. Können die auch noch was anderes spielen? Das Lied wirkte im Zusammenhang mit dem ESC seltsam billig.

Lindenstraße: Klartext
SO 12.02.2017 | 18.50 Uhr | Das Erste

Von den riesigen Einschaltquoten der späten 80er ist die „Lindenstraße" sehr, sehr weit entfernt. Inzwischen liegt sie meistens sogar unter dem Schnitt der ARD-Werte. Und auch die großen Budgets scheint die wöchentliche Serie, einst das Glanzprodukt des Ersten, längst nicht mehr zu haben.
Allerdings machen es die Erfinder den Zuschauern auch nicht einfach.
In der Folge „Klartext" ging es vor allem um die seit einigen Wochen in der Lindenstraße lebenden Flüchtlinge. Außerdem um mutmaßliche Neonazis, die ein Start-up-Unternehmen für Propaganda nutzen. Offenbar hat es die aktuelle politische und gesellschaftliche Situation jetzt auch – planungstechnisch verzögert – in die Serie geschafft.
In den Internetforen sind viele ehemalige Fans not amused. Warum denn die Politik in die Serie Einzug halte, und ob man nicht mal mehr in der „Lindenstraße" von Gutmenschen verschont werde. Das sagen natürlich nur Leute, die eben keine echten Fans sind, denn die „Lindenstraße" hat eben solche Themen schon immer behandelt.
Aber es gibt ein anderes Problem. Insbesondere in der am Sonntag gelaufenen Folge „Klartext" fehlte ein dritter Handlungsstrang, der den normalen Lindenstraße-Alltag weiterspinnt. Denn das Leben abseits der Flüchtlings- und Populistenproblematik geht ja auch weiter. Das fehlte der Serie, und da ist es klar, dass die Leute ein wenig irritiert sind.
Hinzu kommt, dass sich die Serie schon viele, viele Wochen lang auf nur noch wenige Bewohner konzentriert. Andere fehlen monatelang: Klaus Beimer – verschollen. Carsten Flöter und Käthe – vermisst. Lisa und Murat – Sendepause. Das Akropolis – geschlossen? Jack und Timo und die Werkstatt – dicht gemacht? Offenbar ist das Bugdet so stark geschrumpft, dass man sich die großen Ensembles nicht mehr leisten kann und bestimmte langjährige Figuren einfach lange verschwinden.

Die Serie ist auch im 32. Jahr immer noch spannend und sehenswert. Verändert hat sie sich aber definitiv.

KarnevalsKracher
DO 16.02.2017 | 20.15 Uhr | Das Erste

Normalerweise geht aus einer Frischzellenkur etwas Neues, Modernes – eben etwas Frisches hervor. Zumindest dann, wenn die ARD ihre Finger nicht im Spiel hat. Die Frischzellenkur des „Musikantenstadl" führte bekanntlich zu einem schnellen Tod der Show. Nun gab der Hessische Rundfunk einer angeblich neuen, modernen Karnevalsshow den vermutlichen Todesstoß.
Man hätte es ahnen können, denn schon der Titel „KarnevalsKracher" machte den Eindruck, als würde am Donnerstagabend im Ersten eine Wiederholung aus den frühen 90ern laufen.
Es gab keinen Tusch, keinen Elferrat, kein Helau. Dafür Olivia Jones (auf Krücken, aber echt!) und Bernd Stelter, die als Moderatorenduo ungefähr so gut funktionierten wie Norbert Blüm und Late Night. Bernd Stelter ist bereits geübt darin, dröge ARD-Gute-Laune-Shows zu moderieren, ihn kennt man (nicht mehr) aus „Stimmung", Mitte der 90er – eine zurecht längst vergessene Schenkelklopfer-Parade. Irgendwer muss beim hr gedacht haben, dass es 20 Jahre später irgendwie besser werden würde, wenn man ihm zum ähnlichen Konzept wie damals die schrille Olivia daneben stellte. Gemeinsam hingen sie nun also auf der Bühne rum und sagten ein paar laue Gags an. Am Ende durfte sich Stelter noch (huch, wie lustig!) als Frau verkleiden.
Oh. Mein. Gott.
So verkrampft hat man Olivia Jones wohl noch nie gesehen.
Dazwischen traten lauter unlustige Menschen auf. Ein Typ mit englischem Akzent, der über seine Intimbehaarung sprach. Auf einen brauchbaren Gag wartet die ARD-Zuschauerschaft immer noch. Außerdem eine Band, die sich Bälle in die Backen drückte (muahaha) und dabei (muahaha) lustig singen wollte. Und eine

etwas rundliche Frau im wallenden Kleid, die... ich weiß nicht mehr, was die erzählt hat, ich habe mich gedanklich kurz ausgeklinkt. Ob das (verkleidete) Publikum im Saal wirklich so gut drauf war, wie es die vielen (echten?) Lacher im Hintergrund weismachen wollten, bleibt unklar. Aber es muss die Hölle gewesen sein, sich das live antun zu müssen.

Was die ARD mit diesem absolut verunglückten (und alles andere als frischen) TV-Karneval bezwecken und vor allem, wen sie damit erreichen will, bleibt im Dunkeln. Echte Karnevalsfans schauen sich lieber „Mainz bleibt Mainz" an, und die ach so junge Zielgruppe wird schon gewusst haben, was sie beim Titel „KarnevalsKracher" erwarten konnten: nichts. Zumindest in diesem letzten Punkt hat die ARD immerhin die Erwartungen erfüllt.

Goldene Kamera Digital Award 2017
SA 18.02.2017 | 21.55 Uhr | zdf_neo

Die Emotion im Gesicht von Le Floyd war, nun ja, zu erahnen. Also, dass es eventuell irgendwann mal eine geben wird. Soeben hat er nämlich die Goldene Kamera in die Hand gedrückt bekommen, und vermutlich hat er in diesem Moment erfahren, dass es diesen Preis überhaupt gibt.
Die Goldene Kamera ist der Preis der Programmzeitschrift Hörzu. Eigentlich.
Jetzt gibt es nämlich auch den Goldene Kamera Digital Award. Da werden Videokünstler ausgezeichnet, die ihre Werke vornehmlich im Internet verbreiten – auf Youtube oder sonstwo.
Sind natürlich vorwiegend junge Leute, um die es da geht. Deshalb lief die Preisverleihung auch nicht im ZDF, sondern nur bei zdf_neo. Und weil die coolen Youtuber eh nicht mehr wissen, was eigentlich die „Hörzu" ist, hat man die vorsorglich erst gar nicht erwähnt.
Le Floyd hat den Award für seine Leistungen im Internet bekommen – und auch FreshTorge. Bei dessen Preisübergabe gab es dann auch noch einen kleinen, ähm, Eklat. FreshTorge moserte darüber, dass man seinen Wohnort genannt habe und überhaupt fand er doof, wie man ihn angesagt habe. Woraufhin Moderator Steven Gätjen nölte, dass er genervt sei und dass es ja unangebracht sei, das alles zu zerreden, und er wolle jetzt gehen. Stellte sich dann als Prank heraus. Prank ist neudeutsch und heißt so viel wie: verarscht.
Das Lustige war aber nicht der Prank, sondern dass Steven Gätjen in Wirklichkeit mit allem, worüber er moserte recht hatte.
Andererseits: Vielleicht war ja der ganze Prank ein Fake.
War dann doch nur so mittellustig.

Oscar 2017
SO 26.02.2017 | 2.30 Uhr (Mo.) | ProSieben

Es gibt Fernsehmomente, da sitzt man da und denkt sich: „Was ist los?" Und hat dabei Loriot im Kopf.
Laut dem Videotext von ProSieben sollte die Oscar-Verleihung am Montagmorgen um genau 6.11 Uhr zu Ende sein. Und kurz vorher staunte ich noch, denn es sah nach einer Punktlandung aus. Als bester Film ist „La La Land" ausgerufen worden, alle daran Beteiligten standen schon auf der Bühne, hielten die Oscars in der Hand und bedankten sich. Als plötzlich...
Der Rest ist Geschichte. Aus Versehen ist ein falscher Gewinner verkündet worden, eine Verkettung von offenbar unglücklichen Umständen. Allerdings: Laudator Warren Beatty ließ seine Kollegin Faye Dunaway ganz fies auflaufen. Denn er hat gemerkt, dass da was nicht stimmt, dass es sich um einen falschen Umschlag handelt. Er stutzte, schaute – und reichte schließlich seiner Kollegin den Umschlag. Er gab ihr den Zonk, anstatt mal nachzufragen. Und Faye fiel drauf rein, ihr fiel der Fehler nicht auf, und sie verkündete, was nicht zu verkünden war.
Immerhin: Um 6.15 Uhr waren die müden Zuschauer der Oscar-Nacht dann doch wieder hellwach. Dass ausgerechnet in der Königskategorie ein falscher Gewinner genannt wird, alle auf die Bühne kommen und wieder weggeschickt werden müssen – das ist ein Novum.
2018 wird sicher spannend: Denn hinter jeder Verkündung wird nun eine Fake News vermutet, aber vielleicht wird ja jedem Laudator ein Ziehungsbeamter daneben gestellt.

Goldene Kamera 2017
SA 04.03.2017 | 20.15 Uhr | ZDF

Wo sind sie eigentlich, die kreativen Showleute? Die den Zuschauern einen unterhaltsamen, witzigen Abend zaubern. Ich weiß jedenfalls, wo sie am Sonnabend nicht waren: in Hamburg, bei der „Goldenen Kamera".
Einmal mehr muss man den Leuten vom „Circus Halligalli" danken, denn eigentlich sorgten sie während der ZDF-Show für den einzigen wirklich denkwürdigen Augenblick – und den haben nicht mal die „Goldene Kamera"-Leute inszeniert. Der Film „La La Land" sollte als bester internationaler Film des Jahres ausgezeichnet werden, und Moderator Steven Gätjen sagte dazu Ryan Gosling an. Tatsächlich kam auch jemand, der so ähnlich aussah, es aber nicht war. Er grüßte auf Englisch Joko und Klaas (der Übersetzer sprach bierernst von Joko und Klaus) und dann: „In Hamburg sagt man tschüs." Und weg war er.
Später kam raus: Das „Halligalli"-Team hat das ZDF reingelegt – wie genau, das erfahren wir erst am Dienstag auf ProSieben. Ich bin gespannt.
Es gab noch einen weiteren denkwürdigen Augenblick. Als Annette Frier und Matthias Matschke die besten Schauspieler auszeichneten, führten sie mit einem riesigen Briefumschlag einen Was-auch-immer-Tanz auf. Ein Moment zum Fremdschämen, und man fragt sich ganz ernsthaft: Gab es vorher irgendjemanden, der das lustig fand? Einfach nur ein unfassbar peinlicher Augenblick!
Es passte aber zur verschnarchten Verleihungsshow. Kein spezieller Einfall, keine außergewöhnliche Aktion, keine nennenswerten Gags. Das wenige Gute kam von Steven Gätjen selbst, der versuchte zu retten, was nicht zu retten war.
Liebe Leute, wenn ihr möchtet, dass eure Sause ein paar Leute mehr sehen, dann reißt euch mal zusammen. Überlegt euch ein Konzept, irgendwas Kurzweiliges. Das bloße Preisüberreichen ist nicht spannend. Das bloße Zeigen von sich langweilenden Promis ist anödend. Holt euch echtes Publikum rein und unterhaltet es. Ansonsten lasst es sein – und faselt nicht unentwegt vom

„wichtigsten Medienpreis des Jahres". In diesem Jahr droht der Titel „lahmster Medienpreis".

Eröffnungskonzert Pierre Boulez Saal
SO 05.03.2017 | 23.45 Uhr | arte

Es gibt Momente, da sitzt man einfach nur da, starrt auf den Fernseher und lauscht. Und staunt. Und lässt sich treiben in einer Welle der Faszinationen.
Der Kultursender arte zeigte am Sonntag das Eröffnungskonzert des neuen Pierre-Boulez-Saals in Berlin. Wie schon bei der Eröffnung der Hamburger Elbphilharmonie war auch dies wieder ein Konzert der Extraklasse. Nur dass es sich hier um einen Kammermusiksaal handelt, wo man nicht jeden kleinen Huster hört.
Als das Pierre-Boulez-Ensemble ein Stück des Saal-Namensgebers spielten, „Sur Incises", bot sich dem Zuschauer ein fesselndes Schauspiel. Da stehen oder sitzen die Musiker an ihren Instrumenten und hängen an ihren Noten. Das müssen sie auch, denn das, was sie da spielen, sind weniger Melodien. Es sind Klangkunstwerke. Zusammengestückelte Melodien, Bruchteile irgendwelcher Strophen. Die Harfe wabert, das Xylofon gibt hier und da Töne von sich, dazu Klaviergeklimper. Vorne steht Daniel Barenboim und dirigiert – wenn ich auch nicht genau erkenne, was er dirigiert. Es sieht nicht passend aus, ist es aber ziemlich sicher.
Das könnte irgendwie irre sein, für manche Ohren wohl auch bekloppt. Ich fand es großartig, und ich finde es wahnsinnig spannend, den Musikern bei solchen unfassbar schwierigen Stücken zuzusehen.
Lief bei arte übrigens um 23.45 Uhr – und ausnahmsweise gibt's kein Gemoser wegen der Sendezeit – es ist die perfekte Musik für die Nacht. Für die Zeit, wenn es draußen dunkel und ruhig ist.

Abschied von Bellevue - Großer Zapfenstreich für Joachim Gauck
FR 17.03.2017 | 18.55 Uhr | Das Erste

Sehr geehrte Tina Hassel,
ich habe einen für Sie vermutlich überraschenden Hinweis. Er lautet: Sie arbeiten beim Fernsehen.
Nun denken Sie sicherlich: Was will der Typ von mir, ich weiß doch, dass ich beim Fernsehen arbeite. Immerhin sind Sie ja die Chefin im ARD-Hauptstadtstudio. Und als solche durften Sie am Freitagabend auch live die Sondersendung „Abschied von Bellevue" im Ersten moderieren, in der der große Zapfenstreich für Bundespräsident Joachim Gauck übertragen worden ist.
Leider aber gehören auch Sie zu den Fernsehleuten, die nicht wissen, wann man einfach mal schweigen darf und dass es nicht nötig ist, Dinge zu erzählen, die der Zuschauer sowieso sieht. Kommentatoren, die denken, sie arbeiten fürs Radio.
Wenn die Soldaten vom Musikkorps auf den großen Platz marschieren, dann müssen Sie nicht kommentieren, dass da jetzt die Soldaten marschieren. Wenn Joachim Gauck aus dem Schloss kommt, dann müssen Sie nicht ganz aufgeregt erzählen, dass der Gauck kommt. Denn: Das sehen wir ja.
Aber vor allem, liebe Frau Hassel: Wenn das Orchester spielt, dann hat die Kommentatorin Sendepause. Es besteht keine Notwendigkeit, in ein Musikstück reinzuquatschen.
Von einer langjährigen, fernseherfahrenen Journalistin erwarte ich mehr Professionalität und kein überflüssiges Geseiere.
Das machen Sie nächstes Mal besser. Also, eventuell.
Beste Grüße,
Ihr RT Zapper

Circus Halligalli
#FartAgainstTrump
DI 21.03.2017 | 22.15 Uhr | ProSieben

Die Zeit der Ironie ist vorbei. Und es ist ausgerechnet „Circus Halligalli" mit Joko und Klaas, das am Dienstagabend auf ProSieben ein beeindruckendes Statement zur Lage der Nation – oder eher: der Welt abgeliefert hat.
Das war so nicht zu erwarten gewesen. In der Vorwoche ist die Aktion #FartAgainstTrump angekündigt worden. Als Protest gegen den neuen US-Präsidenten Donald Trump sollten alle am Dienstag, 21. März, um 23.05 Uhr – also während der laufenden „Circus Halligalli"-Sendung – einmal gen Washington furzen.
Blöde Aktion? Ja!
Aber wie sich zeigte, ging es den Machern darum gar nicht. Denn als der Furz losgehen sollte, brach plötzlich das Bild ab – und Joko und Klaas bekamen die Leviten gelesen. Und eigentlich das gesamte deutsche Fernsehen, und wirklich eigentlich: wir alle. Friedrich von Liechtenstein saß auf dem Sofa, und Joko und Klaas standen vor ihm wie dumme Jungen.
Die Furz-Aktion sei Satire gewesen, so Klaas. Es würde sich ja nichts ändern, alles sei gleich sinnlos, und das sei die Satire. Wenn die Welt vor dem Abgrund stehe, so Liechtenstein, sei die Zeit der Ironie vorbei. Und wenn den Fernsehclowns nicht anderes einfiele als Nonsens, dann sei Fernsehen und Satire „zurecht im Arsch". Die Typen, die jetzt an der Macht seien oder auf dem Wahlzettel stünden, seien lange nicht so harmlos wie die lauen Pointen. Die Fernsehleute sollten nun ironiefrei für etwas einstehen und sich dafür auch beschimpfen lassen – oder sich wenigstens bessere Gags einfallen lassen.
„Wir machen nur Unterhaltung", sagt Joko, es könne wohl kaum ihre Aufgabe sein, Weltpolitik zu kommentieren.
„Bullshit", findet das Friedrich von Liechtenstein. Es sei die falsche Zeit, aus Angst vor einem Shitstorm auf Facebook die Schnauze zu halten und zu ignorieren, was für eine Scheiße gerade auf der Welt passiere, das gelte auch für Fernsehfressen wie Joko und Klaas.

Die beiden könnten weiter laue Witze machen und weiter die Nazis im Unklaren lassen, was sie von ihnen halten würden – aber dann seien sie eben Scheiße, so Liechtenstein weiter.
Batsch.
Eine schallende Ohrfeige – für so viele Medienmacher. Für so viele Comedynasen, die ja nur Comedy machen wollen und keine Haltung zeigen möchten.
Batsch.
Diese Ohrfeige ist für so viele von uns allen. Aber diese Ohrfeige macht ein Stückweit auch Mut.
Am Ende gehen Joko und Klaas nachdenklich durch ihre Publikumsreihen, und es wird spannend, was in den nächsten Wochen in ihrer Show daraus wird.
Aus einer Gaga-Aktion ist wieder mal ein Stück berührendes, aufrüttelndes Fernsehen geworden, und der Gedanke, dass diese Show zum Sommer enden soll, ist ein trauriger.

Schlagercountdown - Das große Premierenfest

SA 25.03.2017 | 20.15 Uhr | Das Erste

Wie gefällt euch eigentlich unser diesjähriger Beitrag für den Eurovision Song Contest in Kiew? So lala? Das kommt hin! Am Sonnabend gab es in Florian Silbereisens „Schlagercountdown – Das große Premierenfest" das Aufeinandertreffen der ESC-Beiträge aus Deutschland und Österreich. Schon an den Publikumsreaktionen lässt sich erkennen: Beide Songs kommen nicht besonders gut an. Nie war die Stimmung am Sonnabend verhaltener als bei den Auftritten von Levina, die für Deutschland mit „Perfect Live" antritt, und von Nathan Trent, der für Österreich „Running on Air" singt.

Als Levina ihren Song sang, dämmerten die Menschen im Saal ein wenig dahin – und das, obwohl sie sonst den ganzen Abend mitklatschten, jubelten und seltsame Plastikdinger zum Geräuschemachen bekommen hatten. Beim Österreicher war die Stimmung dann komplett auf Kühlschranktemperatur abgestürzt.

Diese Prognose kann man schon mal wagen: Weder Deutschland noch Österreich werden im Mai den Song Contest gewinnen, und vermutlich werden beide Lieder weit abgeschlagen hinten liegen (falls Österreich ins Finale kommt). Beide Songs sind langweilig, haben keinen Pep, haben erst recht nichts Besonderes. Zumindest im deutschen Vorentscheid gab es echt bessere Lieder – aber die Deutschen haben nun mal gewählt. Ich freue mich jetzt schon auf das Geheule danach, weil uns angeblich keiner lieb hat.

Die Top 10 Show
SO 02.04.2017 | 21.45 Uhr | pearl.tv

Der Preis für den sexistischsten deutschen Fernsehsender geht an: pearl.tv!
Bei dem Shoppingsender scheinen nur Männer das Sagen zu haben, die in ihrem Frauenbild irgendwann in den 70ern oder 80ern stehen geblieben sind. Anders ist nicht zu erklären, was bei diesem seltsamen Kanal zu sehen ist.
Bei der „Top 10 Show" am Sonntagabend wurden noch einmal die zehn meistverkauften Produkte des vergangenen Monats angepriesen. Reingebracht wurden sie von einem Model, das erst mal in die Kamera zwinkerte oder einen Kussmund machte. Dann brachte sie das jeweilige Produkt zum Moderatorenpaar. Dabei musste sie besonders sexy laufen und dabei immer noch erotisch in die Kamera gucken. Hätte nur noch gefehlt, dass sie den Verkaufskram aus der Brustritze gezogen hätte.
Während der schon in die Jahre gekommene und zahntechnisch nicht ganz vollständig erhaltene Moderator ziemlich gelangweilt und routiniert alles Technische erklärte, durfte seine gut aussehende Co-Moderatorin immer nur die Bestellnummern ansagen und irgendwelche überkandidelten Kommentare einstreuen.
An anderer Stelle hielt in einem Einspielfilm die dort gezeigte Frau das Produkt so in die Kamera, dass im Hintergrund groß ihre Brustwölbungen zu sehen waren. Später wurde eine erstaunlich preiswerte (nein, nein, nicht billige) Uhr gezeigt – und zwar so, dass bei der joggenden Frau, im Hintergrund die wippenden Brüste zu sehen waren.
In einer späteren Szene stellte der Moderator ein Lautsprecher-Set vor, während seine Co-Moderatorin am Boden liegend und an der Anlage lehnend über die Lautsprecher streichelte – träumerisch guckend.
In der „5-Euro-Überraschungsshow" moderierten zwischendurch zwei aufgekratzte Damen, die jedes Dummchen-Klischee erfüllten, inklusive ebenfalls dem Streicheln der vorgestellten Produkte.

Macht sich bei Küchenmessern besonders gut. und immer wieder das augenzwinkernde und erotische guckende Model, das die Produkte ins Studio bringt.

Vermutlich schauen pearl.tv nur Männer, zumindest scheint das die Hauptzielgruppe zu sein. Das Frauenbild bei diesem Sender wirkt schon fast wie Comedy, aber es sieht aus, als meinten die das alles ziemlich ernst.

Mario und die Morgencrew
MO 03.04.2017 | 6.00 Uhr | 104.6 RTL

Was für ein PR-Coup. Schon vergangene Woche vermeldete 104.6 RTL in Berlin, dass Arno Müller das Handtuch werfe. Arno Müller moderiert seit gefühlten 150 Jahren „Arno und die Morgencrew". Nun hieß es, dass er nach so vielen Jahren mal nicht morgens um 4 Uhr aufstehen müsse. Sein Nachfolger: Mario Barth. Kennstekennste? Arno wünschte dem Team viel Erfolg und alles Gute. Am Montag um 6 Uhr werde Mario senden.

Nun ja. Mal abgesehen davon, dass es nur als Drohung zu verstehen ist, dass Mario Barth nun jeden Morgen im Radio herumkalauert: Die Meldung zog Kreise. Allerdings: Wer genau las, konnte schnell drauf kommen, dass es nur ein einmaliger Einsatz sein würde. Denn Arno ließ nicht verkünden, dass er dass er nie wieder morgens um 4 aufstehen wolle. Sondern, dass er „mal" nicht so früh raus wolle.

Es gab einige Zeitungen, die da leider nicht so genau hingesehen und daraus eine handfeste Falschmeldung gemacht haben: dass Mario Barth ab sofort jeden Morgen auf Sendung gehe. Nein! Barth giggelte sich nur am Montag durchs Frühprogramm von 104.6 RTL, und vermutlich fand er es und sich selbst am lustigsten. Hoffentlich gibt es am Dienstagmorgen keinen Journalisten, der dann nach 6 Uhr am Radio-Funkhaus steht, auf Facebook live geht und, ähm, aufdeckt, dass da gar nicht mehr Mario Barth auf Sendung ist. Aber nein, solche doofen Aktion macht ja nur Barth selbst.

NeoMagazin Royale
Max Giesinger, der Echo und die Industriemusik
DO 06.04.2017 | 22.20 Uhr | zdf_neo

Es weht gerade ein kalter Wind durch die sonst so kuschelige deutsche Popwelt. Jan Böhmermann hat am Donnerstagabend mal wieder so richtig ausgeteilt – diesmal gegen das hiesige Musikbusiness mit all seinem Labersülz und der Verlogenheit drumherum, mit dem Gerede von der Liebe und dem Menschen und dem Kommerz, der damit verbunden ist.
Am Abend, als in Berlin der Musikpreis „Echo" vergeben worden ist, zeigte Böhmermann bei zdf_neo den traurigen Stand der Dinge.
Die neuen deutschen Pop-Poeten. So nennt sich ein… ja, was eigentlich? Ein neues Genre? So was wie die Neue Deutsche Welle? Aber was sollen die Pop-Poeten eigentlich sein?
Böhmermann hat es da ganz besonders auf Max Giesinger abgesehen, der viele Plattitüden in seinen Songs von sich gibt. Der erzählt, alles erzähle aus seinem Leben, alles sei total real (also: riehl). Er sei gegen Fakestorys. Seine Songs schreibe er alle selbst, ja, höchstens mit 'nem Kumpel zusammen. Dass es lauter Autoren sind, die auch für zig andere Pop-Poeten schreiben, erwähnt dagegen Jan Böhmermann. Was nicht schlimm ist – aber warum tut Giesinger ach so, ähm, real?
Abwaschbar, austauschbar sei die Musik von heute. Lachen, weinen, tanzen, so singt's Matthias Schweighöfer öderweise. Und das sollen dann die neuen deutschen Pop-Poeten sein.
Oder sie verkaufen sich. Wenn Frida Gold nackt im Musikvideo rumrennt und damit Wasweißich anprangert, aber dann eine Mercedes C-Klasse sehr prominent im Clip platziert und die Werbeagentur darüber jubelt. Oder wenn „Gestört aber geil" oder Glasperlenspiel auf geradezu unangenehme Art Schleichwerbung von Pick-Up (Böhmermann: „Schön nach'm Bumsen erst mal 'n Pick-Up aufmachen!") oder AEG im Videoclip dulden. Aber Youtubern macht man die Hölle heiß, wenn sie Schleichwerbung nicht kennzeichnen.

Böhmermann schlägt zurück. Aus Labersülz-Satzfetzen ließ er von fünf Schimpansen wahllos einen Text zusammenstellen, dann von einem Mitarbeiter einen Song komponieren und einspielen – und fertig war der Echo-Hit „Menschen Leben Tanzen Welt" von Jim Pandzko. Ein wahlloser Song, ein wahlloser Clip. Und es ist ein eingängiger Ohrwurm, aber eben „erfrischend" inhaltsleer. Und das fällt unter dem anderen inhaltsleeren Kram kaum auf.

Es war ein Rundumschlag, der zunächst sprachlos machte. Aber Jan Böhmermann hat vieles auf den Punkt gebracht. Sicherlich: Pop ist Kommerz. Aber in vielen Fällen scheinbar nichts anderes mehr.

Das Video und der Song ist nun überall erhältlich, vielleicht kommt er in die Charts – und 2018 der Echo an fünf Schimpansen aus dem Zoo in Gelsenkirchen?

Echo 2017 - Der Deutsche Musikpreis
FR 07.04.2017 | 20.15 Uhr | VOX

Ich bin mir nicht ganz sicher: War das wirklich der Echo 2017, den VOX am Freitagabend ausgestrahlt hat? Die Preisverleihung, die so trutschig geworden war, dass selbst die gute, alte Tante ARD müde abgewunken hat und das Ganze nicht mehr senden wollte? Die Preisverleihung, die bei VOX zur neuen Hochform auflaufen sollte? Das ist so ziemlich in die Hose gegangen, und der „Echo 2017" war in jeglicher Hinsicht ein Desaster.

Angefangen bei Xavier Naidoo und Sasha, die durch den Abend führten und der Meinung waren, dass sie die geilsten Hosts (nein, nicht Moderatoren, das ist ARD-like) aller Zeiten seien. „Hier kommt ein Echo der Musik! Falls du nicht weißt, wie dir geschieht! Vergessen Terrorangst und Krieg! Wir feiern heute die Musik!", sangen die beiden zu Beginn, und in erstaunlicher Rasanz war da der erste Tiefpunkt schon erreicht. Eines muss man Sasha und Xavier aber lassen: Völlig konstant versemmelten sie Gag an Gag. Lachpausen blieben eiskalt unbelacht, es fehlten nur die zirpenden

Grillen. Besonders ärgerlich: Selbst keine Moderation auf die Reihe bekommen, aber sich über mehrfache Echo-Gewinnerin Helene Fischer lustig machen. Extrem fehl am Platz.
Wie überhaupt die komplette Show null funktioniert hat. Es gab keine funktionierenden Übergänge, keine Laudatoren, die Preise wurden runtergespult, irgendwie gelangweilt. Zwischendurch latschten Sasha oder Xavier durchs Publikum und stellten sinnfreie Fragen. Der Saal sah aus wie die Betriebsfeier einer Versicherung in Zahlungsschwierigkeiten. Der Ansatz, den Pomp wegzulassen, ist ja ganz okay, aber es dafür einfach nach Nichts aussehen zu lassen, ist dann doch armselig.
Ebenso wie die Live-Acts. Dass Rag'n'Bone Man sein „Human" singt, ist gut – aber beim Echo muss er das mit Humtata-Bläsern im Hintergrund. Schlimm.
Später wird drüber palavert, dass ja die Genre-Grenzen oft fließend sind. Dass Leute wie Adel Tawil oder Matthias Schweighöfer in Wirklichkeit auch Schlager machen (aber eben so cool sind, dass es dann doch Pop ist), dafür aber Andreas Gabalier der ewige Volksmusiker bleibt, obwohl seine Songs oft auch rockig-poppig sind, ist dann aber ein Thema für sich – und muss man nicht verstehen. Auch eine Helene Fischer macht inzwischen Pop – ist aber einfach uncool, finden viele andere Musiker. Was ich persönlich wiederum uncool finde, wenn auch Sasha und Xavier unterschwellig sich immer wieder über Schlager lustig machen.
Am Ende des Jahres bleibt eine große Müdigkeit. Und ein peinlicher Campino, der die Laudatio für eine Charity-Organisation dafür nutzt, dem Böhmermann die Meinung zu geigen, um später mitzuteilen, dass er gar nicht über Böhmermann gesprochen habe. Ahja.
Der Echo hat bei VOX zwei Drittel seiner Zuschauer verloren. Die wussten doch nicht etwa alle schon vorher, wie grauenvoll die Show wird?!

Nervöse Republik - Ein Jahr Deutschland
MI 19.04.2017 | 22.45 Uhr | Das Erste

Was für ein Jahr: Terroranschläge, der Brexit, Trump, Wahlen, Skandale, immer wieder die AfD — und die Frage: Wer wird denn nun Kanzlerkandidat? Politiker und Medien hetzten von einem Thema zum nächsten. Immer schneller, immer aufgebauschter. Davon erzählt die überaus spannende Doku über die „Nervöse Republik — Ein Jahr Deutschland", die am Mittwochabend im Ersten zu sehen war. Stephan Lamby begleitete von Februar 2016 an ein Jahr lang Politiker und Medienleute und erhielt dadurch interessante Einblicke in den Politik- und Medienbetrieb.
Aber was macht eigentlich diese Nervosität aus? Unsere Zeit ist immer schnelllebiger geworden. Jeder Politiker-Tweet hat heute das Zeug zum Skandal, jeder Pups der AfD wird zum Hype stilisiert und muss durchgehechelt werden.
Da gab es den Moment, als nach einem Fußball-EM-Spiel Beatrix von Storch per Twitter einen latent rassistischen Kommentar über die ach so nicht ganz so deutschen Spieler in der Nationalmannschaft losließ, und in der „Bild"-Redaktion waren sie ganz hibbelig. Einer der Redakteure wollte eine Rüge besorgen, was auch immer er damit sagen wollte.
Interessant sind auch die Momente, in denen Politiker angefeindet werden. Oder eher: bepöbelt, angeblökt, angeschrien werden. Einen Minister dürfe man so nicht behandeln, sagte einer der Politiker.
Da ist was dran, einerseits. Was aber ist denn, wenn (hoffentlich nie) ein AfD-Politiker Minister ist und der dann angebrüllt wird? Wie sehen wir das mit der Etikette denn dann?
So oder so erleben wir aber eine starke Verrohung der Sitten. Kübelweise Hass wird überall ausgeschüttet. Bei Facebook und auch immer öfter im Angesicht der Angefeindeten. Dass Menschen einfach mal Meinungen abwägen, vernünftig diskutieren, gibt es kaum noch. Alle schaukeln sich immer nur gegenseitig auf.

Aber dennoch bleibt die Frage: Wie nervös ist die Republik wirklich? Sind die Pöbler einfach nur die lautesten und die „Normalen" die (leider?) schweigende Masse? Täuscht der Eindruck vielleicht, dass nur noch Hass herrscht? Diese Frage ist dann im Film leider nicht beantwortet worden – auch so ein bisschen was wie eine Filterblase.

Little big Stars mit Thomas Gottschalk
SO 23.04.2017 | 20.15 Uhr | Sat.1

In den 90ern gab es den „Kinderquatsch mit Michael". Immer am Sonnabendnachmittag unterhielt sich Michael Schanze 30 Minuten lang mit Kindern, die dann mit ihm gemeinsam was sangen. So ähnlich funktioniert die neue Show „Little big Stars mit Thomas Gottschalk" mit Thomas Gottschalk auf Sat.1. Allerdings nicht am Sonnabendnachmittag und 30 Minuten lang, sondern am Sonntagabend 135 Minuten lang (mit Werbung). Das ist einer von zwei eklatanten Schwachpunkten der Sendung.
Die Idee ist eigentlich ganz niedlich. Zu Thomas Gottschalk kommen Kinder, sie plaudern mit ihm, dann zeigen sie ihm, was für ein Talent sie haben. Gottschalk macht das gut, er kann mit Kindern. Er flachst mit ihnen, er tut naiv, er entlockt ihnen neckische Dinge. Es hätte eine wirklich schöne Show sein können. Wenn nicht...
...der Schnitt wäre. Manchmal frage ich mich, ob Fernsehmacher das Gespür dafür verloren haben, wie Sendungen wirken. Wenn mitten in Dialoge Lacher reingeschnitten werden, dann fällt das, verdammt noch noch auf! Als Zuschauer ist man ja nicht vollkommen verblödet und merkt, wenn da Schnitte sind, die da nicht hingehören. Ständig musste was belacht werden, die Produzenten kommen offenbar mit vorübergehender Stille nicht mehr klar. Dem Zuschauer muss gefälligst mitgeteilt werden: Hahaha, das ist lustig!

...die Sendungslänge gewesen wäre. 135 Minuten sind viel, viel, viel zu lang für so eine Show. Denn letztlich hat sie keinen Spannungsbogen. Die Kinder werden (zum Glück) nicht bewertet. Genau deshalb wäre „Little big Stars" aber ein schönes, einstündiges Format im Vorabendprogramm um 19 Uhr. Auch wenn die Kinder mitunter tolle Sachen machen – so lange das Interesse zu halten, fällt schwer.

Schanzes Kinderquatsch war ja nicht umsonst auch nur 30 Minuten lang.

extra 3
Nazi-Schlampe
DO 27.04.2017 | 22.45 Uhr | Das Erste

Bei der AfD ist man empört. Sehr, sehr empört. Weil man sie politisch verdammt unkorrekt behandelt hat. Und sie beleidigt hat. Sehr, sehr beleidigt hat.
Es passierte am Donnerstag bei „extra 3" im Ersten. In der Satiresendung lief der Ausschnitt aus einer Rede der AfD-Spitzenkandidatin Alice Weidel. „Die politische Korrektheit gehört auf den Müllhaufen der Geschichte", sagte sie darin. Und
„extra 3"-Moderator Christian Ehring erwiderte daraufhin: „Jawoll, lasst uns alle unkorrekt sein. Da hat die Nazi-Schlampe doch recht."
Satire, ganz eindeutig.
Ja, ein bisschen plump. Ich bin ein wenig zusammengezuckt, am Anfang. Aber Ehring hat in diesem Zusammenhang den Gedanken eben weitergesponnen und es Frau Weidel gezeigt, wie es klingt, wenn man politisch unkorrekt ist.
Satire muss – und das ist ja nun wirklich nicht neu – nicht jedem gefallen. Nicht jeder muss sie gut finden. Nicht jeden Geschmack muss sie treffen. Es ist dennoch Satire.
Die AfD möchte die politische Korrektheit jedenfalls wieder vom Müllhaufen runtersammeln. Oder sie will die Unkorrektheit ausschließlich für sich.
Auf jeden Fall ist es ein gefundenes Fressen für die Populisten: Denn wieder können sie den Kampf aufnehmen gegen das Öffentlich-Rechtliche Fernsehen und gegen den – AfD-O-Ton – „GEZ-Primitivling" aufnehmen und ihren Fans Futter bieten. und so tun, als würde der NDR in „extra 3" nur gegen die AfD hetzen. Dabei bekommen in der Satiresendung alle Parteien ihr Fett weg. Da ist es dann auch zweitrangig, dass sich die Partei wie ein Fähnchen im Wind dreht und ihre eigenen Reden manchmal ganz schnell wieder selbst außer Kraft gesetzt werden.

Deutschland sucht den Superstar
Das große Finale 2017
SA 06.05.2017 | 20.15 Uhr | RTL

Prince Damien war der Superstar 2016. Ein Jahr nach dem damaligen Finale durfte er im 2017er-Finale noch mal seinen „Glücksmoment" performen. Und sonst so?, fragte ihn Moderator Oliver Geißen danach. Zwar hatte Prince Damien durchaus Erfolg mit seiner (wirklich schmissigen Schlagerhymne), aber inzwischen ist wohl nicht mehr viel los. Eine Tour noch mit der diesjährigen DSDS-Top-11, eine eigene Tour aber nicht mehr. Das ist dann wohl vorbei, vielleicht wird er bald Schauspieler, orakelte er. Nun ja. Das Interview sagte einiges aus über DSDS.
Gewonnen hat in diesem Jahr zwar kein Dings, dafür aber der ziemlich nervige Alphonso. Er kann zwar singen, passt aber irgendwie so gar nicht in die RTL-Schiene, und ob er irgendwo und irgendwie Erfolg hat, steht in den Sternen.
Staffel 14 von „Deutschland sucht den Superstar" litt unter schwachen Quoten – und unter einem blödsinnigen Konzept. Denn noch im Recall in Dubai kamen ständig ganz neue Castingkandidaten, was es für die Fans fast unmöglich machte, eine Verbindung mit den Leuten aufzubauen, die schon im ersten Casting weiter kamen.
RTL ging sogar so weit, aus dem Dubai-Casting drei Kandidaten komplett rauszuschneiden. Sie waren dabei, kamen aber in der Ausstrahlung nicht vor. Ebenso bei den Live-Shows: Drei Kandidaten aus dem Dubai-Recall verschwanden sang und klanglos, wurden nie wieder erwähnt – bis auf Alphonso. Den wollte die Jury offenbar nicht dabei haben (oder RTL? Weil er sehr viel älter ist als die sonstigen DSDSler?), aber die Zuschauer schon. Auf Druck der Fans war Alphonso in Liveshow 2 plötzlich wieder dabei. Und hat nun sogar gewonnen.
Klar, dass man mit solch undurchsichtigen Formatänderungen auch die letzten alten Fans verprellt.

2018 wird es wohl die 15. Staffel geben. RTL wäre gut beraten, wieder konsequenter das Casting und den Recall abzugrenzen sowie transparenter mit ausgeschiedenen Kandidaten umzugehen.

Naked Attraction - Dating hautnah
MO 08.05.2017 | 22.15 Uhr | RTL II

Endlich, endlich können wir an dieser Stelle mal ganz offen über Schwänze und Muschis sprechen. Und natürlich über Titten und Ärsche. Wurde ja auch mal Zeit, und natürlich haben wir das RTL II zu verdanken.
Denn, ganz klar, was interessiert uns bei Dates? Nein, nein, nicht dass er oder sie kinderlieb ist. Oder das Lächeln. Und seine oder ihre superlustige Art. Nein, wir wollen sehen, was er oder sie in der Hose hat. Beschnitten? Große Schamlippen? Rasiert? Dick, dünn, muskulös?
Und welcher Schwanz oder welche Muschi ist hässlich genug, um ihn oder sie gleich mal auszusortieren?
Das sind doch mal Fragen, mit denen wir uns beschäftigen wollen! Machen wir doch schließlich auf Tinder und Co. genauso.
Deshalb ist das neue Datingformat auf RTL II nur folgerichtig. Am Montagabend lief dort erstmals „Nacked Attraction – Dating hautnah". Der Untertitel ist zwar nicht ganz richtig, denn nur der Fernsehzuschauer bekommt eine hautnahe Fleischbeschau, wenn die meist komplett rasierten Intimbereiche der Kandidaten abgefilmt werden.
Eine Frau (angezogen) trifft auf sechs Männer (ausgezogen). Allerdings sieht sie die Männer nur ab den Hüften abwärts – und nackt. Sie und Moderatorin Milka Loff Fernandes schreiten die sechs Penisse ab. Och, der ist aber schön. Oha, der ist ganz schön dick. Und der ist ja beschnitten! Fehlen bloß noch der Einkaufswagen und die Durchsage „Bitte eine dritte Kasse öffnen!".
Eigentlich sucht die Kandidatin ja jemanden, der kinderlieb ist. Da ist es ja immer gut, wenn sie zuallererst mal den Penis des

eventuellen Partners zu sehen bekommt. Deshalb nimmt sie am Ende auch den mit dem größten Schwanz. Zwinker, zwinker.
Das gleiche Spiel später mit einem Mann und sechs Kandidatinnen. Erst sieht man nur den Unterkörper, dann den Körper halsabwärts, dann den ganzen nackten Menschen. Und man weiß nicht, ob es lustig oder eher traurig ist, wenn der Typ an den muschizeigenden Frauen vorbei läuft, und er seine Kommentare abgibt. Er mag es, wenn Frauen auch Haare da unten haben, aber bitte teilrasiert. Aber ein bisschen größer darf die Muschi (okay, das Wort Muschi und übrigens auch die Wörter Möse, Scheide, Penis, Schwanz, Pimmel, Pullermann etc. fallen den ganzen Abend nicht!) schon sein.
„Wer nackt ist, hat nichts zu verstecken!", meinte Moderatorin Milka zu Beginn der Show. Das ist natürlich blanker Unsinn, denn wer nackt ist, ist vor allem erst mal nur nackt – von sich was erzählt, hat er/sie da noch nichts. Und verstecken kann man auch nackt sehr viel.
Ein Skandal ist diese Nacktdatingshow heutzutage nicht. Eher unfreiwillig komisch. Und, ähm, so richtig, also, ähm, so wirklich richtig was fürs Auge war eh nicht dabei.

Eurovision Song Contest 2017 - 1. Halbfinale
DI 09.05.2017 | 21.00 Uhr | one

In diesem Jahr schaue ich meinen 30. Eurovision Song Contest. Peter Urban kommentiert in diesem Jahr seinen 20. Eurovision Song Contest. Ich habe immer noch Bock drauf. Aber immer weniger auf Peter Urban.
Am Dienstagabend lief bei one das 1. Halbfinale des ESC 2017 aus Kiew, und ich frage mich, warum es Kult sein soll, wenn Peter Urban bei der Kandidatenvorstellung routiniert irgendwelche Texte abliest und nach den Songs ab und zu vermutlich vorher geschriebene, nicht sehr gute Gags zum besten gibt (und im Finale am Sonnabend recycelt und einfach noch mal vorliest). Selbst im digitalen, total modernen Zeitalter ist es der ARD nicht möglich, eine Tonoption ohne Kommentar anzubieten.
Die Zuschauer des Finales am Sonnabend werden von Montenegro verschont bleiben. Der immer etwas juckig in die Kamera blinzelnde Sänger mit drangebammelten Zopf und sehr durchsichtigem Oberteil, schaffte es nicht in die Top 10 des ersten Halbfinales am Dienstag.
Dafür schaffte es der wunderschöne Song aus Belgien, und das, obwohl die Sängerin wirkte, als fange sie gleich an zu heulen, weil es so schlimm ist, auf der Bühne zu stehen. Großes Lied, miese Performance. Vielleicht ist sie ja am Sonnabend besser drauf.
Auch Portugal hat es geschafft, was Balsam auf die Seele der Portugiesen ist – hätten sie es wieder nicht ins Finale geschafft, wären sie eventuell 2018 nicht mehr dabei gewesen. Finnland dagegen hatte kein Glück mit einer hymnenhaften Ballade – ist raus! Aserbaidschan dagegen muss einfach nur antreten und scheint immer weiter zu kommen, egal wie mies das Lied ist.
Am Donnerstag folgt das zweiten Halbfinale – dann hat übrigens auch unsere… na, wie heißt sie noch… Levina ihren ersten Auftritt beim ESC. Vielleicht wird sie am Sonnabend ja Vorletzte.

Eurovision Song Contest 2017
SA 13.05.2017 | 21.00 Uhr | Das Erste

Hach, das hat ja nun niemand, also wirklich niemand erwartet. Zwar nicht Letzter, aber Vorletzter. Beim Eurovision Song Contest 2017 ist Deutschland einmal mehr baden gegangen, und beim NDR tut man so, als sei man davon kalt erwischt worden. Kommentator Peter Urban versteht die Welt nicht mehr, wo doch 69 Prozent der Deutschen für Levinas Song gevotet haben und... Moment mal.
Warum reden wir eigentlich ausschließlich über uns? Als die Show gelaufen ist, wurde ausschließlich über Deutschland geredet. Typisch: Erst mal ich ich ich. Dass es einen Sieger gibt, dass Portugal der Gewinner ist, das hätte man gern mal irgendwann am Beginn der nachfolgenden „Grand Prix Party" honorieren können. Aber nichts davon − stattdessen das Keiner-wählt-uns-Geheule. Und das Wir-verstehen-das-gar-nicht-Genöle.
Aber zurück zu uns. Beim NDR ist man also, ähm, überrascht, dass wir 25. geworden sind.
Allerdings ist man öffentlich nur beim NDR überrascht. Immerhin ist Levinas Song (wie hieß er noch gleich?) nicht mal in Deutschland ein Hit gewesen. Der deutsche Vorentscheid hatte miese Einschaltquoten. Die Deutschen haben treffsicher das schlechtere Lied gewählt (aber es waren ja nicht so viele). Die Live-Performance war erschütternd lahm. Ein grau-weißes Bühnenbild vor grau-weißer Sängerin, die so rumsteht. Ein schlimm ödes Bühnenbild, das nicht mal kaschiert, dass wir nur einen durchschnittlichen Song haben.
Es wird dringend Zeit, dass sich neue Leute um den Eurovision Song Contest kümmern. Der NDR sollte es jetzt mal sein lassen. Es müssen neue Leute her - die den ESC auch vorher wieder in Deutschland zum Event machen. Die wirklich gute Songs finden (und die müssen natürlich auch erst mal eingereicht werden). Die ganz allgemein frischen Wind reinbringen. Dazu gehören auch die drögen Ansagen von Kommentator Peter Urban. 20 Jahre reichen. Levina hat mit Ansage verloren, nur der NDR hat diese Ansage

nicht gehört – oder die Leute wollten sie nicht hören. Wie schon 2016.
Ansonsten war aber auch Spanien zurecht Letzter. Der Song war schwach, der Sänger erst recht – und so stand auch bei mir die 26 auf dem Stimmzettel.
Belgien hat definitiv den besten Song 2017 abgeliefert – konnte aber nicht mit der Performance auf der Bühne überzeugen. Blanche kam einfach nicht gut rüber.
Erfrischend kam Rumänien mit seiner Jodel-Nummer daher – und kam damit auf einen guten 7. Platz. Ein schöner Erfolg.
Kleiner Zwischenfall am Rande: Beim Auftritt von Jamala in der (eher lahmen) Pausenshow stürmte ein Typ auf die Bühne, der seinen blanken Hintern zeigte und daraufhin rüde von der Bühne gezogen wurde (es gab keine Verhandlungsbasis). Aber da muss Kommentator Peter Urban gerade auf dem Klo gewesen sein, denn dieses Ereignis blieb komplett unkommentiert. Wenn man den Urban nur einmal braucht…

I like die 2000er
MI 24.05.2017 | 20.15 Uhr | RTL

Und der Preis für den bescheuertsten Sendungstitel des Monats geht an: RTL! Herzlichen Glückwunsch!
Dort startete am Mittwochabend die dreiteilige Reihe „I like die 2000er". Vermutlich entstand dieser Titel nach drei oder zehn Bier auf der Firmenweihnachtsfeier – oder eher danach, bevor der Kater einsetzte und man nüchtern betrachtet hätte feststellen können, dass man darüber vielleicht doch noch mal nachdenken sollte.
So aber ging „I like die 2000er" also über den Sender. Dahinter verbirgt sich ein Rückblick auf die Nuller-Jahre, die ja inzwischen schon, nun ja, legendär sind. Oder auch so weit weg, dass man daraus mal schnell eine billige Sendung zusammenkloppen kann.
Es heißt, man plant bei RTL inzwischen weitere spannende Formate: Darunter die Show „We can kochen", die Kuppelreihe „I see in dein Herz", den „RTL aktuell"-Nachfolger „We have gute Nachrichten, schlechte Nachrichten" mit anschließendem Überblick „Wie wird das Weather".
PS: Als es um den 11. September 2001 ging, meinte der Nachrichtenansager Wolfram Kons: Was für die Menschen damals der Zweite Weltkrieg war, ist für die Leute heute New York am 11. September.
Ähmnein, Herr Kons.

This is us - Das ist Leben
MI 24.05.2017 | 21.15 Uhr | ProSieben

„This is us" gilt als der nächste großen Serienknaller aus den USA: Zumindest wird uns das auf den Medienseiten im Internet und in den Zeitungen so erzählt. Es geht um Familie, um große Emotionen, um Freuden und Tragik. Am Mittwochabend lief auf ProSieben die 1. Folge – und floppte ganz böse.
Das muss nicht mal an der Serie selbst liegen. Es liegt an der Fernsehmüdigkeit der Zuschauer und an ProSieben selbst.
Ein Sender, der den ganzen Tag lieblos und unmotiviert seine Sitcoms rauf- und runtersendet. Der ab und zu doch mal Serien startet, dann aber verschiebt und wieder absetzt, wenn's nicht gut läuft. Wer erwartet da eigentlich noch etwas von einem privaten Free-TV-Sender?
Wenn man dann noch mit Reklame genervt wird, die mitten in einem emotionalen Augenblick startet und die Stimmung ruiniert – um dann danach die komplette letzte Szene noch mal zu zeigen. Wenn dann das natürlich ebenfalls emotionale Ende rüde abgewürgt wird und man im Trailer für die nächste Folge schon sehr serienrelevante Dinge mitbekommt, die die Spannung weiter ruiniert – wer will denn da noch ernsthaft Serien auf ProSieben schauen??
Da müssen sich die Verantwortlichen nicht wundern, dass vielbeachtete Serien auf ihrem Sender eben nicht beachtet werden. Dass die Quoten allgemein rapide sinken. Dass immer mehr Leute auf Streamingdienste ausweichen und ihre Serien werbefrei schauen, wann sie wollen und ohne Angst zu haben, dass mittendrin Schluss ist.
Free-TV-Sender wie ProSieben schaffen sich selbst ab. Das Beispiel „This is us" zeigt das auf sehr schmerzliche Weise.

Sportschau live: Fußball-DFB-Pokal-Finale 2017
SA 27.05.2017 | 19.00 Uhr | Das Erste

Huijuijui, da waren die echten Fußballfans aber so was von böse! Da hat man sie doch am Sonnabendabend doch glatt in der Pinkelpause oder beim Bratwurst-holen mit Live-Musik belästigt. Vermutlich galten die Pfiffe im Berliner Olympiastadion während des Auftrittes von Helene Fischer beim DFB-Pokal-Finale nicht ihr selbst. Sondern dem Umstand, dass man den Fußball kommerzialisiert. Also, noch mehr als sowieso schon. Während also die Fans mit ihrem 100-Euro-Fan-Trikot, dem Fanschal, der Fanmütze (und so weiter), der 4-Euro-Bratwurst und dem 5-Euro-Bier wütend pfeifen, weil Frau Fischer angeblich alles kaputt macht.

Für die Medien war das natürlich ein Aufregerthema. Alle berichteten sie über den missglückten Fischer-Gig, in der Hoffnung, damit noch ein paar Empörungs- oder Schadenfreude-Klicks mehr zu bekommen.

Auch die Leute von der „Sportschau" im Ersten ließen den Auftritt verschämt (fast) unkommentiert. „Kommen wir wieder zum Fußball", hieß es danach nur. Dafür war Helene Fischer dann der erste Gast im „Sportschau-Club", wo sie dann über ihre Gefühle sprechen konnte, und das irgendwie ja auch wenig mit Fußball zu tun hatte.

Dabei lag das Problem ganz woanders: Wenn man in Deutschland schon den Super Bowl mit seiner Halbzeitshow nachäffen will, dann soll man es doch bitte richtig machen. Nicht posemuckelig und armselig auf einer Minibühne und mit einer Handvoll Tänzern im Hintergrund. Wenn Show, dann muss sie knallen. Und dann müssen die ach so tollen Fußballfans nicht über die längst vorhandene Kommerzialisierung des Fußballs heulen. DFB-Pokal-Finale ist einmal im Jahr, und es ist ein Event – warum soll man bei so einem Event nicht auch noch mehr bieten als den bloßen Fußball? Fußball ist Entertainment, und Entertainment kann auch mal neue Wege gehen.

Sportschau live: Fußball-Relegation 2017 - 2./3. Liga-Rückspiel
DI 30.05.2017 | 17.45 Uhr | Das Erste

Ich kann mit der Sportfan-Kultur wenig anfangen — und nicht nur mit der im Fußball. Auch wenn ich beim örtlichen Handballverein bin, kann ich wenig damit anfangen, wenn sich beim Punktspiel die Fans beider Mannschaften anblöken, sich beleidigen und ausrasten, wenn was nicht so läuft, wie sie es möchten.
Oder wie am Dienstag in München. Das Erste übertrug live das Fußball-Relegations-Rückspiel. Es ging darum, wer in der kommenden Saison in der 2. oder 3. Liga spielt. 1860 München kämpfte gegen den Abstieg, Jahn Regensburg um den Aufstieg. Die Münchner verloren, und die Fans fanden das, nun ja, scheiße. Zehn Minuten vor Spielende begann die Randale. Leute, die sich Fans nennen, schmissen Eisenstangen auf das Spielfeld. Oder auch Sitzschalen. Oder was auch immer. Es ist auch völlig wurscht, was sie geschmissen haben — wer so was tut, ist ein Asi, ein Straftäter. Wer Verletzungen der Spieler, Schiedsrichter oder Betreuer riskiert und auch nicht damit aufhört, wenn Polizisten auflaufen, der muss sein Fan-Dasein vielleicht mal überdenken.
Ja, sicher, es ist vieles schiefgelaufen bei den Löwen in München, das kann und muss man kritisieren. Aber nicht, in dem man andere in Gefahr bringt, in dem man sich wie Affen aufführt, die Spieler anschreit und die gute Kinderstube komplett vergisst, falls sie jemals vorhanden war.
Manche nennen das Fankultur. Aber in Wirklichkeit sind es Menschen, die sich in etwas reinsteigern und es gewaltig (und gewalttätig) übertreiben.
Das Spiel musste 15 Minuten unterbrochen werden, knallhart ließ der Schiedsrichter das Spiel dann auch 15 Minuten überziehen und somit begann auch die Tagesschau auch sehr viel später als geplant.
Dass jetzt darüber diskutiert wird, die Relegation abzuschaffen, ist

befremdlich. Denn die Krawalle liegen nicht am Spielmodus. Sondern die Krawalle liegen an denen, die die Krawalle anzetteln.

Sondersendung zum Tode von Helmut Kohl
FR 16.06.2017 | 20.15 Uhr | Das Erste

Woran denkt man beim Fernsehen, wenn ein wichtiger Politiker gestorben ist? Das Erste hat darauf am Freitagabend eine sehr bemerkenswerte Antwort gefunden. Die „Sondersendung zum Tode von Helmut Kohl" zur besten Sendezeit im Ersten und zeitgleich im SWR-Fernsehen, begann mit der wichtigsten Frage, die anlässlich des Ablebens dieses Mannes zu klären ist: Was ist eigentlich auf der Straße von Kohls Haus in Ludwigshafen-Oggersheim los?

Die Sendung begann tatsächlich mit einer Schalte zu einer Reporterin, die nervös herumhaspelte, dass nach der Todesnachricht in der Straße am Kohl-Privathaus ziemlich viel los ist. Schön, dass wir das mal erfahren haben und die ARD das eine herrlich sinnlose Reporter-Schalte wert war.

Es folgten viele Rückblicke auf Helmut Kohls Leben, viele Interviews mit Wegbegleitern und noch mehr rückblickende Beiträge. Um 21 Uhr war dann eigentlich alles gesagt. Die Sendung war zu Ende und wurde im Südwest-Dritten dann von einem „SWR spezial" abgelöst, in dem noch einmal Rückblicke und Interviews gesendet worden sind. Im Ersten gab es zeitgleich eine rückblickende Doku, in dem noch einmal vieles von dem erzählt worden ist, was gerade schon in der Sondersendung ein Thema war.

Auch wenn es um Kohl ging, und auch wenn er ein wichtiger Mann war: Manchmal ist dann doch weniger mehr. Oder soll ich an dieser Stelle auch noch mal von vorn anfangen?

Lorelei und Luke
Anonyme Beratung
MO 19.06.2017 | 22.30 Uhr | Astro TV

Einfach mal den Mund halten. Ein bisschen schweigen. Stille. Entschleunigen. Weg von der Hektik.
Lange, sehr lange Zeit sitzen Lorelei und Luke am Montagabend in ihrem Astro-TV-Studio und sagen nichts. Sie gucken nur und klimpern mit den Augen. Luke nuschelt irgendwas und schweigt dann wieder. „Das ballt sich gerade", flüstert Lorelei später und kritzelt etwas auf ihre Unterlagen.
Lorelei und Luke sind hellhörend und hellfühlig. Bei Astro TV können die Zuschauer anrufen, bei der „Anonymen Beratung" sind sie allerdings für die Zuschauer nicht zu hören. Durch Lorelei und Luke können sie Kontakt mit Verstorbenen aufnehmen.
Was für ein Service!
Während Lorelei und Luke weiter schweigen, wird Lorelei schon von zwei Verstorbenen heimgesucht. Sie erzählt, dass, seit die beiden in Berlin seien, ganz schön was los sei. Die Verstorbenen haben wohl verspürt, dass die Hellseher in der Hauptstadt angekommen sind. Zwei seien gerade extrem, sagt Lorelei, nun fehlen ja nur noch die passenden Anrufer.
Nach langem Warten gibt es dann tatsächlich ein Gespräch. Lorelei spricht anonym mit jemandem – wir hören den Anrufer nicht. Es geht um den Vater, und natürlich ist der Vater schon im Studio. Lorelei spürt ihn ja schon seit Minuten. Sie erzählt vom Leiden des Verstorbenen, wie schwer alles war und wie gut nun alles ist. Lorelei musste nicht mal fragen, wer dran ist am Telefon. Sie wusste es schon.
Nun gut, irgendwie ist es ja schön für Lorelei und Luke. Selbst wenn sie sich morgens am Frühstückstisch angeödet anschweigen, dann sind sie immer umgeben von Toten, die sie belagern und bequatschen.
Aber halten wir mal fest: Da behauptet die Hellfühlige, es sei ein bestimmter Toter im Raum. Da ruft danach also genau die

passende Angehörige im Studio an, und die Hellfühlige weiß alles über den Toten und erzählt darüber.

Der Zuschauer hört nicht, wer da dran ist am Telefon und ob überhaupt jemand dran ist. Vielleicht hat ja Lorelei auch nur ein Selbstgespräch geführt.

Ist das seriös? Kann man das glauben? Astro TV tut jedenfalls recht wenig dafür, es glaubwürdig rüberkommen zu lassen. Transparenz ist was anderes.

Und ich kann mich auch vor eine Kamera setzen, mit wichtigem Gesicht Notizen machen und dann mit, ähm, jemandem zu sprechen, dessen toter Verwandter angeblich gerade im Studio ist. Ja, nee, is' klar.

Auserwählt und ausgegrenzt - Der Hass auf Juden in Europa
MI 21.06.2017 | 22.15 Uhr | Das Erste

Da ist wohl alles schief gegangen, was schief gehen konnte. Und das bei einem so wichtigen Thema wie Antisemitismus und Judenhass.

Der WDR und arte haben eine Doku in Auftrag gegeben, die sich damit auseinandersetzen sollte.

Aber um „Auserwählt und ausgegrenzt – Der Hass auf Juden in Europa" hat sich ein noch nie da gewesener Streit entbrannt.

Der Kulturkanal arte wies die Doku ab. Handwerkliche und inhaltliche Mängel, und die gab es wohl in großer Zahl. Beim WDR hat man daraufhin noch mal geprüft und ebenfalls Mängel festgestellt.

Die Nicht-Ausstrahlung sorgte dennoch für Empörung, und die „Bild" hat den Film daraufhin illegal ins Internet gestellt – für

24 Stunden auf's eigene Portal. Das muss man sich mal vorstellen, was passieren würde, wenn „Bild"-Inhalte irgendwo anders auftauchen würden. Da würde die „Bild" aber Stunk machen – aber so ist das natürlich was ganz anderes, findet man bei der „Bild".

Immerhin sorgte die Online-Ausstrahlung dafür, dass man in der ARD handelte. Innerhalb von ein paar Tagen, entschied man sich, das komplette Mittwochabend-Spätprogramm umzuschmeißen. Plötzlich gab es einen Sendeplatz, und ganz plötzlich schloss sich auch noch arte an, wo die Doku 45 Minuten nach der Ausstrahlung im Ersten lief.

Der WDR hat für diese Ausstrahlung aber eine Art „betreutes Fernsehen" organisiert. Per Schrifttafeln wurde auf die Mängel hingewiesen, immer wieder wurde der Film gestoppt und durch weitere vorgelesene Schrifttafeln ergänzt.

Wunderlich war im Anschluss die „Maischberger"-Sendung. Weil man ja lieber über das Thema und nicht so über den Film reden wollte, lud man die Autoren erst gar nicht ein. Wirklich toll: Da wird einen Abend lang auf sie eingedroschen, aber reden lassen möchte man sie nicht. Lieber möchte Sandra Maischberger nur über sie sprechen, aber nicht mit ihnen. Womit die Talkshow-Redaktion eindeutig Mist gebaut hat.

Was bei der Doku wirklich schief lief, wer wann mit wem oder nicht miteinander gesprochen hat, wie lange der Film im Archiv rumlag – all das lässt sich von hier aus nicht beurteilen. Dass diese Affäre für alle Seiten peinlich ist – für die Filmemacher, aber auch für „Bild", den WDR und arte -, das ist wirklich traurig.

Und die Doku selbst? Stellenweise schockiert sie, weil sie tatsächlich (aber auch wenig überraschend) einen tiefgehenden Judenhass aufzeigt. Allerdings ist die Machart des Filmes eher anstrengend. Viel wird mit eher störender Musik gearbeitet, mit Klängen, mit Effekten. Die „Erzähler"-Sprache reicht von nüchtern bis belehrend. Es ist schwierig, der Doku aufmerksam folgen zu können, sie ist viel zu vollgepackt. Da wäre weniger mehr gewesen.

Pandas im Anflug
SA 24.06.2017 | 14.45 Uhr | rbb

Schätzchen und Träumchen.
Das ist keine Soap und kein Schlager. So heißen die beiden chinesischen Pandabären, die am Sonnabend von Chengdu nach Schönefeld geflogen sind und damit für das Fernsehereignis des Jahres gesorgt haben.
Der rbb hat am Sonnabendnachmittag live übertragen, wie ein Flugzeug in Schönefeld landete. Dafür ist sogar ein laufender Beitrag abgebrochen worden.
Minutenlang sahen wir dem Flieger beim Landen zu. Und beim Ausrollen. So viel Fernsehpräsenz hat „Lufthansa Cargo" vermutlich eher selten.
Der rbb übertrug allerdings keine — und schon gar nicht die erste — Landung auf dem neuen BER (die ist optimistischen Schätzungen zufolge etwa 2054 vorgesehen), sondern eben doch nur die Landung von zwei Pandabären.
Der rbb muss sparen, und so sieht das über lange Strecken erschütternd langweilige Programm auch aus. Wenn aber zwei Pandabären in Schönefeld landen, dann wird das live übertragen, und dann ist dafür Kohle da.
Echte Realsatire. Voller Ernst erfolgte also die Kommentierung der Flugzeuglandung. Wie Staatsgäste sind die Tiere empfangen worden — mit Wasserfontänen, von denen eine allerdings an Druckverlust litt und nur peinlich vor sich hinpullerte. Aus dem Pilotenfenster wurden die deutsche und die chinesische Fahne rausgehalten. Kennt man sonst vom Fußball.
Natürlich blieb der rbb dran, und es blieb äußerst packend, als das Flugzeug zum Stehen kam. Als sich eine Tür öffnete und plötzlich Leute vom Zoll erschienen. Aber offenbar gab es nichts zum Beschlagnahmen, denn die Boxen mit Schätzchen und Träumchen durften raus an die Brandenburger Luft.
Voller Ernst stand eine Reporterin auf dem Rollfeld und führte ein erregtes Interview mit dem Piloten des Pandafliegers, wie das denn nun war und warum der Flieger Verspätung hatte. Und die

ganze Zeit wartete man als Zuschauer darauf, dass endlich der Kalkofe ins Bild kommt und sich endlich drüber lustig macht. Aber es war alles echt, und die vom rbb meinten das alles sehr ernst.

Lange wurde drüber schwadroniert, dass die Tiere ausgeliehen werden, dass aus Deutschland dafür 15 Jahre lang jährlich eine Million US-Dollar nach China fließen. Und dass es darum geht, dass Schätzchen und Träumchen irgendwann ein Schäferstündchen haben und Nachwuchs zeugen, und überhaupt sei das ja ganz toll (und teuer) für den Berliner Zoo, weil ja nun wieder mehr Besucher kämen.

All das wirkte, als übertrage der rbb einen Staatsbesuch. Aber es waren eben doch nur zwei Tiere, die überführt worden sind, um in Berlin Sex zu haben.

Der rbb hat sich mit „Pandas im Anflug" ohne Zweifel für die beklopptteste Live-Übertragung 2017 beworben, und eigentlich ist dem Sender der Sieg kaum noch zu nehmen.

rbb spezial: Land unter - Starkregen in Berlin und Brandenburg
DO 29.06.2017 | 20.15 Uhr | rbb

Und der rbb ist eben doch der Hauptstadtsender. Wenn es um die aktuelle Berichterstattung geht, dann geht Berlin eben doch sehr weit vor Brandenburg – selbst wenn die Nachrichtenlage ganz anders ist.

Noch am Abend behauptete der rbb, dass in Brandenburg gerade mal bis zu 80 Liter Regen pro Quadratmeter gefallen seien. In Berlin waren es weit mehr als 100. Im „rbb spezial" ging es dann natürlich erst mal um Berlin. Darum, dass beim rbb selbst Sturzbäche die Treppen runter liefen. Dass Straßen überflutet wurden. Und so weiter. Dazu noch ein Interview mit einem Berliner Feuerwehrmann.

Und Brandenburg? Da gab es ein paar Bilder aus Südbrandenburg. Eine geflutete Straße. Und Bilder aus Cottbus, wo kaum was runter kam.

In Oranienburg aber ging die Welt unter. 224,8 Liter Wasser pro Quadratmeter kamen da bis zum Abend runter. Einsamer Rekord – auch an diesem Tag. Dem rbb war das kein Wort wert – da musste man schon bis zu den „Tagesthemen" im Ersten warten. Oder zu n-tv schalten, wo diese Zahlen sogar im roten Nachrichten-Ticker standen.

Ist das Ignoranz? Weiß man es nicht besser? Hört man sich nicht im Land um? Hatte man keinen, den man mal nach Oranienburg schicken konnte?

War jedenfalls eine große Informationslücke, die der rbb da offenbarte. Oder Berlin war schlicht wichtiger.

News spezial: Der G20-Gipfel
FR 07.07.2017 | 20.00 Uhr | n-tv

In Hamburg herrscht Krieg, und das Fernsehen steht mittendrin. Der Reporter von n-tv steht im Schanzenviertel. Er hat einen Helm auf und blickt sich immer wieder um. Hinter ihm ist Blaulicht zu sehen, Polizisten in Kampfuniform und auch Randalierer. Eine Barrikade brennt, und der Reporter erzählt von alldem.

Als am Freitagabend in St. Pauli die Lage eskalierte, als die Proteste gegen den G20-Gipfel zur dumpfen Randale wurde, da zoomten die Nachrichtensender noch mal richtig ran. Stundenlang berichtete n-tv in einem „News spezial" live und direkt aus dem Brennpunkt. Immer mal wieder musste der Reporter abbrechen und seinen Standort wechseln, weil er von der Polizei abgedrängt wurde. Weil es einfach zu gefährlich wurde.

Ebenso auf N24. Die Nachrichten kamen direkt aus dem Hamburger Krisengebiet. Jeder Steinwurf, jedes Feuer – live und direkt. Die Tagesschau hatte ebenfalls einen Reporter vor Ort, und auf Facebook bot sie immer wieder einen Livestream an, auf dem unkommentiert ebenfalls Livebilder aus dem Schanzenviertel zu sehen waren.

Es ist ein zweischneidiges Schwert: Einerseits ist es gut, ein ungefiltertes Bild von der Situation zu bekommen, irgendwie dabei zu sein, aus erster Hand zu sehen, was sich abspielt. Andererseits ist es natürlich auch eine Befriedigung von Sensationsgier und ein Stück Voyeurismus. Es ist, als wären wir in Hamburg dabei und würden gaffend auf der anderen Straßenseite stehen. Zehntausende waren über das Internet über Streams auf Facebook und Youtube live dabei, und morgen regen wir uns auf, wenn andere bei Autobahnunfällen doch mal wieder neugierig sind und gaffen.

Die Hamburger Ausschreitungen waren in jedem Fall auch wieder eine kleine Zäsur in der Live-Berichterstattung. Per Internet sind wir mittendrin statt nur dabei.

Anne Will
Zehn Minuten Störung
SO 09.07.2017 | 21.45 Uhr | Das Erste

Da hatte doch bestimmt die Regierung die Hand im Spiel. Die Regierung nämlich, die mag es gar nicht, wenn im Staatsfunk namens ARD regierungskritische Fragen gestellt werden. Dann kommt nämlich Angela „Mutti" Merkel persönlich in den Schaltraum der ARD und rupft das Kabel mit der Sendeleitung raus. So ist es doch bestimmt am Sonntag geschehen – bei „Anne Will" mit Anne Will im Ersten.

Wegen des G20-Gipfels unterbrach Anne Will ihre Sommerpause. Am Sonntagabend diskutierte sie die Ergebnisse und die Krawalle rund um das Chaos-Wochenende in Hamburg.

15 Minuten nach Sendungsbeginn, gerade stellte Anne Will dem verschwitzten Peter Altmeier eine kritische Frage, er will gerade antworten, da ist der Bildschirm plötzlich schwarz. Ganze zehn Minuten lang gibt es dann eine Störungstafel nebst nerviger Störungsmusik.

Jahaaa, sagen da die Verschwörungstheoretiker, da wollte doch jemand in der Regierung nicht, dass Kritik geübt wird. Da hatte doch jemand seine Finger im Spiel – nur so könne es gewesen sein. Und die meinen das ernst. Schließlich habe unsere Regierung ja etwas zu verbergen.

Ja, natürlich, und deshalb wäre unsere Regierung auch so abgrundtief dämlich, jemanden zu schicken, der eine Sendung abschaltet, weil sie zu kritisch sei. Als ob so was nie rauskäme. Als ob das überhaupt so einfach möglich wäre. Oder wissen Politiker so genau, wo sie überhaupt hinmüssen, um in der ARD irgendwas abzuschalten?

Stattdessen waren es massive Leitungsprobleme, hieß es seitens der ARD. Die eigentliche Leitung fiel schon zu Beginn aus, die Ersatzleitung dann 15 Minuten danach.

Dass da jemand eingegriffen hat, ist natürlich Unsinn. Dennoch gibt es Merkwürdigkeiten: Wenn zehn Minuten eine Leitung ausfällt, warum gab es dann kein Ersatzprogramm? Irgendwelche

Trailer wird man doch einschieben können? Aber vor allem: Anne Will und ihre Gäste machten während der ewigen Störung einfach weiter. Obwohl gar keiner zuschaute, außer die Leute im Studio. Warum brach man nicht ab? Warum befeuert man den Verschwörungstheorien, in dem man sagt, es wurde schon mal weiter gesprochen? Hätte man die zehn Minuten eben hinten rangehangen.
Diese Antworten gaben die ARD-Verantwortlichen bislang nicht.
Immerhin: In den Wiederholungen der Sendung nachts im Ersten und am nächsten Abend auf tagesschau24 gab es dann die kompletten Sendungen.

maischberger: Gewalt in Hamburg - Warum versagt der Staat?
MI 12.07.2017 | 23.10 Uhr | Das Erste

Es war nicht der beste Abend von Sandra Maischberger. Am Mittwochabend lud sie zum Gespräch über die Ausschreitungen beim G20-Gipfel in Hamburg. Und um es vorsichtig auszudrücken: Sie hatte die Sendung nicht im Griff, sie ist gescheitert. Aber nicht nur sie – im Grunde fast alle, die an diesem Abend im Studio saßen.
„Gewalt in Hamburg – Warum versagt der Staat?" war die Frage bei „maischberger" mit Sandra Maischberger im Ersten. In Wirklichkeit ging es aber nur darum, sich gegenseitig Vorwürfe zu machen und empört zu sein, bei allem, was die Gegenseite sagt. Zuhören – das scheint in Talkshows nicht mehr zu funktionieren. Zuhören, mal kurz drüber nachdenken und eventuell zu einer Erkenntnis kommen.
Bei „maischberger" hat das nicht funktioniert. Dort hörten die Gäste oft nicht zu, sondern ärgerten sich, dass sie gerade nicht sprechen durften. Und wenn doch mal jemand etwas ausführlicher etwas erklären wollte und einfach nur mal eine Beobachtung schildern wollte, der wurde gleich von der Maischberger

ausgebremst, weil wieder bloß nur ein Satz erlaubt war. Äußerst unprofessionell.

Eine echte Diskussion war aber eh nicht drin, weil alle ihre Meinungen hatten, und alle waren sie unumstößlich. Mit dabei: die grüne Aktivistin Jutta Ditfurth. Sie war bei den Demos dabei und schilderte, was sie gesehen hat. Durchaus detailliert. Natürlich durch ihre Ansichten auch gefärbt, aber ihre Schilderungen waren dennoch sehr spannend. Sie sagte, dass die Polizei zur Eskalation der Lage beigetragen habe.

Ditfurth provozierte, und die Herren ließen sich provozieren und schossen dabei weit übers Ziel hinaus. So war CDU-Mann Wolfgang Bosbach scheinbar gar nicht mehr auffassungsfähig. Dass es die Ditfurth wagte, irgendwas gegen die Polizei zu sagen, fand er empörend. Er ätzte, sie relativiere, sie sei gegen Polizisten. Dabei hatte sie nur Beobachtungen geschildert, die man hinnehmen kann, die man hinterfragen kann – aber auch gleich empörend finden muss? Und, sehr geehrter Herr Bosbach, Sie waren an diesem Abend nie ausfallend? Bosbach warf Ditfurth vor, auch den Polizisten Joachim Lenders mehrfach „in geradezu unverschämterweise angegangen" zu haben. Weil sie beschrieb, was sie sah? Und Herr Lenders war ebenso wenig ausfallend gegenüber Frau Ditfurth? Dummes Gesabbel, warf er ihr vor. Die Polizei habe alles richtig gemacht.

Das ist merkwürdig, zeigte Maischberger doch Minuten vorher einen Beitrag darüber, was beim Polizeieinsatz schief lief. Nur leider ging dann keiner drauf ein, weil ja angeblich alles tutti war und eigentlich nur Frau Ditfurth es nicht begreifen würde.

Leider auch ein Punkt, in dem Sandra Maischberger als Gesprächsführerin versagt hat.

Wie übrigens leider auch Hans-Ulrich Jörges, der stern-Kolumnist, der von Berlin aus genau gesehen haben will, wohin sich Demonstranten verteilt hätten und wie das alles genau ablief. Jörges war es auch, der das Ganze von Berlin aus besser beobachtet haben will als Jutta Ditfurth, die dabei war.

Mit dummem Gesabbel hat Polizist Lenders natürlich auch nichts am Hut, wenn er sagt, dass Linke für Extremismus stünden, dass das gleichzusetzen sei. Dabei ist das natürlich Unsinn. Oder ist die ja durchaus rechts stehende CSU auch für Extremismus bekannt? Oder ist die CSU gar nicht mehr rechts, weil rechts... weil man ja nicht mehr rechts ist?

Wolfgang Bosbach war es dann auch, der irgendwann die Runde verließ und für den peinlichsten Moment sorgte. Er wollte ein Zeichen setzen, weil er ja angeblich von Jutta Ditfurth immer nur beleidigt werden würde. Dabei war es Bosbach, der in der Diskussion genau null von irgendwelchen Ansichten abweichen wollte und nicht bereit war, auch nur ansatzweise Meinungen zu hinterfragen oder zu überdenken.

Das soll nicht heißen, dass Jutta Ditfurth mit allem recht hat, aber wer angebliche Beleidigungen mit teils heftigeren, persönlichen Beleidigungen kontert, der hat das Diskutieren verlernt. So wirkte Bosbach an diesem Mittwoch einfach nur wie eine beleidigte Leberwurst im Kindergarten. Aber im Wahlkampf kann man seine Fans sicherlich damit erfreuen.

Als dann Maischberger Jutta Ditfurth bat, doch auch die Sendung zu verlassen, wegen der Parität, da müssen die Moderatorin alle guten Geister verlassen haben. Weil Bosbach bockig war, sollte auch Ditfurth gehen? Sie blieb einfach, völlig richtig, durfte aber offenbar nichts mehr sagen. Im Grunde war an diesem Punkt die Sendung völlig im Eimer.

Nicht nur der G20-Gipfel ist eskaliert, sondern auch der G20-Talk.

Singen Sie Deutsch! Die 100 besten deutschsprachigen Lieder
SO 23.07.2017 | 9.05 Uhr | radioeins

Liebe Anja Caspary,
vielen Dank für den neuen Musikcountdown bei radioeins. Am Sonntag liefen dort fast zehn Stunden lang die 100 besten deutschsprachigen Lieder, ausgewählt von einer Jury. Solche Countdowns sind immer spannend. Das haben wir zu Ostern bei den 1000 meistgespielten radioeins-Songs schon gemerkt. Da habe ich von vielen Leuten gehört, die öfter mal reingehört haben und gespannt waren, wer denn die Nummer 1 ist.
Da sind wir schon beim wichtigsten Punkt einer solchen Mammut-Hitparade: die Spannung.
Am Sonntagnachmittag gegen 17 Uhr passierte etwas Seltsames. Sie verrieten plötzlich die Nummer 1. Zwei Stunden bevor sie gespielt werden sollte. Es war Rio Reisers „Junimond". Sie sagten, weil es ja jetzt sowieso schon so viele raten, könnten Sie es ja auch gleich verraten.
Nein. Können Sie nicht!
Nur weil einige Leute es schon richtig raten, kann man doch trotzdem die Spannung aufrecht erhalten. Wer sagt denn, dass die Leute da recht haben? Deshalb muss man doch nicht einknicken und die Spannung rauslassen!
Ich dachte erst an einen schlechten Scherz oder mich verhört zu haben. Aber es war wirklich die Nummer 1. Aber irgendwie hatte ich nach 17 Uhr keine so richtige Lust mehr. Schade.
Nächstes Mal bitte einfach sein lassen.
Beste Grüße!

Tom Schilling & The Jazz Kids: Kein Liebeslied
MO 31.07.2017 | 12.48 Uhr | radioeins

Der Schauspieler Tom Schilling macht auch Musik. Er singt und hat eine Band. Das ist schön für ihn. Hobbys sollte jeder Mensch haben. Weil Tom Schilling aber Tom Schilling ist, schafft er es damit auch ohne Weiteres ins Radio – also, jedenfalls zu radioeins.
Es gibt zig Musiker und Sänger, die irgendwie versuchen, berühmt zu werden. Den Durchbruch zu schaffen. Das ist oft eine Glückssache und hat gar nicht mal immer damit zu tun, ob man nun gute Musik macht oder nicht, ob man gut singt oder nicht.
Und dann gibt es Leute, die sowieso schon bekannt sind. Schauspieler zum Beispiel.
Es ist nichts Schlimmes, wenn Schauspieler beschließen, auch Musik zu machen. Oder wenn sie schon immer nebenher Musik gemacht haben. Ein bisschen unfair ist es dennoch, dass sie es definitiv leichter haben, in den Medien Gehör zu bekommen.
Da sitzt also ein Kulturmensch eines Senders und sieht: Oh, der tolle Tom Schilling macht jetzt auch Musik – da ist das natürlich ganz fix ein Thema. Alben werden besprochen, Konzerte promotet. Das müssen andere Newcomer im Musikbereich sich sehr hart erarbeiten.
Nun wäre das natürlich völlig egal – wenn denn Tom Schilling singen könnte. Auf radioeins lief am Montagmittag „Kein Liebeslied", und die Band klang gut. Tom Schilling versuchte sich da an einem Sprechgesang, aber es hörte sich wirklich nicht gut an. Er trifft keinen Ton, seine Stimme ist dünn, man mag nicht so genau hinhören.
Aber weil Tom Schilling eben Tom Schilling ist, spielt das vermutlich nur eine Nebenrolle.

Janni & Peer ... und ein Baby!
MO 07.08.2017 | 22.35 Uhr | RTL II

Also, der Janni... äh, die Janni und der Peer, die haben ja wirklich eine schöne Wohnung. Direkt, oder na ja, fast direkt am Müggelsee in Berlin. Fünf Zimmer und so, und nur für 1500 Euro Miete. So billig. Und der Peer ist gerade dabei, ein Poster aufzuhängen, obwohl er das gar nicht richtig kann. Die Janni ist übrigens schwanger, und das finden die beiden total aufregend. Sie fahren zum Ultraschall, und da erfahren sie: Es ist ein Junge. Der Peer ist so gerührt, dass er im Auto mal kurz flennen muss. Und dann kommen auch noch Jannis Eltern, und auch das ist so aufregend, dass die Janni und der Peer erst mal aufräumen müssen. Ihren Eltern wollen sie erzählen, dass sie einen Jungen bekommen. Wie sie wohl reagieren werden? Peers Mama macht übrigens gerade die Gartenarbeit, und sie findet es gut, dass ihr Peer einen Jungen bekommt.
Ich könnte ewig so belanglos weiterschreiben.
RTL II zeigte am Montagabend erstmals, wie Janni und Peer, ähm, Dinge, ähm, erleben. Das ist zwar bedrückend uninteressant, füllt aber dennoch eine Sendestunde.
Peer Kusmagk kennt man eventuell als Moderator, später war er Dschungelkönig, und dann ging er nackig (er fiel nicht gerade durch einen großen... aber lassen wir das!) auf die nicht ganz so einsame RTL-Kuppelinsel und lernte bei „Adam & Eva" die ebenfalls nackige Janni kennen. Und lieben.
Sehr romantisch.
Und weil das so romantisch ist – und die Haus-Miete ja auch irgendwie bezahlt werden muss, teilen sie ihren langweiligen Alltag eben mit den RTL-II-Zuschauern.
Das ist so öde, dass es nicht mal als Trash durchgeht. Wenn der Peer und die Janni uns minutenlang ihre Wohnung zeigen, dann ist das in etwa so aufregend, wie einer Tasse Kaffee beim Kaltwerden zuzusehen.
Und was tut man eigentlich dem Kind an? Janni und Peer vermarkten ihren Sprössling, bevor er überhaupt geboren ist. Und

irgendwann liest sich der Junge mal die hämischen Twitter-Tweets und Facebook-Sprüche durch, die über ihn verfasst worden sind. Nur, weil ihre F-Promi-Eltern unbedingt mit ihrer Schwangerschaft in die Glotze mussten. Schon irgendwie traurig.

Frag selbst
SO 13.08.2017 | 23.15 Uhr | tagesschau24

Der Fernsehwahlkampf 2017 kommt nun langsam auch in die heiße Phase, und es ist spannend, wie die Sender versuchen, ihre verschiedenen Zielgruppen für Politik zu begeistern. Wer da zum Beispiel denkt, dass sich ARD und ZDF immer noch nur an die Älteren richtet, der irrt.
Auf tagesschau24 lief am späten Sonntagabend das Format „Frag selbst". Im ARD-Hauptstadtstudio begrüßte Tina Hassel die AfD-Politikerin Frauke Petry. Allerdings war es nicht Tina Hassel, die die Fragen stellte. Es waren die Nutzer der Facebook-Seite der „Tagesschau". Tina Hassel war nur dazu da, die Fragen der Zuschauer zu stellen.
Und so ging es um die Frage der Flüchtlinge und was die AfD dazu denkt. Es ging um die Reichensteuer, um das Verhältnis der AfD zur Demokratie und um die EU. Bestes interaktives Fernsehen.
Nun kann man natürlich fragen, warum so was auf einem Spartenkanal am späten Abend versendet wird. Dass es „versendet" wird – da ist sogar was dran. Aber eigentlich lief „Frag selbst" am selben Abend bereits live um kurz nach 19 Uhr. Aber nicht im Fernsehen, sondern auf Facebook – per Livestream auf der „Tagesschau"-Facebook-Seite.
Heißt: Die ARD wartet nicht nur darauf, dass man sie einschaltet. Man geht auch dorthin, wo die Leute sind – ins Internet, auf Facebook. Und wenn dort noch ein Format wie „Frag selbst" über die Bühne geht, wo die Leute zwar nicht ungefiltert, aber durchaus direkt ihre Fragen los werden kann, dann kann das nur positiv sein.

#DeineWahl - YouTuber fragen...
Angela Merkel
MI 16.08.2017 | 13.30 Uhr | YouTube

Es war die Stunde der gestandenen Journalisten, die endlich mal wieder darauf hinweisen konnten, dass sie ja schließlich Journalisten seien, und das, weil sie das gelernt haben. Sie haben das deshalb am Mittwoch so naserümpfend betont, weil auf YouTube eben keine Journalisten Angela Merkel interviewen durften, sondern YouTube-Stars, die teilweise überhaupt das erste Mal eine andere Person interviewten.
Nun saß die Bundeskanzlerin eben nicht einer Tina Hassel gegenüber, sondern einem Typen namens Alexi Bexi. Darüber könnte man Witze machen, aber eigentlich gibt es dafür eher wenig Gründe – wenn man nicht des Lästerns wegen lästern will.
„#DeineWahl – YouTuber fragen" hieß das Format, das am Mittwochnachmittag live auf YouTube gezeigt worden ist. Die Kanzlerin stellte sich den Fragen von vier YouTubern. Neben Alexi Bexi waren das MrWissen2Go, ItsColeslaw und Ischtar Isik. Sie wollten von Merkel wissen, wie sie mit Trump zurecht kommt. Es ging um den Dieselskandal, um soziale Gerechtigkeit, um die miesen Gehälter in den Pflegeberufen und vieles mehr. Außerdem verriet Merkel, dass das :-) ihr Lieblingssmiley ist.
Man hat gemerkt, dass diese Sendung auch für Angela Merkel etwas Besonderes war, manchmal schien es, als dass sie sich ganz leicht über die Unbedarftheit ihrer Interviewer amüsiert hat. Dass sie aber überhaupt dort sitzt, ist clever: Denn auf YouTube erreicht sie unter Umständen ganz andere Leute als in den Fernseh-Talkrunden. Und vor allem: Über die YouTuber, die sich teilweise sonst mit ganz anderen Dingen befassen, hat sie die Chance, überhaupt mal politische Botschaften rüberzubringen. Das ist richtig und wichtig, wenn es darum geht, junge Leute für die Wahl zu interessieren.
Deshalb ist es auch überaus arrogant und kurzsichtig, wenn sich die „gelernten Journalisten" darüber aufregen, dass da YouTuber

sitzen und Fragen stellen dürfen. Mal ganz abgesehen davon, dass die Fragen der gestandenen Experten nicht soo viel anders gewesen wären. Anstatt sich zu freuen, dass es dort ein Format von jungen Leuten für junge Leute gibt, dass es auch auf Schmucktipp-Kanälen mal Politik gibt, wird gelästert.
Beim nächsten Merkel-Talk dürfen dann wieder die richtigen Journalisten ran. Vielleicht erreichen sie mehr Leute (wobei „#DeineWahl" noch am selben Abend eine Million Klicks hatte), aber die ganz jungen erreichen sie mit Zeitungen und TV-Talks kaum noch.

Wir lieben Fernsehen!
DO 17.08.2017 | 20.15 Uhr | ZDF

Wolfgang Stumph schien ein bisschen angesäuert zu sein, und das übrigens vollkommen zu recht. Das ZDF feierte am Donnerstagabend erstmals 50 Jahre Farbfernsehen. In vier Folgen „Wir lieben Fernsehen!" soll nun gefeiert werden. Allerdings, und einem der Gäste fiel es irgendwann auch auf: Wolfgang Stumph merkte mitten in der Sendung an, dass man ja auch in der DDR ein Fernsehen hatte und Serien und Shows schaute.
Beim ZDF schient man das irgendwie vergessen zu haben. Blöde Sache, das.
Die DDR ist nicht mehr. Aber es gab sie mal, und sie gehört zur deutschen Geschichte. In den Köpfen vieler Fernsehredakteure scheint das 28 Jahre nach dem Mauerfall immer noch nicht angekommen zu sein. In Folge 1 von „Wir lieben Fernsehen!" kam die DDR schlicht nicht vor – bis auf einen kleinen Ausschnitt aus einer Show namens „Showkolade", aber auch die nur, weil der Gast Wolfgang Stumph darin aufgetreten war.
Die Moderatoren Johannes B. Kerner und Steven Gätjen lachten Stumphs Anmerkung ein bisschen weg. Aber es war ein sehr peinlicher und wahrhaftiger Augenblick.

Im Serien-Rückblick musste Wolfgang Stumph die Stichworte liefern. Denn zum deutschen Farbfernsehen gehören nicht nur „Die Schwarzwaldklinik", „Der Bergdoktor" oder die „Lindenstraße". Sondern auch „Zahn um Zahn", der „Polizeiruf 110" oder „Bereitschaft Dr. Federau". Aber dazu hätte man ja noch ein bisschen mehr recherchieren müssen.
Aber vielleicht war der Arbeitstitel der ZDF-Show in Wirklichkeit: „Wir lieben Westfernsehen!"

Überzeugt uns! Der Politikercheck
MO 21.08.2017 | 23.00 Uhr | Das Erste

Woran erkennt man eine politische Jugendsendung zur Bundestagswahl in der ARD? Junge Politiker zu Gast? Interaktivität? Einbindung des Publikums? Alles falsch: Eine Jugendsendung in der ARD erkennt man daran, dass sie im Kesselhaus in Berlin stattfindet. Weil die Location so cool ist. Um 23 Uhr in der Nacht. Und natürlich am Titel: „Überzeugt uns!" – mit passendem Hashtag #ueberzeugtuns.
Dummerweise hat der Titel mit dieser Sendung so wenig zu tun wie die „RTL II News" mit Informationen.
Für die ach so junge, flotte Politshow am Montagabend im Ersten war angekündigt: Jungwähler stellen Fragen. Am Ende wird entschieden, welcher Gast von welcher Partei überzeugte.
Es lief so: Ein Moderator und eine Autorin stellten Fragen, lasen ab und zu Facebook-Fragen vor, und die Sache mit der Überzeugungsentscheidung muss irgendwie vergessen worden sein.
Selten klafften in einer ARD-Politsendung Anspruch und Wirklichkeit so auseinander. Jung sollte das Ganze sein. Aber wo waren die jungen Politiker? Warum mussten bei „Überzeugt uns!" wieder die üblichen Verdächtigen sitzen – allen voran der alte AfD-Gauland, der von der Jugend am weitesten entfernt war. Warum wirkte die Show wie eine verlängerte „Hart aber fair"-Sendung? Warum hatte das Publikum fast nichts zu sagen? Und wer sollte

eigentlich von irgendwas überzeugt werden? Wer war das „uns" in „Überzeugt uns!"?
Eine schlimme Fehlbesetzung war zudem Ronja von Rönne. Die Autorin hatte irgendwie eine falsche Vorstellung davon, wie es ist, eine Talkshow zu moderieren. AfD-Gauland machte sie mehrfach blöd von der Seite an, was weder cool noch investigativ wirkte, sondern einfach nur plump und pubertär. Immer wieder plärrte sie bei anderen dazwischen, und immer wieder merkte man, wenn ihr Antworten missfallen. Als Moderatorin allerdings erwarte ich mehr Seriosität, denn das Denken möchte ich als Zuschauer gern selbst übernehmen. Wenn die ARD wieder mal ein Argument liefern wollte, warum so viele die angeblich linksversifften Sender so hassen, dann hat Ronja von Rönne wieder ordentlich Öl ins Feuer gegossen – und das war schlicht unnötig und höchst unprofessionell.
An einigen Stellen war dem eigentlichen Moderator Ingo Zamperoni anzumerken, dass er versuchte, das Steuer zu übernehmen.
Diese angebliche Jugendsendung der ARD war von vorn bis hinten ein Missverständnis. Ein verstaubtes Konzept, viel zu viele Themen, Leute wurde über den Mund gefahren, eine ärgerliche Gesprächsführung.
Jens Spahn (CDU) war deutlich anzumerken, dass ihm diese Sendung missfällt, und später machte er bei Twitter seinem Ärger Luft. Eigentlich wäre es spannend gewesen, wenn irgendwer der Gäste die ganze Runde gesprengt und sich drüber ausgelassen hätte, welchen Müll die ARD da gerade fabriziert – und alle zustimmend gegangen wären. Aber so was traut sich ja niemand – auch niemand aus dem Publikum.
Jugendtalk: Liebe ARD, das #ueberzeugtuns nicht.

Promi Big Brother
FR 25.08.2017 | 20.15 Uhr | Sat.1

Jens Hilbert hat „Promi Big Brother" 2017 gewonnen.
Und damit du das nicht ganz schnell wieder vergisst, lies dir doch diesen Satz einfach noch mal durch.
Allerdings: Warum hat eigentlich schon wieder kein Promi gewonnen, und waren überhaupt Promis in „Promi Big Brother"?
Ich habe mal schnell gegoogelt: Jens Hilbert ist Friseur. Und Promi ist er angeblich, weil er mal in Realityshows mitgemacht hat.
Hilbert konnte sich damit gegen die unfassbar bekannte Prominente Milo Moiré durchsetzen, die bekannt geworden ist durch…
Moment, ich muss wieder googeln…
Sie ist Nacktperformancetänzerin, habe ich gerade gelesen. Nun gut. Nun erhebe ich nicht den Anspruch, alle Promis dieser Welt zu kennen, aber von einer gewissen … wie heißt sie noch? … habe ich nun wirklich noch nie gehört.
„Promi Big Brother" scheiterte in diesem Jahr an fehlenden Promis. Dominik Brutner ist Model, Evelyn Burdecki lief mal beim „Bachelor" durchs Bild. Steffen von der Beeck war mal mit Jenny Elvers verheiratet. Sarah Kern ist Modedesignerin (sie sieht sich als Top-Promi, die arme), Claudia Obert ist Modeunternehmerin und Maria Hering ist… ach, ist doch wurscht.
Immerhin, ein paar der Bewohner waren irgendwie mal bekannt. Sarah „Dingens" Knappik war schon im Dschungelcamp, Zachi Noy spielte vor Jahrhunderten mal in der „Eis am Stiel"-Sexklamotte. Eloy de Jong sang bei Caught in the Act, und Willi Herren spielte in der „Lindenstraße".
In den ersten Stunden mussten sich die, ähm, Promis erst selbst gegenseitig erzählen, was sie eigentlich zum Promi macht. Leider war das alles so langweilig und öde, dass der Spaß schnell auf der Strecke blieb.Willi Herren musste sich eines Abends Frauenkleider anziehen, und wenn das Sat.1-Humor ist, dann darf man dem Sender gern den Saft abdrehen – für immer. Die ewigen Challenges trugen leider auch nur zur Langeweile bei.

In den vergangenen Jahren war es immerhin noch lustig, die Late-Night-Show bei sixx zu sehen – dort wurde immer herrlich über das Spektakel gelästert. Dem kleinen Sender, der im Quotental dümpelt, brachte das Zuschauer. Wollte man offenbar nicht mehr, sixx war raus. Stattdessen lief eine kleinere Nachverwertungsshow nur im Internet, und das auch noch auf umständlichem Weg. Mir ist es jedenfalls nicht gelungen, diese Sendung live verfolgen zu können.

Sat.1 könnte aus „Promi Big Brother" ein echtes Sommer-Event machen, ähnlich wie das RTL-Dschungelcamp im Winter. Aber Sat.1 kriegt das nicht hin. Schlechtes Casting, lahme Location, öde Spielchen. Und, ähm, wie hieß noch mal der Sieger, und was macht der noch gleich…?

Wahl 2017: Die 10 wichtigsten Fragen der Deutschen. Klartext mit Claus Strunz
MI 30.08.2017 | 22.30 Uhr | Sat.1

Das wurde aber auch Zeit, dass endlich mal jemand Klartext spricht. Claus Strunz hat sich das auf Sat.1 getraut: „Wahl 2017: Die 10 wichtigsten Fragen der Deutschen. Klartext mit Claus Strunz". Also endlich mal einer, der die Politiker so richtig grillt. Der die Fragen stellt, die uns allen sehr auf den Nägeln brennen.

Zum Beispiel die, ob Katrin Göring-Eckhardt (Grüne) den Christian Lindner (FDP) hübsch findet. Oder ob Katja Kipping (Linke) den Lindner auch geil oder scharf findet. Ja, das wollten wir schon immer mal wissen. Auch, ob der schöne Christian Lindner auf Tinder totalen Erfolg habe, weil er doch eben so schön sei.

Bei Alice Weidel (AfD) wurde eine Umfrage zugespielt, wo es darum ging, dass die Leute einschätzen sollten, ob Weidel Humor habe. Ist ja auch soo wichtig für den Wahlkampf.

Immer und immer wieder zog sich Claus Strunz an diesen Nichtigkeiten hoch. Vielleicht, weil er selbst ein bisschen scharf auf

Christian Lindner war? Oder auch schlicht, weil er eine Wahlsendung auf Sat.1 moderierte, und da nichts ohne Boulevardthemen geht.
Und wenn er nicht lüstern-naive Fragen stellte, dann doch andere merkwürdige: Ob Katja Kipping alle Menschen einladen würde, die in Deutschland ihr Glück versuchen wollen, vom Flüchtling bis zum Terroristen. Worauf die Linke erst mal fragen musste, ob es klug sei, Flüchtlinge und Terroristen in einen Topf zu werfen. Immerhin spiele das dem IS in die Karten, weil die ganz das zum Ziel haben, dass man sie in einen Topf wirft.
Warum übrigens nur die kleinen Parteien an dieser Sendung teilnehmen durften, verriet Claus Strunz auch nicht. Als ob die Linken, Grünen, FDP und AfD den Kanzler stellen würden. Warum durfte nur die Opposition sprechen? Und welchen Sinn macht es, dass sie ab und zu doch mal politisch debattieren und dann die Leute abstimmen zu lassen, wen sie daraufhin wählen würden. Es fehlen doch da Parteien.
Aber vielleicht ist Claus Strunz dann am Sonntag beim großen TV-Duell ja dann auch für Fragen wie diese zuständig: Frau Merkel, sind Sie scharf auf Herrn Schulz? Herr Schulz, sind Sie eigentlich lustig? Frau Merkel, kennen Sie Tinder?
Ich bin gespannt.

#DeineWahl - YouTuber fragen... Martin Schulz

DI 05.09.2017 | 12.00 Uhr | YouTube

Toll! Was wir jetzt auch noch über Martin Schulz wissen: Einmal in der Woche bringt er seinen Müll raus. Wenn er denn zu Hause ist.
Er hat viele sehr enge Freunde in der Community.
Er hat mal Waschpulver ins Freibad gekippt.
Und das war nur das Zweitschlimmste, was er je getan hat.
Das Allerallerschlimmste ist so schlimm, dass er das öffentlich nicht erzählen möchte.

Er hatte einen engen Freund, der fühlte sich weder als Deutscher noch als Türke, und das sei ein Problem gewesen.
Er hatte einen engen Freund, dem durch die neue Digitaltechnik geholfen werden konnte.
Er hat eine Frau, die streng darauf achtet, dass er den Umweltschulz, äh, -schutz wahrt.
Eventuell wird er einen YouTube-Kanal eröffnen. Also, vielleicht. Mensch Schulz!
All das haben wir am Dienstagmittag auf YouTube erfahren. Um 12 Uhr sitzt der Otto-Normal-YouTube-Zuschauer zwar in der Schule, aber Martin Schulz hatte grad Zeit – schließlich ist er kein Bundestagsabgeordneter und musste nicht zur Abschlusssitzung.
Nach der Fragerunde mit Angela Merkel stellte sich auch Herausforderer Schulz den Fragen der jungen Zielgruppe – und machte das erstaunlich gut. Wie überhaupt die ganze mehr als einstündige Sendung unter dem Motto „#DeineWahl" erstaunlich interessant war.
Die gestandenen Journalisten können wieder tuttern wie sie wollen – die jugendlichen Fragesteller machten ihre Sache im Rahmen ihrer Möglichkeiten gut. Es ging um die digitale Zukunft, um Bildung, Ausländerfeindlichkeit, um Persönliches – was eben die Jugend interessieren könnte.
Nur einmal wollte auch Martin Schulz mal was wissen: Als er von der YouTuberin „ItsColeslaw" wissen wollte, was denn ihr Name zu bedeuten hatte, war das Mädel erstaunlich uncool. Anstatt es in einem Satz zu erklären, erklärte sie in zwei Sätzen, dass man das ja später klären könne. Aber irgendeinen Grund wird sie schon haben, dass sie sich nach einem Salat benennt.

Wie geht's, Deutschland?
DI 05.09.2017 | 20.15 Uhr | ZDF

Wie geht's, Deutschland? Zwar hieß so am Dienstagabend ein weiterer Polittalk zur Bundestagswahl im ZDF. Aber in Wirklichkeit war die interessante Frage, über die die meisten sprachen: Wie geht's, Alice?
Mittendrin hatte die AfD-Frau Alice Weidel nämlich keinen Bock mehr auf die Sendung. Sie verließ die Arena unter dem johlenden Applaus des Publikums. Sie ging, als CSU-Mann Andreas Scheuer sie auf rechtsextremistische Mitglieder in der AfD ansprach. Schon zuvor gab es immer wieder Streit zwischen Weidel und anderen Gästen der Sendung.
Weidel ging, und sie wusste ganz genau, was sie da tat. Im Moment, als sie ging, war sie mit Vorwürfen konfrontiert, die alles andere als neu waren. Der Abgang war albern, und es schien, als ob dieser Eklat einkalkuliert war.
Immerhin hatte Alice Weidel danach sehr schnell Gelegenheit, auf Twitter wieder mal die Abschaffung des Rundfunkbeitrages zu fordern und der Moderatorin Marietta Slomka vorzuwerfen, sie sei parteiisch. Sie solle ihre persönlichen Animositäten nicht in den eigenen Sendungen ausleben, so Weidel weiter.
Weidels Abgang bestärkt die AfD-Fans in ihrem Hass und vor allem in ihrer Ansicht, die Medien seien gesteuert.
Allerdings gibt ihnen Marietta Slomka auch ordentlich Futter. Mal abgesehen davon, dass sie in der Tat eine erstaunlich schlechte Interviewerin ist – sie führte fahrig und unsicher durch die Sendung. Und tatsächlich – Slomka hat sich nicht im Griff, wenn es darum geht, ihre eigenen Meinungen hinterm Berg zu halten.
Macht der SPD-Vertreter einen Scherz in die AfD-Richtung lächelt Slomka und zeigt indirekte Zustimmung. Sie zieht Grimassen – und damit wirkt sie unsouverän und tatsächlich nicht unparteiisch.
Wenn Alice Weidel ihren Abgang mit einer Hasstirade gegen die Medien verbindet, dann ist das Unsinn. Aber leider gab ihr Marietta Slomka Gründe dafür.

Das Pubertier - Die Serie
DO 07.09.2017 | 20.15 Uhr | ZDF

Vati ist aufgeregt, weil seine Kinder in die Pubertät kommen. Das macht ihn total fertig, und er weiß gar nicht, wie er damit zurecht kommen soll. Mutti ist genervt, weil Vati immer so fertig ist. Und die Kinder sind natürlich auch voll genervt, weil Vati so nervt und die Pubertät ja auch irgendwie nervt. Nervt halt alles und jeder.
Genau. Alles nervt. Auch die neue, völlig verunglückte ZDF-Serie „Das Pubertier", die am Donnerstagabend ihre Premiere feierte. Dabei hat man sich beim ZDF echt mal was getraut: Ausnahmsweise gab es mal keine Krimiserie, aber vermutlich war es auch ein harter Kampf mit den Krimifan-Gremien im Sender, mal was ganz anderes machen zu dürfen.
Allerdings hat man beim ZDF inzwischen auch verlernt, gute Serien abseits der Krimis zu drehen.
So toll die Kolumnen von Jan Weiler sind, auf die die Serie basiert, so schrecklich ist die Umsetzung geworden.
In „Das Pubertier" scheint es keine normal handelnde und redende Person zu geben. Alle Dialoge sind völlig überdreht und aufgesetzt. Alle sind sie immer total aufgeregt, total genervt, total erschrocken – egal was, immer sind sie total. Lässt man diese permanente Aufgeregtheit mal weg, bleibt nur leider nichts übrig. Die Handlung tendiert gegen null – dass Papi von der Pubertät genervt ist, ist ja noch keine Geschichte. Viel mehr scheint aber nicht zu passieren.
Was soll „Das Pubertier" sein? Sitcom? Dafür ist sie mit 45 Minuten zu lang und zu unlustig. Drama? Keinesfalls! Als Zuschauer sträubt man sich sehr schnell, und einen neuen Einschaltgrund sucht man vergebens.
In kurzen Kolumnen erzählt Jan Weiler immer kurze Geschichten – die machen Spaß. Diese Serie leider gar nicht.
Mit Programmplanung kennt man sich beim ZDF auch nicht so aus. Teil 2 von „Das Pubertier" kommt nach dem Start am Donnerstag nämlich erst in zwei Wochen. Darauf muss man auch erst mal kommen.

Infomercial: Das ultimative Amigos-Fanpaket
FR 08.09.2017 | 21.45 Uhr | Shop24Direct

Ich weiß nicht genau, was eigentlich die Fans der Amigos an der Musik mögen. Ehrlich gesagt, weiß ich nicht mal, ob das wirklich Musik ist, was die Amigos seit Fantastillarden Jahren machen. Ich frage mich allerdings, ob die Amigos ihre Fans wirklich ernst nehmen oder ob sie sie stattdessen fies abzocken.

Im Shop24Direct am Freitagabend wurden die Anhänger der, ähm, Band mit dem „ultimativen Amigos-Fanpaket" überrascht. Das hat es wirklich in sich, und am besten solltest du, wenn du nicht eh sitzt, dich nun hinsetzen. Und festhalten.

Im ultimativen Paket liegt eine Doppel-CD mit den ersten Hits. Wann immer die Hits gewesen sein sollen. Kracher wie „Liebesinsel am Meer" und „Wenn die Sehnsucht brennt" (ist es vielleicht ein Völlegefühl im Magen) befinden sich auf den heißen Scheiben.

Dazu gibt es eine weitere CD „Wie ein Feuerwerk" mit tanzbaren Melodien – mit einem flauschigen Amigos-Kuschelbär-Anhänger! Gratis!

Aber das ist längst noch nicht alles: Es gibt auch noch die „30 schönsten Sommerschlager" mit Titeln wie „Das weiße Schiff verlässt den Hafen" (hoffentlich mit den Amigos), „Nur das Meer sah zu" (als das Schiff leider auf den falschen Kurs geriet), „Wenn der Himmel in Flammen steht" (und das Schiff leider, nun ja…) und „Die Legende der blauen Lagune" (wo die Amigos angeblich stranden).

Du denkst, das war schon alles? Nein! Es gibt noch wahnsinnige Extras in diesem ultimativen Amigos-Fanpaket! Nämlich den Aufkleber (also, den SCHICKEN Aufkleber) „Im Herzen Jung", den Fanschal (den KUSCHELIGEN Fanschal) „Das Beste" und den Anhänger (also, den SUPERSÜSSEN Anhänger) „Teddybär Amigos" zum Sonderpreis (war der vorhin nicht noch gratis?)!

Was könnte dieser heiße Scheiß kosten? Für insgesamt fünf CDs und ein bisschen Gerümpel, was ist das wert? Ein Fuffi?

Nein, nein, so billig kommen die Fans nicht weg: 109,95 Euro!
Na, Schnappatmung?
Falls du noch nicht tot vom Stuhl gefallen bist, kann ich dich beruhigen. Denn im Shop24Direct gibt es das ultimative Amigos-Fanpaket billiger. Ausnahmsweise. Nun kostet es nur noch unfassbare 59,95 Euro! Plus Versandkosten in Höhe von wirklich (nicht) lumpigen 6,99 Euro.
Na, jetzt besser?
Nein?
Also, jetzt aber mal ehrlich: Was könnte an fünf CDs, einem Aufkleber, Schal und Anhänger fast 110 Euro kosten? Ist der Schal aus besonders wertvollem Stoff? Ein Edelschal? Und wenn das so ist, wieso werden die Amigos dann vom Shop24Direct dermaßen verramscht? Und wer nimmt das eigentlich wen auf den Arm?
Fragen über Fragen.
Und, haste schon bestellt?

Die versteckte Kamera 2017
SA 23.09.2017 | 20.15 Uhr | ZDF

Das muss man dem ZDF lassen: Das Team der „Versteckten Kamera" hat es in diesem Jahr geschafft, das Verhältnis von schlechten und guten Filmen noch deutlicher herauszuarbeiten. Man machte es sich sehr einfach: Man produzierte neun Filme, in denen Promis die Lockvögel waren. Acht davon waren mau oder völliger Schrott. Aber immerhin hat der eine gute Film am Ende auch beim Duisburger Publikum gewonnen.

In einem der Filme spielte ein umfangreicher Comedian einen Bademeister, der die Leute mit eiskaltem Wasser bespritzte. Das war wirklich sehr, sehr unlustig.

In einem anderen Film sollte Guido Maria Kretschmer reingelegt werden. Er setzte sich vor seine Greenbox, um für „Shopping Queen" wieder Filme zu kommentieren. Zu sehen war eine wunderliche Frau, die wunderliche Dinge tat und noch wunderlichere Dinge anzog. Kretzschmer giggelte die ganze Zeit rum, es wirkte, als juckt ihn das alles gar nicht, weil es eh wurscht ist. Und als klar war, dass er verarscht worden ist, giggelte er noch immer, und es war alles immer noch so furchtbar wurscht – und vor allem lahm. Aber Hauptsache, VOX bekam kostenlose Werbung für seine Sendung.

Die Ehrlich-Brothers legten Supermarktkunden rein, und man wünschte sich beim ZDF vielleicht doch mal erlösende Werbepausen. Einer der Männer zeigte kaum eine Regung, als er erfahren hat, dass er reingelegt wurde.

Eine Frau sollte von der Kelly Family reingelegt werden – ignorierte aber schlicht einige der Scherze. Aber scheinbar muss man auch die Gags senden, die in die Hose gegangen waren.

Oder sollte eventuell der Zuschauer reingelegt werden? Vielleicht sollte er denken, er sähe eine unterhaltsame Show. Witzig war nur der Film, wie ein nerviger Fan einen Tag mit Ross Antony verbringen sollte – Rossi war sichtlich genervt, und das sorgte für die einzigen echten Lacher des Abends. Für 150 Minuten Sendedauer ist das ganz eindeutig zu wenig.

Wahl 17: Berliner Runde
SO 24.09.2017 | 20.15 Uhr | Das Erste

Martin Schulz war sauer, aber so richtig. Erst lassen ihn die Moderatoren von ARD und ZDF mal wieder nicht ausreden. Das sei ja gar nicht in Ordnung, das störe ihn total. Dann teilt er auch noch gegen Angela Merkel aus, die einen skandalösen Wahlkampf geführt habe. Sie sei schuld an der Stärke der AfD.

Da flogen die Giftpfeile, und man fragte sich als Zuschauer: Wo war denn dieser wütende Martin Schulz vor der Wahl? Im TV-Duell? Erst am Sonntagabend, in der „Berliner Runde" im Ersten und im ZDF, als die Wahl gelaufen war und die SPD ganz böse krachen gegangen ist, da polterte Schulz los – da war zu ahnen, was alle Welt von diesem Schulz-Zug gefaselt hat. Er hatte wohl eine Verspätung – kam viel zu spät, zu einem Zeitpunkt, wo es eher peinlich wurde. Da musste sogar die Kanzlerin ein bisschen lächeln.

13 Prozent für die AfD – für Deutschland war es ein besonderer Wahlsonntag. Welche Folgen er hat, wird sich in den nächsten Monaten und Jahren zeigen.

Aber wer hat Schuld, dass die Rechten nun ins Parlament einziehen? CSU-Mann Joachim Herrmann weiß genau Bescheid: ARD und ZDF sind es, weil sie viel zu viel über die AfD berichtet haben. Aha.

Mag sein, dass die deutschen Journalisten auch noch nicht den richtigen Umgang mit den Blauen drauf haben, dass jeder Pups von Gauland und Co. skandalisiert worden ist – aber Schuld am Einzug in den Bundestag sind die Sender nicht, jedenfalls keineswegs alleine. Da hat Herrmann eine Nebelkerze geworfen.

Spiegel TV Magazin
Bundestagswahl 2017
SO 24.09.2017 | 22.45 Uhr | RTL

Einmal im Jahr fällt Maria Gresz einer größeren Zuschauerschaft auf: Wenn sie im Windschatten des RTL-Dschungelcamps mit zimtzickigem Gesicht und spürbarem Ekel einen Beitrag ansagen muss, der sich um diese Sendung dreht und schlimm boulevardig ist. Nicht das Niveau von „Spiegel TV" erreicht.
Am Sonntag war Maria Gresz aber voll in ihrem Element. Immerhin ist das „Spiegel TV Magazin" ja eine seriöse Marke, findet man jedenfalls in der Redaktion des „Spiegel TV Magazins". Einmal in der Woche will man bei RTL gutes Fernsehen bieten – und scheitert immer mal wieder daran.
Wichtig fühlte sich Maria Gresz dennoch, als sie am Sonntagabend mit dem Brandenburger Tor in Berlin im Hintergrund die Götterdämmerung hervorrief. Ein ZUTIEFST WÜTENDES VOLK erblühe in einem MORAST AUS FRUST UND VORURTEILEN, giftete sie. Man zeige nun einen Bericht aus Berlin in den letzten Stunden der alten Regierung. Man solle es genießen, denn ab morgen sei vieles anders. Hätte bloß noch der Blitz gefehlt, der wahlweise ins Brandenburger Tor oder in die Moderatorin einschlägt.
Zu sehen war ein journalistisch extrem hochwertiges Stück, in dem die „Spiegel TV"-Reporter in einen Sexclub latschten, um eine Domina sagen zu lassen, dass sie die AfD doof findet. Oder in einem Goaclub, in dem die Leute… na ja, irgendwas Dummes erzählten.
Später sah man „Spiegel TV"-Reporter, wie sie diversen Politikern auflauerten und dusslige Fragen stellten. Was machen Sie heute noch so, Herr Lindner? Frau Petry, wen werden Sie wählen? Und wenn sie keinen Bock hat, sich im Wahllokal von „Spiegel TV" belästigen zu lassen, dann heißt es, ganz Deutschland warte auf Antworten.
Ja, liebe „Spiegel TV"-Leute, ganz Deutschland wartet. Allerdings nicht auf solche dämlichen Reportagen.

Es ist immer wieder erstaunlich. Während der „Spiegel" immer noch als einigermaßen seriös gilt, ist „Spiegel TV" eher minderwertiges Boulevardfernsehen. Politikern oder Swingern dumme Fragen zu stellen, hat mit gutem Journalismus wenig zu tun. Dagegen sind die von Maria Gresz zimtzickig anmoderierten Dschungelcamp-Beiträge fast schon Hochkultur.

phoenix vor Ort: Aktuelles nach der Bundestagswahl
DI 26.09.2017 | 9.00 Uhr | phoenix

AfD! Bei den drei Buchstaben wird man in vielen Redaktionen schon ganz nervös. Hat wieder ein AfDler irgendwas Schlimmes gesagt? Ist das eine Schlagzeile wert? Bringt das Klicks und Quote? Oder ist Ignorieren nicht manchmal auch besser? Oder einfach mal nüchtern zu berichten?
Das ist momentan ein großes Thema, weil in diesen Tagen ARD und ZDF immer wieder vorgeworfen wird, zum Erfolg der AfD mit beigetragen zu haben (und von der „Bild" spricht niemand?). Als Pauschalvorwurf ist das natürlich Quatsch. Immer ganz von der Hand zu weisen ist das aber auch nicht – wie ein denkwürdiges Interview am Dienstag zeigte. Eine WDR-Reporterin sprach mit Marcus Pretzell, der ihr erzählte, dass er die AfD-Fraktion im nordrhein-westfälischen Landtag verlassen werde und die Partei gleich mit. Eine richtige Begründung nannte er nicht, was die nicht sichtbare Reporterin hörbar störte.
Die Reporterin hakte nach. Ob er nicht dazu gehören wolle zu den grölenden Höckes und den Gaulands, die Frau Merkel jagen wollen, um das deutsche Volk wieder heimzuholen.
Dazu Marcus Pretzell: „Ach, wissen Sie. Das sind so Fragen, die Sie stellen, die mich überlegen lassen. Ob es nicht vielleicht Sie sind, die genau zu einer solchen Radikalisierung der Gesellschaft beitragen – ganz maßgeblich, und der WDR ist da leider sehr weit vorne, weil auch Ihnen leider die Fähigkeit zur Differenzierung völlig abgeht."

Die WDR-Frau tat das ab, ein bisschen Medienschelte müsse immer sein. Worauf Pretzell ihr nochmals vorwarf, dass sie nicht differenziert sei.

Nun kann man sich sicher wieder empören. Über die AfD. Über Pretzell.

Nur leider: Pretzell hat im Kern nicht Unrecht. Denn die WDR-Journalistin war gerade in diesem Interview – ausgestrahlt am Dienstagnachmittag auf phoenix – alles andere als differenziert und unvoreingenommen. Wenn sie von den „grölenden Höckes und den Gaulands" spricht, macht sie ihre persönliche Meinung deutlich. Sicherlich, sie kann Pretzell mit Aussagen von Gauland konfrontieren, aber nicht auf die Art, mit der sie gleich vorweg schickt, dass sie selbst, sie ganz persönlich, das unerhört findet. Das ist unprofessionell. Die WDR-Frau kann privat denken und sagen, was sie will. Im Job muss sie sich überlegen, wie sie ihre Fragen verpackt – im Idealfall ohne Wertung. Dass sie das als doofe Medienschelte abtut, ist ebenso undifferenziert, denn in diesem Fall ging es konkret um sie selbst. Die WDR-Frau hat nicht gut gearbeitet, und hier wurde sofort der Finger in die klaffende Wunde gelegt.

Übrigens war dieser Schlagabtausch auch deshalb spannend, weil Marcus Pretzell schon gar nicht mehr als AfD-Mann zu sprechen schien. Denn er machte deutlich, wie die Medienmasche – und es ist definitiv eine Medienmasche – funktioniert. Jemand sagt etwas, und dann wird es aufgebauscht, ohne mal ganz genau zu betrachten, was da eigentlich abging. Es gibt bei der AfD sehr sicher sehr viele Gründe empört zu sein. Das Problem: Die Medien nutzen diese Empörung zu oft für sich selbst aus. Denn Empörung bringt Klicks. Und gerade die „Bild" ist auf diesem Empörungstrip und merkt vielleicht nicht mal, dass sie die besten Pusher für die AfD sind. Dem WDR warf Pretzell dies ebenfalls vor. Die Journalistin, die da gerade vor ihm stand, hat ihm da leider wieder sehr viel Futter hingeworfen.

Tatort: Hardcore
SO 08.10.2017 | 20.15 Uhr | Das Erste

Die Heuchler von der „Bild" fanden den „Tatort" vom Sonntag wieder mal sehr empörend. Weil er im Pornofilm-Business spielte, und weil die Kommissare ständig von Gangbang und Bukkake sprachen und Leute beim wichsen zu sehen waren, ohne dass man den Vorgang an sich explizit sah. Alles ganz schlimm.
Dabei berichtet doch die „Bild" auch ständig über Sex. Neulich erst, über Sexpärchen, die es an kuriosen Orten trieben. Oder wenn es mal Brüste zu zeigen gibt, dann ist man bei der „Bild" ja auch alles andere als verschämt.
Also bitte mal ganz still sein.
Im „Tatort: Hardcore" am Sonntagabend im Ersten ging es um eine ermordete Hobby-Pornodarstellerin. Die Münchner Kommissare Batic und Leitmayr nahmen ihre Ermittlungen auf und bekamen einen Einblick in die Pornofilm-Branche.
Das kam nicht überall gut an. Denn in diesem Film schmissen die Leute nicht nur um sich mit pornösen Begriffen um sich. Ohne zu viel zu zeigen, gab es doch eindeutige sexuelle Momente. Es ging um Sexpraktiken, um die Art, wie Pornos gedreht werden.
Das ist speziell. Aber das ist auch das Leben. Und vor allem sollten wir uns nichts vormachen: Deutschland liegt in Sachen Pornokonsum recht weit vorn, und wenn es heißt, man müsse doch die Kinder schützen: Die lachen doch über uns.
Regisseur Philipp Koch sagte, für die Authentizität brauchte es den Mut, kein Blatt vor den Mund zu nehmen. Einige finden die Praktiken eklig, andere nicht oder weniger, aber es werde nicht offen darüber gesprochen, oder nicht wertfrei. Das solle der Ansatz für den „Tatort" sein. Da, wo nicht über Sex, Lust und die schwierige Grenze zur Perversion gesprochen werde, entstehe Missbrauch.
Damit hat er ziemlich recht.
„Hardcore" war nun wirklich nicht der beste „Tatort" aller Zeiten. Er war manchmal wunderlich, irgendwie eklig. Aber er zeigte auch eine den meisten sonst verschlossene Welt. Und die Frage ist:

Warum muss die verschlossen sein? Man muss das ja nicht mögen, aber mal drüber sprechen sollte möglich sein. Und nicht so heuchlerisch rumlabern wie die „Bild"-Leute.

Der Preis ist heiß
MO 09.10.2017 | 17.45 Uhr | RTLplus

20 Jahre ist es her, dass RTL die Gameshow „Der Preis ist heiß" abgesetzt hat. 1997 war sie nicht mehr zeitgemäß genug – oder die Zuschauer zu alt für das junge, crazy RTL.
Seit einem Jahr holt RTLplus nach und nach alte Gameshows zurück auf den Bildschirm. Das ist nicht in allen Fällen gelungen. Insbesondere das neue „Glücksrad" wirkt billig. Es kommt aus dem selben kleinen Studio, in dem auch „Familien-Duell", „Ruck Zuck" und „Jeopardy!" aufgezeichnet werden.
Jetzt also auch noch „Der Preis ist heiß". Ein Comeback, auf das vermutlich nur Hardcorefans gewartet haben. Immerhin war die Werbesendung ziemlich trashig.
Aber die Überraschung: Mit „Der Preis ist heiß" ist RTLplus mit Abstand das beste Comeback gelungen.
Am Montagnachmittag lief die erste Folge, und man hat vieles – vielleicht sogar alles – richtig gemacht. Man ist in ein größeres Studio gegangen und hat mehr Aufwand betrieben. Harry Wijnvoord und Walter Freiwald sind durch Wolfram Kons und Thorsten Schorn ersetzt worden – und die machen ihre Sache gut. Kons ist charmant, ohne schleimig zu sein, Schorn bringt als der Produkteansager auch Witz rein.
Die Titelmusik ist nur sanft modernisiert worden, die Spiele sind die wie damals – aber sie sind zeitlos, weshalb sie ohne Weiteres funktionieren, ohne retro zu sein. Die Produkte, die es zu gewinnen gibt, sind oft poplig, und manchmal fragt man sich, ob man den Plunder wirklich braucht.
Aber dennoch: Die Show macht Spaß, sie hat Tempo, und sie ist sogar spannend. Denn man kann permanent mitraten. Das Credo bleibt, dass man bei den Preisen „bitte nicht überbieten" soll. Was

kostet bloß die Gesichtssauna (und wer benutzt das?). Aber auch Reisen oder Autos stehen als Preise bereit. Es gibt 2017 auch nicht nur reizende Assistentinnen, sondern auch männliche Produktstreichler.

Die Kandidaten sind erstaunlich jung, viele Männer sind dabei. In Folge 1 gab es gleich zwei Männer, denen gleich die Tränen kamen, weil sie gewonnen haben und total gerührt waren.

Sympathisch ist auch die Unperfektheit. Da verläuft sich eine Kandidatin auf dem Weg zum Ratepult. Da schwenkt die Kamera zum falschen ausgewählten Kandidaten im Publikum. Da steht ein falscher Kandidat auf und rennt runter. Da stolpert eine Kandidatin. Wird alles nicht rausgeschnitten – und es gibt ja keinen Grund dafür.

Kurzum: „Der Preis ist heiß" ist keine Hochkultur. Aber die Show bringt eine dann doch vermisste Programmfarbe ins Fernsehen zurück: die kurzweilige Spielshow ohne Wissensfragen, den erfreulich guten Trash zum Feierabend.

Daraus sollte man bei RTLplus lernen: nämlich dass man das „Glücksrad" auch größer aufziehen sollte.

Goldene Henne 2017
FR 13.10.2017 | 20.15 Uhr | mdr-Fernsehen

Kinder sind ja so unberechenbar. Sie machen einfach nicht das, was sie machen sollen. Oder sie machen das, was sie machen sollen, zu spät. Am Freitagabend war der mdr-Kinderchor zu Gast bei der „Goldenen Henne 2017" in Leipzig. Sie sangen gemeinsam mit Karel Gott ein herziges Lied.
Aber in der Regie muss man wahnsinnig geworden sein. Aber vielleicht ist es auch nicht die allerbeste Idee, noch relativ junge Kinder zum Playback die Lippen bewegen zu lassen.
So kam es, dass die Kinder die Lippen bewegten, als sie gar keinen Text hatten – und das in Großaufnahme. Schnitt auf Karel Gott, der ja immer was zu playbacken hatte. Wieder Schnitt auf die Kinder. Diesmal blieben die Lippen aufeinander, obwohl sie einen Einsatz hatten.
Da war der Moment, wo die Regie entschied, die Kinder gar nicht mehr in Großaufnahme zu zeigen. Stattdessen zeigte man vermehrt das Publikum, in dem viele verzückte Damen saßen.

Schöne Töne
DO 19.10.2017 | 23.05 Uhr | radioeins

Ich weiß nicht, ob es daran liegt, dass ich älter werde. Aber ich bin zunehmend gelangweilt von der aktuellen Chartmusik. Ich höre zwar seit 1999 radioeins vom rbb, aber die abendlichen Musikspecials fanden ohne mich statt, selbst wenn ich abends mit dem Auto unterwegs war. Dann schaltete ich eher Sender wie 104.6 RTL ein, wo es aktuelle Hits gibt.

Das ändert sich langsam. Mehr und mehr entdecke ich radioeins auch am späten Abend. Sich auch mal auf Experimente einlassen – das ist inzwischen spannender als sich einlullen zu lassen.

Seit der jüngsten kleinen Programmreform, hat radioeins donnerstagabends eine echte Perle zu bieten. „Schöne Töne" heißt die Sendung mit dem Komponisten und Musiker Sven Helbig. Er spielt Musik, die man selbst auf diesem Sender so nicht erwartet. Da gibt es 15 Minuten Ambient mit wunderbaren Klangteppichen, die bewirken, dass man auf der Autobahn herrlich dahingleitet – erstaunlicherweise ohne müde zu werden. Andere Songs möchte man mit Kopfhören genießen, weil sie mit Effekten spielen, die Gänsehaut verursachen. An diesem Donnerstag gab es sogar eine Klassikstrecke, und plötzlich merkt man: Man hört viel zu wenig Klassik – und man hört mal genauer hin.

Man kann den Leuten von radioeins gar nicht genug danken für solche wunderbaren Sendungen in den Zeiten, in den Einschaltquoten keine Rolle mehr spielen.

Schlagerbooom 2017 - Das internationale Schlagerfest

SA 21.10.2017 | 20.15 Uhr | Das Erste

Falls du es noch nicht mitbekommen hast: Florian Silbereisen moderiert nicht nur Musikshows. Er ist selbst auch Musiker. Er hat eine Band, und die heißt Klubbb3.

Da passte es doch ganz gut, dass Silbereisen am Sonnabend im Ersten den „Schlagerbooom 2017" moderierte. Dort traten Roland Kaiser und Maite Kelly auf. Und David Hasselhoff. Und Bernhard Brink. Und auch Klubbb3.

Und damit der Flori nicht immer alleine moderieren musste, holte er sich immer mal wieder seine Kollegen Jan und Christoff dazu – die Jungs von Klubbb3. Und als „Brotherhood of Man" ihren ESC-Hit „Kisses for me" schmetterte, da machte auch Klubbb3 mit. Überhaupt machte Klubbb3 ständig irgendwo mit, und natürlich durfte Florian Silbereisen auch erwähnen, wie toll doch seine Band Klubbb3 ist. Auf Tour geht Klubbb3 natürlich auch, da zeigte der Flori gleich noch einen Tourtrailer.

Auf extrem penetrante Weise war der „Schlagerbooom 2017" eine Promoshow für Silbereisens Band. Überall Klubbb3, und fast möchte man fragen, ob die Plattenfirma Geld gezahlt hat oder ob Silbereisen und die Macher der Musikshow jegliches Gefühl dafür verloren haben, wann mal Schluss ist mit Promokram. Welchen vernünftigen Grund hat es, dass der Moderator einer Show einen Tourtrailer seiner eigenen Band in der Sendung zeigen darf, die er zufällig moderiert? Alle anderen Gäste durften ein bis drei Hits singen, und von Tourdaten war da selten die Rede, von Trailern schon gar nicht.

Und sonst so? Es gibt ein Wolfgang-Petry-Musical namens „Wahnsinn". Die Promo im „Schlagerbooom" ging aber eher nach hinten los, weil die Wolfgang-Petry-Songs in den Coverversionen einfach nicht gut klingen wollten.

Sämtliche Künstler sangen zum Playback, was gerade im Fall der Band „Brotherhood of Man" albern aussah, da das Playback aus den 70ern stammte, die Band aber deutlich gealtert ist. Auch „De

Höhner" scheinen es nicht gewöhnt zu sein, nur die Lippen zu bewegen – haute irgendwie nicht immer hin.
David Hasselhoff hat wahrscheinlich so einen Auftritt wie den in der Dortmunder Westfalenhalle seit vielen Jahren nicht mehr erlebt. Hoffentlich ist er nüchtern wieder raus gekommen.
Thomas Anders war auch da, um erst was eigenes zu singen (was eh kaum jemand kennt), um dann schnell noch ein Modern-Talking-Medley hinter zu schieben. Irgendwie lustig: Anders und Bohlen können nicht miteinander. Anders singt dennoch Bohlens Hits. Und bei Dieter in Tötensen klingelt die Kasse.
Ach, und erwähnte ich schon, dass Klubbb3 bald auf Tour geht?

Der letzte Flug - Abschied von Air Berlin
FR 27.10.2017 | 22.15 Uhr | rbb

Vermutlich hat noch keine Firmenpleite solche Emotionen hervorgerufen. Aber vermutlich gab es bei keiner Firmenpleite so einen Showdown wie am Freitagabend auf dem Flughafen Berlin-Tegel. Um 22.45 Uhr sollte dort die letzte reguläre Air-Berlin-Maschine landen. Das ist der Moment, wo Air Berlin Geschichte ist. Der Moment, wo alles vorbei ist und vermutlich viele Mitarbeiter auf der Straße stehen.

Sicherlich ist es auch die erste Firmenpleite, die live im Fernsehen übertragen wird. „Der letzte Flug – Abschied von Air Berlin" hieß die Sondersendung im rbb am Freitagabend. Allerdings hatten die Fernsehmacher ein Problem. Als die Air-Berlin-Maschine aus München in Tegel landen sollte, war sie gerade mal in der Luft. Eine Stunde Verspätung. Und eine Stunde muss ja erst spontan gefüllt werden. Also gab es lange Gespräche auf der Besucherterrasse, Live-Reportagen aus dem nun ziemlich leeren Terminal C in Tegel und Rückblicke.

Dann der große Moment. Man sah schon vom weitem die Lichter des Flugzeuges. Auf dem Rollfeld standen schon viele Leute, Mitarbeiter, die Abschied nehmen wollten. Die Landung. Und noch eine Ehrenrunde über das Flughafen-Gelände. Als das Flugzeug die Halteposition erreicht, sagt Reporter Arndt Breitfeld, dass das ein Moment zum Schweigen sei, woraufhin er weiter redet – und irgendwie das Schweigen vergessen hat.

Das Flugzeug stoppt, und Moderatorin Cathrin Böhme beendet die Sendung, sie sei ja schon ziemlich lang gewesen.

Seltsam. Da warten die rbb-Leute mehr als eine Stunde lang, bis das eintritt, was sie übertragen wollten. Und wenn es wirklich so weit ist, wenn die letzten Passagiere und die Crew empfangen werden, dann beendet man beim rbb die Sendung. Klar, sie hatte schon 61 Minuten überzogen. Aber ob das „Riverboat" (was ja live sowieso schon im mdr lief) nun um 0.02 Uhr, um 0.30 Uhr oder gar nicht beginnt, ist doch für eine Wiederholung eigentlich egal.

Luther - Das Projekt der 1000 Stimmen
DI 31.10.2017 | 22.00 Uhr | ZDF

L-U-T-H-E-R!
Den ungewöhnlichsten Beitrag zum 500. Reformationsjubiläum hatte am Dienstagabend das ZDF zu bieten: ein Luther-Musical! „Das Projekt der 1000 Stimmen" wurde schon in vielen Orten Deutschlands gezeigt, und der Höhepunkt war die Show in der Berliner Mercedes-Benz-Arena. Dort waren es sogar rund
4000 Stimmen, denn so riesig war der Chor, der das Musikprojekt begleitete und den Namen des Reformators schmetterte:
L-U-T-H-E-R!
Michael Kunze und Dieter Falk haben die bekannten Ereignisse aus dem 16. Jahrhundert in erstaunlich gute und eingängige Songs gepackt. „Wir sind Gottes Kinder. Wo auch immer: Kinder ist allein!" Solche Texte sind es, die dem Zuschauer regelrecht eingehämmert wurden – denn viele Textstellen wiederholten sich in den Songs, so dass man irgendwann mindestens mitsummte. Was aber auch ein wenig wie die evangelikalen Gottesdienste wirkte, die auf vielen kleinen Sendern zu sehen sind. Sehr ungewöhnlich war zudem, dass die komplette Show untertitelt wurde – nicht als wegzuschaltende Option. Irgendwer muss sich dabei was gedacht haben, aber dass man die Texte alle mitlesen konnte, führte dazu, dass man der Geschichte, die dort erzählt wurde, noch besser folgen konnte.
Dass Moderator Eckart von Hirschhausen teilweise mitten in den Songs seinen Senf dazugeben musste, schien da ein bisschen aufdringlich, aber vielleicht wollte man den ZDF-Zuschauer nicht so viel Musik ohne Wortbegleitung zumuten. Die Zuschauer in der Halle kamen ja offenbar auch ohne die Hinweise aus.
Dennoch: Dieser Luther-Abend war auf jeden Fall modernes Bildungsfernsehen, das es im ZDF immer seltener gibt.

Tatort
Eilmeldung
SO 05.11.2017 | 20.15 Uhr | Das Erste

Wenn sonntagabends der „Tatort" im Ersten läuft, dann möchten die Deutschen dabei gefälligst nicht gestört werden. Während des Niedersachsen-Krimis „Der Fall Holdt" wurde mehrfach die Eilmeldung von der Schießerei in einer US-Kirche eingeblendet. Die ARD hat also die Zuschauer über eine wichtige Meldung informiert – das fanden erstaunlich viele Zuschauer störend. So was müsse nicht in einen laufenden Film eingeblendet werden, so lautete eine Beschwerde. Man wolle beim Fernsehgenuss nicht unterbrochen werden, man könne sich ja gar nicht mehr auf den Film konzentrieren.
Das also sind die Probleme der Menschen in der Ersten Welt. Sie möchten beim Sonntagabendkrimi nicht mit Breaking News, mit dem echten Elend der Welt belästigt werden. Manchmal können einem die Leute wirklich Leid tun, was sie heutzutage alles ertragen müssen.
Andererseits: Der Moment, wo im Ersten das Bild verkleinert wird und mit blauem Hintergrund eine Eilmeldung ins Bild kommt, ist immer eine Schrecksekunde – immerhin kommt das nicht allzu oft vor, und wenn, dann sind das immer sehr wichtige Meldungen. Ob ein Amoklauf in den USA – der trotz aller Tragik mit mehr als 20 Toten in den Zeitungen gern auf der Panorama/Buntes-Seite plaziert wird – wirklich eine Breaking News im Ersten ist, kann man zumindest mal hinterfragen. Wäre diese Katastrophe in Deutschland passiert, wäre das noch mal eine andere Hausnummer gewesen, und dann hätte man auch ganz sicher nicht auf die nächste Nachrichtensendung in zwei Stunden verwiesen – was übrigens auch ein Indiz für die vermeintliche „Wichtigkeit" der Breaking News ist.
Aber beim NDR hat man sich für diese Einblendung entschieden, und ein Twitter-Nutzer schrieb dazu: „Wer sich beim Filmchen schauen von 20 Toten in der realen Welt belästigt fühlt, sollte mal sein Koordinatensystem hinterfragen." Da ist was dran.

ran eSports – Professional. Gaming. Magazine.
MI 08.11.2017 | 0.05 Uhr (Do.) | ProSieben Maxx

Menschen sind irgendwie komisch. Oder ich werde langsam alt, weil es da einen Trend gibt, den ich nicht so ganz richtig nachvollziehen kann?

Da setzen sich zehntausende Leute in einer riesige Veranstaltungshalle oder in ein Stadion, um zwei Menschen beim Computerspielen zuzusehen. Sie setzen sich da hin, um oben an der Decke hängende Monitore anzustarren.

Sie kommen nicht mehr, um sich Menschen anzusehen, die unten auf dem Feld Fußball spielen, sondern um auf Monitoren zu sehen, wie andere auf dem Bildschirm im Computerfußball gegeneinander antreten.

Das ist inzwischen ein Mega-Geschäft, und insbesondere in Asien wird ein riesiger Hype darum gemacht, die eSport-Spieler sind dort große Stars.

Das will man sich in Deutschland natürlich nicht entgehen lassen, auch hierzulande gibt es inzwischen solche Events. Und auch das Fernsehen will mitmischen. Auf ProSieben Maxx lief am späten Mittwochabend „ran eSports". Eine Sendung, die wirkt, als würde ich mich hinter jemanden setzen, der gerade ein PC-Spiel zockt. Was auf Dauer für den passiv Zusehenden langweilig ist – finde ich. Die halbe Welt scheint das anders zu sehen.

Was kommt als Nächstes? Wird der Fußball als Live-Spiel abgeschafft, und alle Spieler stehen stattdessen zu Hause in virtuellen Räumen, um dort den Sport zu simulieren, und das Stadionpublikum starrt auch nur noch auf Monitore? Werden im Theater bald auch nur noch Monitore auf die Bühne geschoben? Damit man sich das Stück auf dem Fernseher anschauen kann? Das wird bestimmt alles sehr spannend! Und es wird ganz sicher Leute geben, die verdammt viel Kohle damit verdienen werden.

Anne Will: Die Sexismus-Debatte - Ändert sich jetzt etwas?
SO 12.11.2017 | 21.45 Uhr | Das Erste

Verona Pooth. Geil. Diese Schuhe! Und diese Beine! Und ihr Kleid! Sehr nice. Da muss man schon mal mit der Kamera entlang schwenken. Ist ja schließlich eine hübsche Frau, das kann man doch mal zeigen.
Dummerweise saß Verona Pooth bei „Anne Will", und Anne Will diskutierte mit ihren Gästen über „Die Sexismus-Debatte – Ändert sich jetzt etwas?" Talkshow-Regisseur Rolf Buschmann hat auf diese Frage am Sonntagabend im Ersten eine einfache Antwort gefunden: Nein. Denn Frauen sind sexy, und das muss man doch mal zeigen dürfen! So ließ er also, während die Pooth darüber sprach, welche Erfahrungen sie in der #metoo-Debatte gemacht hat, einmal in Nahaufnahme über ihre Beine schwenken.
Den breitbeinig da sitzenden FDP-Rentner Gerhart Baum hat er allerdings nicht abzoomen lassen. Verstehe ich gar nicht – sah der etwa nicht so scharf aus, Herr Buschmann?
Verona Pooth selbst nahm es übrigens locker, dennoch ist der Fettnapf für die „Anne Will"-Leute besonders tief, die Entschuldigung folgte prompt, und Rolf Buschmann sagte, er habe einen Fehler gemacht. Aber vielleicht dachte er ja, er sei Regisseur bei irgendeiner RTL-II-Fleischbeschau. Da spielt Sexismus ja sowieso eher nicht so die Rolle.

Extra spezial: Deutschland nackt
MO 13.11.2017 | 23.15 Uhr | RTL

Wenn sich ein Mann und eine Frau total nackig begegnen, dann soll das zur Folge haben, dass man den Menschen dahinter viel schneller erkennt. So wird das zumindest immer wieder in der Nackt-Dating-Show „Adam sucht Eva" erzählt. Ist natürlich Mumpitz. Es sei denn, man kann an den Schlauchbooten rund um den Mund einiger Promidamen oder den rasierten Männerkörpern irgendetwas Hintergründiges ablesen.

Aber wenn schon bei RTL eine Stunde lang Leute nackt auf einer einsamen Insel rumlabern, um rauszufinden, ob sie was füreinander empfinden (außer der puren Geilheit natürlich), dann will man sich natürlich danach nur ungern anziehen. Deshalb gab es am Montagabend gleich noch ein „Extra"-Nackt-Special.

Zwei Reporter sollten nämlich rausfinden, wie nackt Deutschland wirklich ist. Und wie sich das eigentlich anfühlt. Die Medienökonomin Britta Brandt machte das für RTL gern mit, aber offenbar muss man ihr erst kurz vor dem Dreh mitgeteilt haben, dass sie sich ja dafür auch nackig machen muss. So ging sie also zum Nacktyoga, und das RTL-Team hatte offenbar die Aufgabe, die RTL-Reporterin, die den Nackttest machen sollte, nicht nackt zu sehen. So waren alle total frei, nur die RTL-Frau musste immer in Großaufnahme gezeigt werden, damit ja keine Brust oder gar etwas Südlicheres gezeigt werden musste. Nicht, dass man das hätte zeigen müssen – aber wenn jemand von RTL bei so etwas mitmacht, dann auch richtig. Aber Nacktyoga fand die RTL-Frau eh doof und brach das Experiment vorzeitig ab. Danke und tschüss.

Der Künstler und Schauspieler Stephen Appleton wurde ebenfalls von RTL für den Nackttest eingespannt. Mit einer FKK-Frau ging er an einen See, um passend zum Herbst nackt baden zu gehen. Appleton betonte tausendmal, dass er ja mit Nacktheit kein Problem habe. Er sei zu Hause gern nackt, und wenn ihn ja jemand sehen würde, sei ihm das wurscht. Außer im Fernsehen, da ist ihm das plötzlich nicht mehr wurscht. Seinen Hintern präsentierte er zwar, als er aber fröstelnd aus dem Wasser kam, ging er extra rückwärts, um ja nicht seine Vorderansicht präsentieren zu müssen. Später beim Nackttanzen, wurde seine Nacktheit ebenfalls geschickt kaschiert. Auch da gilt: Muss er ja auch nicht – wenn er denn nicht x-mal davon labern würde, wie unprüde er sei, weshalb das Versteckspiel dann doch eher albern wirkte.

Aber vielleicht müssen die beiden Doch-nicht-so-nackt-Reporter zur Strafe 2018 zur Nackt-Dating-Show. Da ist man bei RTL schließlich überhaupt nicht so zimperlich, wenn es um die Intimbereiche geht.

Tagesthemen extra: Jamaika-Sondierung gescheitert

SO 19.11.2017 | 0.02 Uhr (Mo.) | Das Erste

Eigentlich arbeitet Arnd Henze als Reporter für die ARD, um im Hauptstadtstudio über die politische Lage zu berichten. Völlig unbemerkt hat er am späten Sonntagabend aber erstens den Beruf und zweitens den Sender gewechselt. Er arbeitet nun als Hellseher für Astro TV, durfte aber trotzdem noch mal für die ARD ran.

Die Sondierung für eine Jamaika-Koalition sind gescheitert. Nachdem FDP-Chef Christian Lindner am Sonntag um kurz vor Mitternacht das Ende der Gespräche verkündete, unterbrach Das Erste sein Programm für eine Extra-Ausgabe der „Tagesthemen".

Wie das aber in Breaking-News-Situationen ist: Nach spätestens zehn Minuten war alles gesagt und erklärt – aber einfach so beenden wollte man die Nachrichtensendung auch nicht. So musste Arnd Henze ran. Er stand vor der Vertretung von Baden-Württemberg, um die brennenden Fragen von Moderatorin Caren Miosga zu beantworten.

Herr Henze, wie wird sich der Bundespräsident entscheiden: etwa für eine Neuwahl?

Herr Henze, wie stehen die Chancen, dass Angela Merkel doch wieder die SPD ins Boot holen kann?

Herr Henze, was ist bei CDU/CSU möglicherweise schief gelaufen?

Eines muss man dem Herrn Henze lassen: Mehrere Minuten lang – und das in nicht nur einem Interview-Block – sprach er kunstvolle Ich-glaube-Sätze und Es-könnte-sein-Floskeln. Eventuell. Wir müssen abwarten. Vielleicht und irgendwie. Und alles nur, um noch ein paar Sendeminuten zu füllen, weil es ja eigentlich immer noch nichts Neues gibt und die anderen Parteien erst in einer Dreiviertelstunde was sagen wollen.

Deshalb hatte die Regie wohl bald doch noch ein Einsehen und ließ Caren Miosga die Sendung beenden. Der unterbrochene Film lief weiter und wurde auch nicht noch mal gestoppt, als sich dann endlich auch die anderen Partien zum Jamaika-Aus äußerten.

50 Jahre Hey Music: Danke Jürgen Jürgens - Die große Abschiedsgala mit vielen Freunden und Wegbegleitern

FR 01.12.2017 | 0.25 Uhr (Sa.) | rbb

Manche Jubiläen sind dem rbb einfach viel zu wichtig, als dass man sie unter den Tisch fallen lassen könnte. Für die große Show zum 50. Geburtstag der Radiohitparade „Hey Music" räumte der Sender sein Programm frei. Also, nicht gerade die Primetime, aber immerhin um 0.25 Uhr hat man ein Plätzchen gefunden, um die Show auszustrahlen. Das scheint dann wohl gleichzeitig ein Glückwunsch und ein Arschtritt gewesen zu sein.

Allerdings handelte es sich scheinbar auch um eine Beerdigung. Denn „Hey Music", 1967 beim damaligen SFB1 gestartet, wird es in dieser Form wohl nicht mehr geben, so heißt es. Jürgen Jürgens moderierte die Charts 45 Jahre lang, nun geht er in Rente und ist zudem wohl krank. Zwar gibt es weiterhin eine Sendung unter diesem Namen bei radioBerlin 88.8, aber am Sonntagnachmittag läuft sie als verwässerte Hörerhitparade, vermengt mit irgendwelchen Oldies.

Also eine Party voller Wehmut. Glückwünsche zum 50. Aber Abschied von Jürgen Jürgens. Wegen Krankheit war er nicht leider nicht mal da, als die Show über die Bühne ging. So wirkte das Ganze tatsächlich wie ein trauriger Abgesang. Und das wollte der rbb vermutlich einer größeren Zuschauerschaft auch nicht zumuten – ganz abgesehen von der verpassten Chance, die „Hey Music"-Sendung einem größeren Publikum wieder mal ins Gedächtnis zu rufen.

@mediasres
Interview mit Marc Jan Eumann
MO 04.12.2017 | 15.35 Uhr | Deutschlandfunk

Sehr geehrter Herr Eumann,
ich möchte Ihnen an dieser Stelle ganz, ganz und wirklich besonders herzlich zu Ihrer Wahl als neuer Direktor der rheinland-pfälzischen Landesmedienanstalt gratulieren.
Sie sind wirklich toll, und dass Sie sich bei dieser Wahl zu diesem Posten gegen… also, ähm, dass Sie die Wahl ohne Gegenkandidat völlig überraschend, aber natürlich total berechtigt gewonnen haben, ist herausragend.
Die Landesmedienanstalt in Rheinland-Pfalz hat wirklich den besten SPD-Mann gefunden, den die SPD zu bieten hatte. Und man muss ja sagen, Sie hatten wirklich großes Glück. Bis vor kurzem waren Sie ja noch für die SPD Medien-Staatssekretär in Nordrhein-Westfalen. Und als solcher haben Sie bei der dortigen Medienanstalt aufgeräumt. Sie haben durchgesetzt, dass keiner ins Amt kommen darf, der direkt vorher ein politisches Amt inne hatte. Und ein Jurastudium sollte er haben. Da haben Sie tolle Fakten geschaffen.
Um so mehr Glück hatten Sie, dass das in Rheinland-Pfalz nicht gilt, und dass Sie, als jemand, der gerade aus der Politik kommt und kein Jurastudium haben, diesen Posten antreten konnten.
Sie sind also der Beste für das neue Amt. Da müssen Sie sich nun wirklich nicht von einer dahergelaufenen Journalistin des Deutschlandfunks blöde kommen lassen. Dass sie Ihnen dann nicht mal zu Ihrer, ähm, Wahl gratuliert, ist da eine echte Unverschämtheit.
Es ist bedauerlich, dass Sie so was mitmachen mussten. Als Direktor einer Landesmedienanstalt werden Sie sicherlich bald andere Saiten aufziehen.
Extrem herzliche Grüße,
Ihr RT Zapper.

Wenn die Menschen politikverdrossen sind, dann liegt das auch an Marc Jan Eumann. Wieder ist ein Mann mit Parteibuch – in diesem Fall die SPD – in so ein Medienkontrollamt geglitten. Die Umstände sind dubios.

Am Montagnachmittag fragte dann Isabelle Klein im Medienmagazin „@mediasres" mal nach. Kritisch. Wie denn das ist mit dem Klüngel. Und mit seinem Parteibuch. Und ob es eine Ausschreibung gab (nein).

Eumann war hörbar genervt und moserte irgendwann, dass es doch guter Stil sei, wenn sie ihm erst mal gratulieren würde. Und er unterstütze kritischen Journalismus, auch so einen wie den von der Interviewerin.

Blöde Sache für Herrn Eumann. Da hat doch eine Journalistin ihn in seiner SPD-Gemütlichkeit gestört. Dass aber Leute wie Eumann und solche Prozedere wie diese Postenschachereien das ganz große Problem sind, darüber sollten sich endlich auch die Politiker klar werden. Wenn es darum geht, Medien zu kontrollieren, dann müssen da auch Politiker mitmischen – aber nicht an der Spitze und nicht unter diesen Umständen.

Amazon - Gnadenlos erfolgreich
DO 07.12.2017 | 20.15 Uhr | zdf info

Vier Wochen ohne Amazon.
Eigentlich kann ich mir nicht vorstellen, dass das ein so großes Problem ist. Trotzdem wurde am Donnerstagabend in der Doku „Amazon – Gnadenlos erfolgreich" auf zdf info ein riesiges Ding daraus gemacht. Mehrere Familien mussten vier Wochen ohne Amazon auskommen und darüber berichten.
Ich kaufe bislang eher Bücher, Musik und Filme sowie ab und zu was Technisches über Amazon. In diesem Fall sind das allerdings keine Familien, die einfach nur ihre paar Einkäufe dort erledigen. Einige erledigen den kompletten Einkauf darüber. Sie haben Amazon-Uhren. Sie haben den Sprachcomputer Alexa, und sie lesen Bücher auf dem Amazon-Reader. Diese Leute leben ein Amazon-Leben.
Was dann zu sehen war, glich einem Katastrophenfilm, und sowohl die dort gezeigten Leute als auch ich waren dem Weinen nah.
Da kommt die Hausfrau morgens in die Küche, und Alexa antwortet nicht, wenn sie „Guten Morgen!" sagt. Da verzweifelt die Frau, wenn ihr Alexa die Uhrzeit nicht sagen kann – und offenbar Ratlosigkeit darüber herrscht, wo man denn eventuell noch die Uhr ablesen kann. Da will die Frau des Hauses Klebeband, und kann keins über Amazon bestellen, das Stunden später oder morgen (so spät??) per Päckchen ankommt. Stattdessen muss sie einkaufen gehen! Schock! Schuhe können nicht mehr bestellt werden, stattdessen muss der Weg in den Laden angetreten werden. Uijuijui!
Die Leute stellten das alles wie eine mittlere Katastrophe dar, und ich weiß nicht, ob ich lachen soll oder in Mitleid zerfließen.
So schön es ist, wenn man sich um nichts mehr kümmern muss: Wir verkümmern. Irgendwann wissen wir nicht mehr, wo man Dinge eventuell bekommen kann. Wenn es irgendwann überhaupt noch Läden außerhalb des Internets gibt. Irgendwann sind wir nicht mehr in der Lage, Dinge selbst zu recherchieren, den Kopf zu

benutzen. Technik hilft uns – aber garantiert verblödet sie uns auch ein Stück.

Peter Hahne: Fußball, Gott und die große Bühne
SA 09.12.2017 | 19.30 Uhr | phoenix

Geht es Ihnen auch so wie mir, dass in Zukunft das Wochenende nicht mehr vollständig ist? Dass man was vermisst, weil einen Peter Hahne nicht mehr angrinst und dämliche Fragen stellt, ob es mir auch so geht wie ihm? Dass man sich am Wochenende nicht mehr einlullen lassen kann, weil die gepflegte Laberei auf phoenix und im ZDF bedauerlicherweise eingestellt worden ist?
Geht es dir auch so wie mir, wenn ich sage, dass das Ende von „Peter Hahne" kein großer Verlust ist? Am Wochenende lief die letzte Ausgabe seiner Gesprächssendung. Das ZDF scheint auch nicht mehr viel von ihrem Ex-Star gehalten zu haben, denn die kleine Talkshow hat man irgendwann ins tiefe Nachtprogramm abgeschoben. Immerhin gab es zuletzt eine Erstausstrahlung am Tag zuvor auf phoenix – fast zur Primetime. Aber auch da scheint er quotentechnisch nicht für Furore gesorgt zu haben. Vielleicht wollten sich die Leute dort auch nicht blöd von der Seite anquatschen lassen, ob man sich auch so fühle wie Hahnes Peter. Deshalb geht er nun in Rente.
Aber vermutlich wird er weiter von sich reden machen – wie beispielsweise mit seinen wunderlichen Kolumnen in der „Bild am Sonntag". Dort nölte er über das moderne Weihnachtsfest. Das sei alles nicht mehr schön, weil die Leute jetzt alleine zu Hause sitzen und Geschenke im Internet bestellen. Da sei man ja total alleine.
Für den Kirchenmann Peter Hahne ist Weihnachten nämlich, sich ins Kaufhaus-Getümmel zu stürzen, das Gedränge zu ertragen und dem Kaufrausch im Laden zu erliegen. Gut zu wissen. Ich dachte ja immer, dass für Kirchenleute Weihnachten eine ganz andere Bedeutung hat. Aber beim Hahne, Peter zählt halt auch nur der Kommerz. Frohes Fest.

Club der roten Bänder
MO 11.12.2017 | 21.10 Uhr | VOX

Als im Herbst 2015 die 1. Folge vom „Club der roten Bänder" bei VOX lief, da zog mich diese Serie sofort in den Bann.
Am Montag lief nun die 30. und letzte Folge, und es war vermutlich eines der emotionalsten Serienfinale der deutschen Fernsehgeschichte. Was aber auch daran liegt, dass diese ganze Serie voller Gefühle, voller Emotionen war.
Der Club der roten Bänder ist eine Gruppe Jugendlicher, die sich im Krankenhaus kennenlernen. Die sind krebskrank, Komapatienten, einer ist herzkrank, die andere leidet an Bulimie, einer hat sich beide Beine gebrochen. Sie finden sich, sie leiden, sie lieben, sie sind füreinander da. Eine Serie um die Freundschaft, um Krankheiten, um die Stärke der Menschen, um die Schwäche und auch um den Tod.
Sicherlich ist oft dick aufgetragen worden, aber die Geschichte driftete nie ins Kitschige ab. Im Gegenteil: Knallhart wurde gezeigt, welche Realitäten es in Kliniken geben kann. Wie hart es ist, zu leiden. Wie hart der Kampf um das Leben ist. Und wie schnell es gehen kann, diesen Kampf eventuell zu verlieren.
Man kann VOX und das Team nur dazu beglückwünschen, dass sie entschieden, nach der 3. Staffel Schluss zu machen. Gerne werden Serien ausgelutscht, bis sie irgendwann aus Quotengründen eingestellt werden. Nicht der Club.
Am Ende stirbt der Anführer des Clubs, und auch das wird ergreifend zelebriert, in dem er allen seinen Freunden noch ein Vermächtnis mitgibt. Ohne Tränen läuft da gar nichts. Dass der Krebs zum Finale doch noch gewinnt – das ist konsequent und passt zu dieser Serie. Dass Krebspatient Leo bis zum Schluss gar nicht so krank aussieht, wie er eigentlich ist, das sei den Machern verziehen.
Am Ende bleibt, dass eine großartige Serie zu Ende gegangen ist – und dass man an sie noch lange gern zurückdenken wird.

Feuer, Wasser und Posaunen
SO 24.12.2017 | 5.30 Uhr | Das Erste

Vor gut 50 Jahren scheinen Kinder noch viel mehr vertragen haben als heute. Und die in der damaligen Sowjetunion waren vermutlich noch viel mehr abgehärtet. 1968 waren Märchen aus der UdSSR jedenfalls noch gruselig, schmutzig und hässlich.

Das Erste zeigte am frühen Sonntagmorgen den Märchenfilm „Feuer, Wasser und Posaunen" aus der UdSSR. Damals nahm man sich, bevor es losging, sehr viel Zeit für einen mehr als zweiminütigen Vorspann, bestehend ausschließlich aus Schrifttafeln.

Der Film beginnt damit, dass die Zuschauer von einer Oma begrüßt werden. Sie hat ein Kopftuch um, scheint keine oder kaum Zähne zu haben und sieht überhaupt nicht unbedingt aus wie eine Sympathieträgerin. Sie warnt die Kinder gleich mal vor, dass es sein könne, dass die Figuren in dem Märchen furchteinflößend sein könnten und hässlich – aber man solle sich dann sagen, dass das ja nur ein Märchen sei.

Solche Warnhinweise gibt es heute auch noch, aber mit dem Hinweis versehen, der Film sei erst ab 16 oder 18.

Und tatsächlich ging es ordentlich zur Sache. Ein Gerippe will die über 100 Jahre alte Tochter der Hexe Baba Jaga heiraten. Zur Hochzeit bekommt er Verjüngungsäpfel, und als er die gegessen hat, ist ihm seine alte Schachtel nicht mehr jung genug. Er will eine Neue – die aber ihn nicht, also entführt er sie.

Nun gut, Märchen sind ja nie kuschelig. Aber „Feuer, Wasser und Posaunen" klingt zwar wie eine 80er-Jahre-Volksmusikshow, ist aber ein echter Märchengruselthriller. Die Menschen sind hässlich, haben riesige Hakennasen, die Zähne wachsen ihnen wie Stoßzähne aus den Mündern, das Gerippe ist sowieso gruselig. Die Gerippe-Schwiegermutter sieht aus wie ein verwirrter alter Mann. Und gegen einen ach so bösen Wolf wehrt man sich, in dem man ein brennendes Feuerholz nach dem Tier wirft, das heulend wegrennt. Da schluckt man dann doch ein wenig.

Es ist ein Märchen. Aber ist es auch das Richtige für das ganz frühe Kinderprogramm, bei dem Kinder unter Umständen noch alleine vor der Glotze hocken? Wobei ich mich schon frage, wer genau eigentlich um 5.30 Uhr vor der Glotze hockt.
Spannend waren übrigens auch die 1968er-Trickeffekte in der Sowjetunion. Als der Wolf naht, flüchten die Vögel des Waldes in ihre Nester und in die Manteltasche eines gutmütigen Mannes. Warum Vögel Angst vorm Wolf haben sollen, ist allerdings auch unklar. Wie aber bekommt man es hin, dass die Vögel in einem Realfilm dorthin fliegen, wie sie sollen? In dem man die Vögel aus ihren Löchern fliegen lässt und den Film schlicht rückwärts laufen lässt. Sieht dann nicht echt aus? Das war damals vermutlich noch zweitrangig.

Silvestershow mit Jörg Pilawa
SO 31.12.2017 | 20.15 Uhr | Das Erste

Der Silvesterstadl ist Geschichte – zumindest auf dem Papier. Wer sich aber dennoch getraut hat, am Sonntagabend im Ersten in die „Silvestershow" zu schalten, wird trotzdem immer noch einen großen Stadl-Hauch gespürt haben. Im österreichischen Graz geht es immer noch sehr viel betulicher zu als zeitgleich im ZDF, das wieder live vom Brandenburger Tor in Berlin sendete.

Im Ersten durfte mal wieder Peter Kraus die nicht mehr ganz so junge Zielgruppe erfreuen, und Roberto Blanco hat vor Schreck gleich mal seinen „Ein bisschen Spaß muss sein"-Text vergessen. Auf die schrecklichen Amigos konnte der Stadl-Nachfolger bedauerlicherweise auch nicht verzichten. Immerhin war auf die Hermes House Band Verlass, die ein bisschen Stimmung in den Laden brachte, der sich zu späterer Stunde merklich zu leeren schien. Die oberen Hallenränge sahen aus, als ob durch die Scheinwerfer kaschiert werden sollte, dass da gar nicht (mehr) so viele Leute sitzen.

Was hat man eigentlich Francine Jordi angetan? Die Schlagersängerin durfte zwar an der Seite von Jörg Pilawa moderieren, im Sendungstitel – „Silvestershow mit Jörg Pilawa" – kam aber nur einer vor, der Jörg nämlich. Aber vielleicht klingt „Silvestershow mit Francine Jordi und Jörg Pliawa" nicht so gut, oder keiner konnte sich einigen, ob Jörg oder Francine zuerst im Titel genannt wird – oder der Jörg kostet so viel Kohle, dass nur er würdig ist, im Titel vorzukommen.

Und was hat man eigentlich Berlin angetan? Diesmal schaltete das Erste erst nach Mitternacht zum Brandenburger Tor, der Countdown wurde in Graz runtergezählt, um dann in Berlin völlig unmotiviert hin- und herzuschwenken. Während im Hintergrund die ZDF-Musikbeschallung zu hören war, legte die ARD einen anderen Song drüber.

Im Ersten ist man schon wirklich besser ins neue Jahr gerutscht.

Das Traumschiff: Los Angeles
MO 01.01.2018 | 20.15 Uhr | ZDF

Herrlich, dieses Traumschiff! Scheinbar eine Handvoll Passagiere schippert da mit. Zumindest sind da nie wirklich viele Leute auf dem Dampfer zu sehen. Die vielen realen Mitreisenden sind selten zu sehen, die Decks wirken oft leer. Auch darf man immer mal wieder beim Kapitän auf der Brücke vorbeischauen. Der große Kutter scheint auch nur mit sechs oder sieben Besatzungsmitgliedern auszukommen. Und wenn man mal Mist baut, da ist der Kapitän höchstselbst auch zur Stelle und holt einen aus dem Schlamassel.
Willkommen in der Bonbonwelt auf hoher See im ZDF.
Am Neujahrsabend lief dort „Das Traumschiff", und diesmal ging es nach Los Angeles. Kapitän Burger (Sascha Hehn) liest den ZDF-Zuschauern höchstpersönlich den Reisekatalog für L.A. vor und erzählt, warum man da unbedingt hin muss. Ein Ausflug ins Vergnügungszentrum ist auch noch eine 15-sekündige Sequenz wert – und ist hoffentlich von der Reisewirtschaft gut bezahlt worden.
Nun ist es ja nicht verwerflich, zweimal im Jahr Heile-Welt-Fernsehen zu produzieren. Aber muss es wirklich so mies gemacht sein? Müssen die Dialoge so grottig sein? Muss Harald Schmidt wirklich immer wieder beweisen, dass er kein Schauspieler ist und er miese Dialoge noch mieser aufsagt? Können Action-Szenen auch nur im Ansatz irgendwie real aussehen? Und ist es wirklich realistisch, dass Kapitän Burger wirklich immer ausgerechnet da ist, wo Not am Mann ist – und das auch außerhalb des Schiffes?
Als ein junger Mann mit seinem Bike auf einem Hang verunglückt, ist es natürlich Sascha Hehn, der ihn zufälligerweise rettet. Wobei, ein Zufall war das natürlich nicht: Denn der Kapitän konnte sich natürlich gleich denken, wo sich der vermisste Biker aufhalten würde – und sofort fand er ihn.
Die Reise nach Los Angeles war aber auch der Abschied von Chefstewardess Beatrice (Heide Keller). Sie war seit 1981 (!) an Bord, und mit 77 Jahren wollte sie, die Schauspielerin, noch aus

eigenem Willen das Schiff verlassen, um die zweite Lebenshälfte zu beginnen. Ich hoffe, dass ich das mit 77 auch auch sagen kann. Das Team wollte ihr einen besonders emotionalen Abschied bescheren – aber irgendwie ist das mit der Emotionalität gehörig schief gegangen. Stattdessen setzte man Beatrice an einen absolut einsamen Hafen ab (obwohl sie ja sagte, sie wolle die aktuelle Reise noch bis zum Schluss mitmachen, aber das haben die Drehbuchschreiber beim Umblättern wohl schon wieder vergessen). Ein Hollywood-Produzent will ihr erstes Buch (natürlich ein Bestseller) verfilmen, und deshalb musste sie sich entscheiden, ob sie weiter auf dem Schiff arbeiten will. Oh Gott, wie albern. Sie winkte dem Schiff hinterher, dass schnellstens weiterfuhr – und weg war sie, die Beatrice. Selten so einen, ähm, emotionalen Abschied gesehen.

„Das Traumschiff" ist nach 37 Jahren irgendwie ein Mythos. Umso schlimmer ist es, dass die Geschichten, die dort erzählt werden, mitunter so lieblos hingerotzt, die Dialoge furchtbar und viele Szenen mies choreografiert sind. Gut gemachtes Fernsehen ist das nicht – leider.

#HarryDieEhre - Harry G aus dem ZwicklApartment
DI 02.01.2018 | 23.55 Uhr | BR-Fernsehen

Harry G spricht über Onlinedating. Und er meint, daraus im Jahr 2018 ganz neues Witzpotenzial schöpfen zu können, weil Onlinedating war so etwas Neues ist, und eigentlich da ja keiner mitmacht. und die, die mitmachen, sind ja alle eh irgendwie bescheuert. Herzlich Willkommen in der traurigen Humorwelt des Bayerischen Rundfunks.

Am späten Dienstagabend war zu besichtigen, warum der BR von möglichen jugendlichen Zuschauern ungefähr so weit entfernt ist, wie Berchtesgaden von Binz.

Harry G findet man beim BR jedenfalls so lustig, dass man ihm dort eine Webshow gegeben hat. Angebliche Höhepunkte von „#HarrydieEhre" (können die BR-Zuschauer was mit dem Hashtag im Titel anfangen?) sendete das BR-Fernsehen sehr prominent am späten Dienstagabend – vermutlich, um niemanden zu verunsichern.

Harry G findet Tinder doof. Das sei wie „Pokemon Go", nur mit echten Monstern. Muahahaha. Tinder sei das RTL II des Onlinedatings. Schenkelklopfer. Männer wischen alles weg, Frauen analysieren die Bilder – wie die Zimmerpflanze, die nicht zur Couch passe. Ohje. Und weil der Stand-up so dämlich-lahm ist (die Publikumslacher wirken reingeschnitten), kommen zwischendurch Einspieler, die aus BR-Sicht lustig sein sollen, für die man aber außerhalb des BR-Funkhauses nur ein müdes Lächeln übrig hat.

Beim BR will man also die junge Zielgruppe erreichen, in dem man einen mittelalten Comedian auf eine Minibühne stellt, der sich über die Zielgruppe lustig macht und uralte, gut abgehangene Kalauer zum besten gibt.

Witze über das Onlinedating müssen schon was Neues bringen, wenn sie lustig sein sollen – Harry G begnügt sich aber mit Witzchen aus dem Jahr 2010, die damals vielleicht ein paar Leute über 50 lustig fanden.

BR und Komik – ein großes Missverständnis.

So was wie Angst -
Eine Suche mit Anke Engelke
MI 03.01.2018 | 21.02 Uhr | tagesschau24

Wir haben Angst. Viel zu viel Angst. Wir misstrauen allen Statistiken, stattdessen setzen wir auf unser Gefühl. Und das trügt. „So was wie Angst" hieß eine spannende Doku, die am Mittwochabend bei tagesschau24 zu sehen war (erstmals lief sie ebenfalls recht versteckt im Dezember im WDR). Anke Engelke begab sich auf die Suche und wollte wissen, was uns Angst macht und ob es uns zurecht Angst macht.

Es sind keine Belehrungen, die sie in ihrer Doku macht. Aber es sind Beobachtungen, und die sind spannend und erhellend. Und dass so eine Doku in der ARD auf kleinen Sendern versteckt wird, ist schade. Denn diese durchaus auch unterhaltsame Doku ist Bildungsfernsehen auf beste Weise.

Ein interessantes Beispiel ist der Berliner Platz in Wuppertal. Er gilt als Angstort, weil sich dort Leute aufhalten, von denen andere Leute denken, sie müssten einem Angst machen: Menschen mit „subjektiv unerwünschtem Verhalten", Drogendealer, Trinker.

Klar, da macht man einen Bogen drum. Anke nicht, sie geht auf die Leute zu. Und mehr noch: Sie will die Wuppertaler zusammentrommeln, um Ideen zu sammeln, damit der Platz wieder beliebt und belebter wird. Man muss nur machen.

Was macht Angst mit uns? Auch diese Frage stellt Anke Engelke. Die Leute kaufen sich Waffen, gehen in Selbstverteidigungskurse – sie lassen sich offenbar verrückt machen. Und der Feinstaub mit wohl 46.000 jährlichen Opfern? Nicht wichtig. Die 28 Toten durch Terror wiegen schwerer – über sie wird aber mehr und nachdrücklicher berichtet. Wie ja überhaupt über jeden Unfall oder sonstige Katastrophe, die einem zeigt, „dass es immer schlimmer" wird. Wenn wir das denn alles an uns ranlassen.

„So was wie Angst" war eine sehr sehenswerte Doku, und es ist der ARD und und allen zu wünschen, dass solche Sendungen etwas prominenter ausgestrahlt werden.

phoenix vor Ort: Pressekonferenz zum Ende der Sondierungen

FR 12.01.2018 | 10.50 Uhr | phoenix

Uijuijui. Nur fast vier Monate nach der Bundestagswahl erleben wir das Ende der Sondierungen. Also, diesmal mit positivem Ende. CDU/CSU und SPD haben miteinander gesprochen und haben vereinbart, dass sie demnächst verhandeln wollen. Aber nur, wenn die Leute in der SPD-Basis das auch wollen. Wenn die das nicht wollen, dann folgen auf die Sondierungen wohl doch keine Verhandlungen, und dann weiß eigentlich keiner mehr so genau, wie es weiter geht. Und wen man überhaupt noch wählen soll, weil in Wirklichkeit keiner mehr so richtig Bock hat zu regieren und irgendwelche Kompromisse zu machen.

Nun standen sie am Freitagvormittag also vor den Kameras – phoenix und andere Sender übertrugen live -, nach ihren eintägigen Verha..., äh, Sondierungen: Martin Schulz sagte, man habe den Wunsch und den Willen, den Zusammenhalt zu fördern und zu stärken. Und die Erneuerung. Und die Stärkung des Vertrauens. Er sprach von hervorragenden Ergebnissen – während an der Basis schon wieder die #noGroKo-Bilder für die Facebook-Seiten vorbereitet worden sind.

Auch Merkel und Seehofer machten gute Miene zum eigentlich nicht so guten Spiel – aber was sollen sie auch anderes machen? Sie können ja nun nicht niederknien und die SPD-Leute anbetteln, doch nun wirklich verhandeln und eine Regierung bilden zu dürfen.

Das ist das Schlimme an der aktuellen Situation: Egal, was rauskommt – es ist nicht besonders gut für unser Land. Es spaltet – selbst in den SPD-Reihen, überall. Aber Alternativen? Minderheitsregierung? Schwierig. Noch mal die FDP fragen? Na ja. Neuwahl? Was soll da raus kommen? Irgendwie ist das alles nicht gerade motivierend.

Malvina, Diaa und die Liebe
SA 13.01.2018 | 16.55 Uhr | hr fernsehen

Malvina und Diaa brauchen Polizeischutz. Sie beiden sind nicht gefährlich. Die Gefahr kommt von einer anderen Seite. Malvina ist Christin und Deutsche. Diaa ist aus Syrien, Moslem, lebt nun in Deutschland. Die beiden sind seit mehr als einem Jahr ein Paar.
Der KiKA, der Kinderkanal von ARD und ZDF, zeigte im November die Doku „Malvina, Diaa und die Liebe". Sie handelte davon, dass sich zwei Menschen aus verschiedenen Konfessionen lieben. Was gut läuft und was problematisch ist. Unkommentiert. Im KiKA lief die Doku innerhalb eines Schwerpunktes über Kinderrechte.
Sie erzählen über ihre Kulturen – und über die Augenblicke, wo diese Kulturen aufeinanderstoßen. Er will, dass sie keine kurzen Kleider trägt. Er mag es nicht, wenn sie mit anderen Männern spricht. Sie wiederum sagt, sie sei eine Emanze, und sie lasse sich nicht verbieten, auch mit anderen Freunden zusammen zu sein – platonisch eben. Sie wolle sich das nicht nehmen lassen, die Sache mit dem kurzen Kleid, die kann sie dagegen akzeptieren.
Sechs Wochen nach Ausstrahlung im KiKA gibt es einen riesigen Wirbel um den Film – angefeuert durch die AfD und durch die „Bild". Der AfD-Bundestagsabgeordnete Dirk Spaniel macht aus der Doku einen Skandal. Für ihn sei sie eine „rührselige Seifenoper". Der Kinderkanal betreibe „Propaganda" für Beziehungen mit moslemischen Flüchtlingen. Die „Bild" zieht nach, ist ebenfalls empört – auch weil auf der KiKA-Seite im Internet Diaa erst 17, dann 19 war. Was allerdings ein Fehler der Internetredaktion war – Diaa war immer 19. Das empört noch mehr, weil AfD und „Bild" nun erst recht eine Verschwörung und Propaganda sehen. Was AfD und „Bild" in Zweisamkeit erreichen, ist: Hass. Blanker Hass, der im Netz ausgekübelt wird von tausenden wütenden Menschen. Eine unwürdige Diskussion entsteht. Malvina und Diaa brauchen schließlich Polizeischutz.

Im Rahmen einer Diskussionssendung zeigte das hr fernsehen – der hr produzierte den Film für den KiKA – am Sonnabendnachmittag die Doku nochmals.
Wer diesen Film sieht – und das einigermaßen ohne Vorurteile -, wird bemerken, dass er keinesfalls Propaganda betreibt. Denn allein durch das, was Malvina den Aussagen von Diaa entgegnet, merkt man sehr wohl, dass da Welten aufeinanderprallen, die nicht immer leicht vereinbar sind. Es kommen Freunde, andere Menschen zu Wort, die ihre Sorgen äußern.
Kritisiert wird, dass der Film ohne einordnenden Kommentar auskommt. Der ist jedoch nicht nötig. Denn erstens kommen die Kommentare sehr wohl – aber eben von den Freunden und Eltern, die durchaus deutlich äußern, was sie eventuell befürchten und was eventuell gar nicht ginge. Außerdem sollte man doch bitte die zuschauenden Kinder (und Jugendlichen) nicht unterschätzen. Denn die können durchaus mitdenken und einschätzen, wie Aussagen eventuell einzuordnen sind. Ein Off-Kommentar, der hier und da sagen würde, das sei ja total bedenklich, was da gerade gesagt wurde, war schlicht überflüssig.
Die Diskussion um „Malvina, Diaa und die Liebe" ist unwürdig und niveaulos. Wie übrigens auch der Stunk um eine „Lindenstraße"-Folge von 2006, die neulich bei one wiederholt worden ist. Dort erklärte Serienfigur Lisa ihrem Sohn Paul, wie toll doch der Islam sei.
Das tat sie damals tatsächlich, aber auch das war keine ARD-Propaganda, die auch in dem Fall von AfD und Co. herbeigeschrien wird. Der Ausschnitt kursierte im Netz, ist so für sich stehend durchaus irritierend. Aber im Gesamtkontext sieht das schon ganz anders aus. Denn die Serienfigur Lisa war schon immer eine, die sich völlig übertrieben in neue Merkwürdigkeiten stürzte. In diesem Fall wollte sie unbedingt Muslimin werden. Als Kind wurde sie von der Mutter verprügelt und verstoßen, sie lebte im Heim, schien immer allein zu sein. Dann lernte sie Murat kennen und wollte unbedingt seine Religion übernehmen, sie wollte ein Teil seiner Familie werden – inklusive Islam. Paul findet das beängstigend, und selbst Lisas Freund/Mann Murat wollte ihr das ausreden. Es gab also sehr wohl eine Kontroverse um das, was Lisa

da tat. Aber das ist rechten Hetzern egal. Sie sehen einen Ausschnitt und schmeißen die Empörungsmaschine an.
Und leider funktioniert die Masche, weil leider die wenigsten sich das ganze Bild machen und sich stattdessen beeinflussen lassen.

Schlagerchampions - Das große Fest der Besten
SA 13.01.2018 | 20.15 Uhr | Das Erste

In der ARD setzen sie auf brandneue Innovationen. Wer am Sonnabend die „Schlagerchampions" gesehen hat, hatte die Möglichkeit, die Songtexte mitzulesen – und natürlich mitzusingen! Eine ganz große Sache! Florian Silbereisen hat es extra ein bisschen erklärt, denn mit der neumodischen Technik kommt ja nicht jeder klar. Es ging um den wirklich heißen Technikscheiß: den Videotext. Den werden viele sicherlich noch gar nicht kennen. Die Zuschauer konnten diesen Videotext aktivieren, eine bestimmte Seite eingeben, und dann stand da immer der Text zum Lied, das da gerade auf der Bühne playbackt wurde.

Wäre auch toll gewesen, wenn diese Texte nicht immer alle zu spät eingeblendet worden wären – nämlich wenn die Hälfte der Textzeile schon gesungen worden war. Zum Mitsingen war der Videotext also nicht geeignet. Aber okay, da muss die ARD noch üben – mit dem Videotext kommen sie eben noch nicht so richtig klar.

Mit Mitlesen ist das Publikum im Berliner Velodrom sowieso kaum gekommen – denn dort sind vermutlich tausendfach Gummischlangen ausgegeben worden, mit denen die Leute klatschen sollten. Denn in die Hände zu klatschen ist auch voll unmodern in der ARD – da muss man schon zu anderen Hilfsmitteln greifen.

Immerhin haben die Verantwortlichen dafür gesorgt, dass es keine Überraschungen gibt. Es waren einfach fast alle Künstler da, die auch neulich schon im „Schlagerbooom" über die Bühne fegten.

Von der Kelly Family, über Roland Kaiser und Maite Kelly (wie üblich ohne gemeinsamem Family-Auftritt), natürlich KluBBB3 – und so weiter. Im Grunde könnte Das Erste auch einfach die Schlagershows von 2017 zu einem neuen Mix zusammenschneiden – würde kaum auffallen.

Nur Albano und Romina Power – die kommen nicht wieder. Die hatten nämlich ihren allerletzten gemeinsamen Live-Auftritt im deutschen und österreichischen Fernsehen, wie Florian Silbereisen gleich mehrfach verkündete – worauf Albano meinte, das sei ja noch gar nicht der Letzte. Es gebe ja noch die Tour durch Deutschland. Doch dieses Superlativ wollte sich Florian nicht nehmen lassen und betonte dann noch mal, dass das ja dann doch der letzte, wirklich letzte LIVE-Auftritt im deutschen und österreichischen Fernsehen wäre. Albano wolle nämlich auf seine Gesundheit achten und will zum Jahresende aufhören. Romina hat dagegen noch Bock und will weiter machen. Vielleicht mit Florian Silbereisen? Als Duo Silberpower? War natürlich (hoffentlich) nur ein schlechter Gag, und so absolvierten Albano und Romina Power dann wirklich ihren letzten, also wirklich allerletzten Auftritt im deutschen und österreichischen Fernsehen. Inklusive Zugabe (in der ARD heißt das: einfach die letzten CD-Takte noch mal abspielen), aber exklusive winken und abgehen. Die waren dann einfach weg aus dem deutschen und österreichischen Fernsehen.

Trailer: N24 heißt jetzt Welt

DO 18.01.2018 | 5.58 Uhr | Welt

Wenn man sagt: Adolf Hitler erobert ab jetzt die Welt! Dann klingt das irgendwie seltsam. Aber es stimmt. Irgendwie. Denn der Teilzeitnachrichtensender N24 heißt jetzt Welt. Und was wäre das Abend- und Nachtprogramm von Welt ohne die vielen Dokus über Hitler und den Nationalsozialismus?

2000 gestartet, hat N24 nun die Bildfläche verlassen – zumindest fast. Seit Donnerstag ist der Zusammenschluss mit der Zeitung „Die Welt" nun richtig sichtbar. Nur der Ableger N24 Doku wird erst mal weiter so heißen. Was nicht nur inkonsequent, sondern auch vollkommen sinnfrei ist.

Aber wie geht man denn nun sprachlich mit dem Sender um? Auf Welt? In Welt? Im Sender Welt? Bei Welt? Schalt mal auf Welt! Läuft in Welt schon die xy-Doku? Haste gestern die Welt gesehen? Bist du eigentlich Fan von Welt?

Klingt entweder irreführend oder schlicht bescheuert.

Andererseits: Wann schaue ich schon mal auf die Welt… also den Nachrichtendokusender, als dass mich das irgendwie berühren könnte?

Werbung: Ford Kuga
FR 19.01.2018 | 23.51 Uhr | RTL

Ärgerlich! Da will man mal mit dem Auto in den Wald fahren, weil man sich mit Joggen gesund halten will und überhaupt mal ein bisschen Natur genießen möchte, und dann gibt es eine Baustelle – mitten auf der Straße.
Blöde Sache, das.
Aber es gibt ja diese neumodischen, großen Autos! Da ist das ja alles gar kein Problem! Man legt den Gang ein, und dann brettert man über den schmalen Waldweg. Ist ja mit den großen Reifen gar kein Ding. Um in die schöne Natur zu kommen, brettert man mal eben durch selbige.
Wirklich schön, diese Autowelt in der Werbung. Am Freitagabend lief bei RTL der Spot für den Ford Kuga.
In einer Zeit, in der über Umweltverschmutzung geredet wird. In der die dreckigen Diesel-Autos angeprangert werden. Wo es darum geht, die Umwelt zu schützen: Da zeigt die Reklame zwei Männer, die mit ihrem fetten Wagen durch den Wald brummen. Weil sie es mit der Karre einfach können. Sie parken das Teil mitten auf einer Lichtung, und die Leute bei Ford denken, das sei unfassbar cool.
Nein, ist es nicht.
Viel cooler wäre es doch, die Spritschleuder am Straßenrand zu parken und von dort loszujoggen. Aber vermutlich bräuchte man dazu keinen Ford Kuga. Und schon gar nicht diesen Werbespot, der so völlig aus der Zeit gefallen ist.

Generation '89 - Erwachsenwerden im Wendejahr
SO 21.01.2018 | 23.50 Uhr | mdr-Fernsehen

Wer die Menschen im Osten verstehen möchte und rausfinden will, warum sie eventuell frustriert und enttäuscht sind von der aktuellen politischen und gesellschaftlichen Lage, der muss sich nur mal mit der Wendezeit beschäftigen.

Der mdr zeigte am späten Sonntagabend die sehr spannende Doku über die „Generation '89 – Erwachsenwerden im Wendejahr". Sie porträtierte Menschen, die im Herbst 1989 um die 13, 14 oder 15 Jahre alt waren. Wer diesen Leuten zuhört, wird feststellen, dass jeder anders die Wendezeit erlebt und jeder für sich andere Schlüsse draus gezogen hat.

Da ist die junge Frau, die an die DDR glaube, die in der FDJ mitmischte – und die erschüttert war, dass mit dem Mauerfall von einem Tag auf den anderen nichts mehr so war wie vorher. Die da stand und nicht wusste, woran sie nun eigentlich glauben sollte.

Da ist der Schüler, der beobachtet hat, dass die Lehrer nach der Wende plötzlich nichts mehr zu melden hatten, weil die plötzlich keine Autorität mehr waren – und dementsprechend alles durchgehen ließen.

Da ist die Frau, die im November mit den Eltern in den Westen geflohen war und am 9. November 1989 in einem Aufnahmelager die Bilder aus dem fernen Berlin vom Mauerfall sah. Und natürlich der junge Mann, der gleich am Tag des Mauerfalls rüber nach West-Berlin reiste – und ein anderer, der am Wochenende danach gleich mal mit dem Zug nach Hamburg fuhr.

Es bringt auch die eigenen Erinnerungen wieder zurück. An eine Zeit des Umbruchs. Im Leben, in der Familie, in der Schule. In den eigenen Erinnerungen sah das alles gut aus.

Allerdings haben die Menschen im Osten Deutschlands etwas gemeinsam: Innerhalb eines Jahres kamen sie in einer neuen Gesellschaft an. Wiedervereinigung. Das war ein großartiges Ereignis – es hatte aber auch Schattenseiten. Die DDR wurde geschluckt – mit allem, was an ihr übel war, aber auch mit dem, was gut war. Gewohnheiten, Produkte, das Fernsehen, Konventionen – vieles war einfach nicht mehr da. Vom System, in dem es ja auch Menschen gab, die sich inklusive Ideologie wohl fühlten, ganz zu schweigen.

Fast 30 Jahre nach dem Untergang der DDR könnte man denken, die Wunden seien verheilt, dass Ost und West verschmolzen sind. In vielerlei Hinsicht sind sie das auch. Aber dennoch: Im Osten ist der Frust auch aktuell wieder groß. Das Gefühl, wieder kümmere sich keiner um sie. Das Gefühl, sie seien wieder auf dem absteigenden Ast. Das Gefühl, wieder werde überall gelogen. An diesen Gefühlen ist nüchtern betrachtet vielleicht nicht immer was dran, aber man muss sie ernst nehmen.

Für solche Auseinandersetzungen ist diese Doku des mdr ein guter Einstieg.

Beat the Box
SO 28.01.2018 | 19.15 Uhr | VOX

Neue Sparmaßnahme bei VOX. Und diesmal ist es besonders bitter.
Wie muss man sich dort eine Ideensitzung vorstellen?
Einer sagt: Lasst uns doch ein neues Quiz machen!
Und der Chef sagt: Prima! Wir haben aber kein Studio.
Und der andere sagt: Kein Problem, drehen wir eben irgendwo anders.
Und der Chef sagt: Für Irgendwoanders ist auch kein Geld da.
Und der andere sagt: Dann drehen wir eben bei den Leuten zu Hause. Ich habe auch schon eine Idee, wer das moderiert.
Und der Chef sagt: Wir haben aber kein Geld für einen Moderator.
Unter diesen Bedingungen startete als am Sonntagabend VOX das neue Quiz „Beat the Box".
Kein Studio, keine Kulisse, kein Moderator.
Die vier Kandidatengruppen sitzen jeweils zu Hause und fischen sich die Fragen und Aufgaben aus einer Box.
Das wirkt dann schon weniger wie ein Quiz, sondern mehr wie eine der üblich-drögen Dokusoaps.
Eine Interaktion mit den Gegnern fehlt, alle schmoren im eigenen Saft – und das Ganze ist schnitttechnisch zusammengeklatscht worden. Vermutlich ist „Beat the Box" eine der preiswertesten Quizshows, die es bei VOX je gab.
Besonders aufregend ist das nicht.

Ich bin ein Star - Holt mich hier raus!
Das große Finale 2018
SA 03.02.2018 | 22.15 Uhr | RTL

Irgend so eine Dings ist Dschungelkönigin 2018 geworden. Sie heißt Jenny, und im März (oder morgen) werden wir das schon wieder vergessen haben. Eventuell – aber wirklich nur eventuell – werden wir noch im Hinterkopf haben, dass sie die Halbschwester von Daniela Katzenberger ist.

Am Sonnabend lief bei RTL das Finale im Dschungelcamp. Einer 12. Staffel mit vielen Aufs und Abs. Und einer Dschungelkönigin, die noch nie so langweilig und blass war.

Für RTL wird es vermutlich immer schwieriger, einigermaßen bekannte Leute für das Dschungelcamp zu finden. Waren es in den ersten Staffeln fast durchweg noch irgendwie bekannte oder halbwegs bekannte Leute, die dabei waren, sind es 2018 vielleicht vier oder fünf Leute gewesen, die man hätte kennen können.

Der Rest? Wer war da noch mal? Kattia? Was hat die noch mal gemacht? Und diese Sandra? Wo ist die mal durch Bild gelaufen? Und Giuliana? Wie sah die noch mal aus?

Das Problem: Normalerweise ist es nicht wichtig, dass alle Camp-Teilnehmer bekannt sind. So lange sie die Zeit im Camp dazu nutzen, auf sich aufmerksam zu machen. Irgendwie für Interesse zu sorgen, für Sympathie. Bei diesen drei Damen ist absolut nichts hängen geblieben.

Das führte dazu, dass die ersten Tage bei „Ich bin ein Star – Holt mich hier raus!" ziemlich dahin plätscherten. Irgendwie ist nichts passiert, die Camper waren langweilig.

Aber das Blatt wendete sich, auch wenn RTL nachhelfen musste. Ständige Regelbrüche führten dazu, dass die Raucher keine Kippen bekamen – und Daniele Negroni („DSDS") Frust schob und das alle spüren ließ. Endlich war mal was los im Camp.

Daniele war es aber auch, der versuchte, das Team zusammenzuhalten und eben immer wieder meckerte, wenn ständig Regelbrüche praktiziert worden sind. Die anderen haben das nicht kapiert und – auch Dschungelkönigin Jenny – verbat es sich, von Daniele vollgenölt zu werden. Dabei war es auch eben jene Jenny, der Regeln wurscht waren. Sympathisch war das nicht. Die Sängerin Tina York dagegen wurschtelte sich durch. Eigentlich war sie sehr unglücklich und wollte raus. Aber sie biss sich durch, auch wenn sie die Zuschauer immer wieder aufforderte, nicht für sie abzustimmen. Am Ende aber – im Finale – musste auch sie in die Dschungelprüfung und war tapfer. Am Ende siegte sie aber nicht, sie wurde leider Dritte und Daniele Zweiter – der darüber sichtlich enttäuscht war.

Und das zurecht: Denn Jenny Frankhauser hat im Camp nicht wirklich was geleistet. Und dass sie über sich hinaus gewachsen sein soll, war auch nicht wirklich erkennbar. Früher haben die RTL-Zuschauer Leute hochgehoben, die was geleistet haben. 2018 war das nicht mehr der Fall. Vielleicht rufen auch kaum noch Leute an, vor einigen Jahren kursierten ja mal ziemlich niedrige Anruferzahlen. Und wenn RTL sowieso nichts an den Anrufen verdient, sollte sich der Sender mal ein neues Votingsystem überlegen. Vermutlich hätte diese... ähm... diese Dings dann nicht gewonnen.

Live ran: SuperBowl52
Halbzeitshow
SO 04.02.2018 | 2.15 Uhr (Mo.) | ProSieben

Früher war das ja so: Unten auf der Bühne wurde großes Entertainment geboten, und auf den Rängen gingen die Leute ab, sie feierten und klatschten. Das sorgte für Stimmung, und irgendwie war das immer sehr schön.
Aber das scheint die Vergangenheit zu sein.
In der Nacht zum Montag wurde in Minneapolis der SuperBowl 52 ausgetragen. ProSieben übertrug live. Höhepunkt ist immer die Halftimeshow, die diesmal von Justin Timberlake bestritten wurde. Nun kann man über den Auftritt sagen, was man will, man kann sich über den Kommerz beschweren und über eventuelle Playbacks – eines aber fiel auf: Als Justin Timberlake mitten im Publikum stand, klatschte und jubelte niemand.
Das lag nicht unbedingt daran, dass alle den Justin doof finden. Nein, sie alle waren beschäftigt, und zwar so ziemlich ausnahmslos. Damit, den Justin zu filmen. Alle hatten sie ihr Smartphone in der Hand und hielten es in Richtung des Sängers. Und klar, da hat man keine Hand zum Klatschen frei, und man ist zu beschäftigt als dass man jubeln könnte.
Es war ein trauriges Bild. Und ich frage mich immer wieder: Erlebt man den Moment eigentlich, wenn man damit beschäftigt ist, ihn mitzufilmen? Ärgert man sich danach nicht über die miese Bild- und Tonqualität? Wäre es nicht viel geiler gewesen, stattdessen Stimmung zu machen – oder es einfach zu genießen?
Aber vielleicht bin ich in der Hinsicht einfach von gestern.

Die Notrufzentrale
MO 05.02.2018 | 22.15 Uhr | VOX

Polizeidokus gibt es vor allem im Nachmittagsprogramm der Privatsender inzwischen einige. Sie gehören nicht gerade zum Premium-TV.

Am Montagabend lief bei VOX erstmals „Die Notrufzentrale", und allein der Titel erinnerte an die Mutter alle deutschen Reality-TV-Dokus bei RTL: „Notruf". Da ging es um Rettungseinsätze, und wie alle Leute aus dieser Situation herauskamen.

Wer jedoch „Die Notrufzentrale" sieht, wird schnell feststellen: Da ist etwas anders, und am Anfang erscheint das ziemlich merkwürdig.

Denn diese Dokureihe dreht sich ausschließlich um die Menschen, die Notrufe aufnehmen. Die sich anhören, was die Anrufer erzählen. Die etwas unternehmen, damit diesen Menschen geholfen wird.

Die Doku verlässt diese Notrufzentrale nicht. Der Zuschauer hört, wie die Leute in der Zentrale, den Notfall nur aus der Telefonleitung. Das Filmteam verlässt die Räume nicht, es gibt keine Bilder von vor Ort.

Am Anfang denkt man: Was soll das? Was bringt das? Denn oft ist es auch so, dass man als Zuschauer nicht mitbekommt, wie der Notfall zu Ende geht.

Aber schnell ist klar: „Die Notrufzentrale" ist ein hochgradig spannendes und überraschend emotionales Format. Denn wir erleben hautnah, wie die Notrufe eingehen. Das ist mitunter erschütternd. Wenn eine jung Frau weinend erzählt, dass ihre betrunkene Mutter Auto fahren will und sie das verhindern müsse – und sie dann zugibt, dass sie ihre Mutter deshalb auch geschlagen habe. Die Mutter keift währenddessen im Hintergrund. Oder die Frau, die anruft, weil ein Baum auf der Straße liegt, und während sie das erzählt, hört man, wie ein anderes Auto in diesen Baum rast. Es sind Schockmomente.

Oder wenn Hektik ausbricht, weil eine Frau anruft: Ihr Mann hatte am Steuer des Autos einen Schlaganfall, und nun weiß die Frau aber nicht, wo genau sie eigentlich sind.

„Die Notrufzentrale" handelt weniger von den dort eintreffenden Fällen. Sondern von den Menschen, die am anderen Ende der Leitung sitzen. Die sich die Not anhören und für Hilfe sorgen. Die immer ruhig bleiben müssen, egal was passiert. Die es trotzdem manchmal mitnimmt, wenn sie Katastrophen live miterleben. VOX leistet mit der Reihe – jeden Montagabend – einen wichtigen Dienst an den Menschen, die Hilfe leisten, aber auch für die, die (hoffentlich nie) diese Weise Hilfe brauchen, aber dann eventuell eine Ahnung davon haben, wo sie mit ihrem Anruf landen.

Olympia 2018: Die Eröffnungsfeier
FR 09.02.2018 | 12.00 Uhr | Das Erste

Also, das konnte ja nun wirklich keiner ahnen! Ein koreanischer Amtsträger, der in Korea koreanisch spricht! Ein echtes Ding der Unmöglichkeit. Zumindest für die Verantwortlichen der ARD-Olympia-Übertragung.

Am Freitagmittag lief im Ersten die Übertragung der Eröffnungsfeier der Olympischen Winterspiele im südkoreanischen Pyeongchang. Alles war schick, bis plötzlich Lee Hee-Beom sprach, der Chef des koreanischen Organisationskomitees.

Der Übersetzer stammelte anfangs noch: „Wie schön, Sie hier alle zu begrüßen." Aber ob Lee Hee-Boeom das wirklich sagte, weiß keiner. Denn sehr schnell verstummte der Dolmetscher, der sich am Ende als nichtwissend outen musste. Man habe nicht damit gerechnet, dass der Mann auf Koranisch sprechen werde. Man sei davon ausgegangen, dass er Englisch reden wollte. Später hieß es noch, es habe sich um eine Kommunikationspanne gehandelt.

Aber das muss man der ARD wirklich lassen – da übertragen sie live aus Korea und sind überrascht, wenn jemand in der Landessprache spricht. Und da es auf Eurosport 1 parallel einen

Dolmetscher gab, kann das alles ja doch keine so große Überraschung gewesen sein.

Pyeongchang 2018 live: Snowboard - Halfpipe, Herren
DI 13.02.2018 | 2.25 Uhr (Mi.) | TLC

Das schlechte Wetter in Südkorea ist für die Sender, die Olympia übertragen, ein echtes Problem. Eigentlich sollte in der Nacht zum Mittwoch das alpine Ski-Slalomrennen stattfinden. Aber der Sturm machte allen einen Strich durch die Rechnung.
Und so zeigten sowohl das ZDF als auch Eurosport 1 einen ziemlich langweiligen Curling-Wettbewerb. Während dort also gemächlich gewischt und gerutscht wurde, stach plötzlich das kleine TLC hervor. Die hatten eine echte Powersportart im Programm.
TLC übertrug einen Snowboard-Wettbewerb. Die Männer zeigten in der Halfpipe, was sie drauf haben. Und das ist mitunter atemberaubend. Mit ihren Schneebrettern rauschen die Männer also rein in die Halfpipe und sausen von einer Seite auf die andere – und am Rand schwingen sie immer wieder in die Luft und vollführen unglaubliche Kunststücke.
Das sieht hart aus, wuchtig, aber dennoch schnell – und ist irgendwie fesselnd.
Eine Nacht zuvor waren auch die Frauen in der Halfpipe, und das Gefühl beim Zusehen war dasselbe.
So sorgt der Ausfall eines der klassischen Wettbewerbe bei Olympia dafür, dass man auch mal den Blick frei hat auf eine noch junge Sportart – und dieser Blick lohnt sich sehr.

Aufbruch ins Ungewisse
MI 14.02.2018 | 20.15 Uhr | Das Erste

Die Öffentlich-Rechtlichen stehen unter Beschuss. Die Rechten wollen die Fernsehgebühren abschaffen und ARD und ZDF vermutlich am liebsten gleich mit. Deren Anhänger sprechen von der Lügenpresse, von Staatsmedien, von Propaganda. Damit haben sie unrecht, aber leider geben ihnen ARD und ZDF immer wieder leichtfertig Futter – wie auch am Mittwochabend.
Eigentlich ist der Film gut gemeint: In „Aufbruch ins Ungewisse", am Mittwochabend im Ersten, geht es um Flüchtlinge. Aber anders: Deutsche müssen in Richtung Afrika flüchten. Dort erleben sie, was uns von hier bekannt vorkommt. Sie haben es mit Schleppern zu tun. Sie sind mit Schlauchbooten unterwegs. Sie landen in Namibia, wollen aber nach Südafrika – was aber aus Asylrechtsgründen nicht geht. Es gibt Frust und Angst. Das Gedankenspiel kann man durchaus machen – wenn es allerdings auch keine neuen Erkenntnisse bringt, sondern einzig und allein auf den Effekt setzt, dass es Deutsche sind, die flüchten müssen.
So gut der Gedanke ist, so schlecht und schlampig ist die Umsetzung. Warum die Schneiders flüchten müssen, wird nur kurz angerissen. Rechtsextreme haben die Macht in Deutschland. Die Pressefreiheit ist Geschichte, Andersdenkende kommen in den Knast. Ein paar wenige Minuten gibt sich der Film dafür. Abgesehen davon, dass die wenige Zeit nicht ausreicht, um irgendeinen emotionalen Impuls gegenüber der Familie zu bekommen – man hätte schon mal etwas ausführlicher zeigen können, was in dieser Vision in Deutschland eigentlich Sache ist.
Zumal es sich die Filmemacher letztlich schrecklich einfach machen. Die Rechten sind böse, und Punkt. Andersdenkende müssen raus, sie flüchten.
Das ist zu kurz gedacht. Es hätte ausführlicher auf die Lage im Land eingegangen werden müssen.
Später heißt es, sie wollen mit dem Schiff von Hamburg aus losfahren. In der nächsten Einstellung sitzen sie im Schlauchboot.

Wieso? Was ist vorher passiert? Da spart der Film eine Handlung aus, die aber wichtig ist, erzählt zu werden.

Aber die wichtigste Frage ist: An wen richtet sich dieser Film? Wer hierzulande über Flüchtlinge hetzt, wird „Aufbruch ins Ungewisse" erst recht wiederum als Hetze empfinden. Weil dieser Film anfangs einfach nur dumpf nach rechts nachtritt. Wer Anhänger einer rechten Partei ist, den wird dieser Film nicht erreichen. Denn der wird sicherlich nicht andersdenkend sein und sich deshalb auch nicht – wie im Film gezeigt – auf eine Flucht begeben müssen. Und der wird in keinster Weise die Geschichte nachfühlen können, der wird sich darauf gar nicht erst einlassen.

Heißt also: Der Film richtet sich an die, die eine gewisse Empathie gegenüber den Flüchtlingen empfinden. Die also sowieso auf einer bestimmten Seite stehen. Also die, die von den Rechten als Gutmenschen betitelt werden. Die nun sagen: Gutmenschen machen einen Film für Gutmenschen.

Das kann nur nach hinten losgehen. Das kann nur dazu führen, dass die Rechten sich noch mehr provoziert führen, dass sie der Meinung sind, der Staatsfunk betreibe Propaganda.

Das ist wirklich schade, denn hier schwimmt jeder in seinem eigenen Saft, und jeder zeigt mit dem Finger auf den anderen. „Aufbruch ins Ungewisse" sorgt leider nicht dafür, dass man miteinander ins Gespräch kommt. Er sorgt nicht für ein Wachrütteln, weil er einfach, gerade in der Ursachenforschung, zu viele Klischees bedient und einfach nur auf einen Effekt setzt. Damit hat sich leider keiner einen großen Gefallen getan, und das ist extrem bedauerlich.

maischberger: Wozu brauchen wir noch ARD und ZDF?
MI 28.02.2018 | 22.45 Uhr | Das Erste

Am Sonntag stimmen die Schweizer darüber ab, ob sie weiterhin Fernsehgebühren bezahlen sollen. Gewinnt das Nein-Lager droht das Aus für die SRG.
Und in Deutschland? Brauchen wir ARD und ZDF? Und sollen wir wirklich alle dafür zahlen – auch wenn wir (angeblich) nie nie nie öffentlich-rechtliche Angebote nutzen?
Darüber ist am Mittwochabend im Ersten bei Sandra Maischberger in „maischberger" diskutiert worden.
Wozu brauchen wir denn nun die öffentlich-rechtlichen Sender?
Vielleicht, weil es nur bei den Öffentlich-Rechtlichen Diskussionssendungen darüber gibt, ob man ARD und ZDF abschaffen sollte. Vielleicht, weil es fast nur bei ARD und ZDF überhaupt Sendungen gibt, in denen politische Gedankenaustausche stattfinden. Wie gut oder wie schlecht diese Sendungen sind, steht auf einem anderen Blatt.
Vielleicht, weil es dort noch Magazine gibt, die Skandale aufdecken. Journalisten, die recherchieren und Dinge ans Licht bringen, die auch mal weh tun. Und die sich übrigens auch gegen die regierende Politik richten.
Vielleicht, weil ARD und ZDF nicht dem Kommerz dienen. Weil keine Unternehmen dahinter stecken, die Profit machen müssen. Die sagen, bestimmte Themen könne man wegen der Quote oder wegen Werbeeinnahmen nicht mehr bringen.
Ganz sicher wird man darüber reden müssen, wie die Programme von ARD und ZDF aussehen sollten. Warum Dokus oder Politsendungen meistens im Spätprogramm oder in Spartensendern laufen. Warum Live-Unterhaltungsshows bei ARD und ZDF konkurrieren. Und ganz sicher müssen sich auch Journalisten immer hinterfragen, wie neutral sie in den Nachrichten berichten.
Bei „maischberger" diskutierte Ex-ProSieben-Gründer Georg Kofler darüber, dass ja ARD und ZDF zu viele Sender hätten und zählte

auch die vielen Dritten auf. Dabei gab es diese Dritten ja schon vor 30 Jahren, nur eben nicht alle durch Satelliten und Kabel-Digitalisierung bundesweit empfangbar. 3sat und arte sind Kooperationen, die über Deutschland hinaus gehen, der Spartensender one kostet wohl kaum was, tagesschau24 ist das Backup für die eigentliche Tagesschau. Auch zdf info kann mit den vielen Doku-Wiederholungen nicht viel kosten, bietet aber dennoch einen Mehrwert. Auch zdf neo lebt vor allem von (zu vielen) Krimi-Wiederholungen.

Beatrix von Storch von der AfD möchte die Rundfunkgebühr abschaffen und meint, alternativ könnte sie doch als Steuer erhoben werden. Was dann aber staatlich wäre – was sie einerseits kritisiert. Aber andererseits – falls die AfD mal an der Macht sein sollte – natürlich gut wäre für die AfD, denn dann könnte sie den Einfluss nehmen, wie ähnliche Parteien das zum Beispiel in Polen schon machen. Einerseits wird eine angebliche Regierungsnähe der Sender kritisiert – andererseits würde es die AfD vermutlich super finden, wenn sie als Regierung viel Einfluss hätte. Siehe Polen.

Auch hinkt der Vergleich, dass ja im Pressewesen die freiwillige Zahlung auch funktioniere. Kaum noch jemand zahlt freiwillig für Nachrichten, wie lange es noch gedruckte Zeitungen gibt, weiß keiner. Und eine Tagesschau sei finanziell vermutlich kaum zu stemmen, wenn nicht alle dafür zahlen müssten. Ebenso Kultursender, die weniger Zuschauer haben, aber teurer sind. Und wie sähe überhaupt das Fernsehen aus, wenn wir für alles ein Abo abschließen müssten? Wie viel würden wir dann für alles mögliche zahlen?

Wir brauchen ARD und ZDF, aber natürlich müssen wir weiter über das Wie reden. Über Dudelfunk-Popwellen. Über den 236. Krimi. Über die 12. Soap. Über Kleinstsender wie Radio Bremen oder den SR. Sparen und optimieren kann man nämlich immer. Aber abschaffen? Und dann so tun, als würde man bei RTL oder ProSieben informiert werden? Bitte nicht.

Promi Undercover Boss: Detlef Soost
MO 05.03.2018 | 21.15 Uhr | RTL

Das passiert jeden Tag in deutschen Tanzschulen: Ein Mann, Ende vierzig, taucht auf und will es noch mal wissen. Von zwei jungen Tänzern möchte er erfahren, ob es noch Sinn macht, mit dem Tanzen anzufangen.
Der Mann ist Detlef Soost. Allerdings hat er eine Perücke auf, einen Bart angeklebt bekommen und eine Brille. Das Team der RTL-Sendung „Undercover Boss" hat den Promi, der kürzlich sein D abgelegt hat, bis zur Unkenntlichkeit verkleidet. Oder zumindest denken sie, dass sie alles gegeben haben.
Total glaubwürdig. RTL will uns mal wieder für blöd verkaufen. Weil für die Reihe „Undercover Boss" scheinbar alle Firmen abgegrast sind, müssen nun Promis ran. Und offenbar denkt man, es reiche, einen Mann wie Soost einen Bart ins Gesicht zu bammeln.
Am Montagabend war also zu sehen, wie Soost uns weismachen wollte, dass ihn niemand erkennt. Immerhin hat er nicht mal seine Stimme verstellt, und ich kann mir beim besten Willen nicht vorstellen, dass Tanzprofis den Tanzstar Detlef Soost nicht erkennen. So oder so haben aber alle mitgespielt – immerhin winkte ja eine gut einstündige Fernsehrolle.
Dass dieses Gewurschtel mit dem eigentlichen „Undercover Boss"-Format nichts zu tun hat, scheint da überhaupt keine Rolle zu spielen.
Und nächste Woche: Kermit der Frosch bekommt falsche Zähne und zwei Zöpfe, nennt sich Horst das Weißbrot und versucht in der Sesamstraße einen Platz in der WG von Ernie und Bert zu bekommen. Wird bestimmt auch ein Quotenhit für RTL. Und ist garantiert glaubwürdiger als die Soostsche Peinlichkeit.

Krause kommt!: Michael Wendler

FR 09.03.2018 | 23.30 Uhr | SWR-Fernsehen

Der SWR hat neuerdings eine Immobilienshow im Programm. Blöderweise wussten die das aber selbst nicht – erst am Freitag um 23.30 Uhr könnten die das mitbekommen. Da hat nämlich der Wendler dem Krause sein Haus gezeigt.

„Krause kommt" heißt ein sehr schönes Format spätfreitagabends im SWR-Fernsehen. Pierre M. Krause besucht in der Sendung einen Prominenten in seiner Wohnung. Sie plaudern, besuchen Orte, die dem Promi wichtig sind, und Krause übernachtet dann auch bei dem Promi. Krause ist also quasi Gast in seiner eigenen Sendung.

Auch Schlagerstar Michael Wendler hat das SWR-Team in sein Haus gelassen. Er hat ein Anwesen in Dinslaken, einen alten Pferdehof. Der Wendler führte den Krause durchs Haus. Der große Flur, die schöne Küche, das herrliche Kaminzimmer, das Schwimmbad und der riesige Kraftraum. Muss man gesehen haben. Und gut, dass sich die SWR-Leute das alles mal ansehen konnten, denn der Wendler will die Klitsche nämlich verkaufen. Bis jetzt hat sich aber niemand gefunden – vielleicht ist das ja nach der SWR-Immobilenschau anders. Der Wendler lebt nun mit seiner Familie in den USA, in Dinslaken ist er eigentlich nur, wenn… ja, wenn der SWR kommt und sein Haus abfilmt.

Ziemlich berechnend, möchte man meinen. Aber vielleicht tut man dem Wendler damit auch mal wieder unrecht. Denn: Irgendwie sympathisch ist er ja doch, der Wendler. Sehr offen erzählt er über sein Leben. Wie er zur Musik gekommen ist, was ihn beschäftigt, wie er mit der umfassenden Häme klargekommen ist – oder auch nicht klargekommen ist. Fast schüchtern wirkt er, fast zerbrechlich. Dass dieser Typ oftmals so großfressig rumlief, scheint in diesen Augenblicken so gar nicht fassbar zu sein. Sein Image passt einfach nicht zu dem Menschen, als der sich der Wendler dem Krause zeigt.

Dschungelcamp? Hätte er nicht machen sollen. Oder nicht vorzeitig rausgehen dürfen. Dass er sich bei einer RTL-Show so schwer verletzt hat, dass seine Hand dauerhaft Schaden nahm, ist bitter. Sein Image jedoch kam wie ein Bumerang zurück, es flog ihm um die Ohren – in Deutschland spielte er ziemlich plötzlich kaum noch eine Rolle.

Und wenn er dann in der Doku so erzählt – da möchte man das alles kaum glauben. Dass so ein schüchterner Mensch leider so oft so seltsam unsympathisch rüberkam.

So hatte diese SWR-Doku dann doch was Gutes – es zeigte den Wendler wirklich mal von einer Seite, die man ganz offenbar viel zu selten zu sehen bekam.

Tatort: Im toten Winkel
SO 11.03.2018 | 20.15 Uhr | Das Erste

Sie können sich ihr Leben nicht mehr leisten. Deshalb wollen sie lieber sterben, als anderen zur Last zu fallen.
Deshalb erstickt er seine Frau.
Deshalb nimmt er Tabletten und will sich ebenfalls umbringen.
11 Millionen Menschen sahen am Sonntagabend den „Tatort: Im toten Winkel" aus Bremen. Für die allermeisten Menschen wird es ein erschütternder Abend gewesen sein.
Lürsen (Sabine Postel) und Stedefreund (Oliver Mommsen) müssen sich mit dem Alter beschäftigen, mit der Pflege für kranke Menschen, mit Pflegediensten, die auf Profite aus sind. Ein ungewöhnlicher Kriminalfall, und einer, der unter die Haut geht.
Es ist ein Tabu, das die quotenträchtigste Krimireihe Deutschlands da aufgreift, und dafür kann man die Macher nur beglückwünschen. Denn sie nutzen die extrem hohe Reichweite vom „Tatort", um dieses wichtige, kritische Thema aufzugreifen. Wir sehen Menschen, die verzweifelt sind. Weil sie sich um ihre Partner oder um ihre Eltern kümmern müssen. Permanent. Und damit kaum klarkommen. Unfassbar überfordert sind. Psychisch und auch finanziell. Die am Kranksein verzweifeln. Die an der Pflege der Kranken verzweifeln. Es geht um die Macht der Pflegedienste, um viel Geld, das da fließt – mitunter in falsche Richtungen.
Wir müssen darüber reden. Vielleicht kann der „Tatort" eine neue Debatte anstoßen. Immerhin konnte er dieses Thema mindestens mal wieder ins Licht rücken. Und es sollte da so schnell auch nicht mehr raus.

7 Tage... unter radikalen Christen
MI 21.03.2018 | 23.50 Uhr | NDR

„Vergib's, Herr, wo wir zugelassen haben, dass die ganze Perversion in unser Land kommt, Herr. Und ich danke dir, dass jeder Dreck hinaus gefegt wird aus diesem Lande. Jede Perversion, die herein gekommen ist. (...) Ich bitte dich so, dass du die Gesetze änderst, Herr."

Dies ist ein Gebet, das eine Frau in einer freikirchlichen Gemeinde bei Stuttgart an Gott richtet.

Ein Gebet, das nachdenklich macht. Weil es so voller Hass ist. Voller Frust, voller Furcht. Und weil ein Bild Gottes vermittelt, das ebenfalls von einem seltsamen Hass ausgeht. Davon, andere auszugrenzen, runterzumachen.

Im NDR lief am späten Mittwochabend ein Beitrag in der Doku-Reihe „7 Tage...". Ein Reporter war zu Gast unter radikalen Christen. Erstaunlich offen gaben sie Einblicke, die man nicht oft bekommt.

Diese Christen beten dafür, dass Gott andere Gesetze schaffe, dass Angela Merkel zur Vernunft finde. Die Trennung von Kirche und Staat finden sie nicht sinnvoll, sagen sie. Sex vor der Ehe und Homosexualität lehnen sie ab. Sie sagen nicht, dass sie solche Leute rausschmeißen würden – aber schwuler Sex sei Sünde, sagt eine der Frauen, die in der Gemeinde das Sagen hat. Und für diese Sünde müsse sich der Betroffene vor Gott verantworten. Frage des Reporters: Hat Gott nicht auch die Homosexuellen geschaffen? Antwort: Nein.

Es ist ein Gottesbild, das ich nicht teilen kann. Ich kann mir nicht vorstellen, dass Gott so denkt und handelt. Dass dieser Gott so engstirnig ist. Ich glaube ja, dass ein Gott uns alle beobachtet und selbst mit dem Kopf schüttelt, was die Menschen für einen Mist bauen. Sie sprechen zu ihm, er spricht zu ihnen – wie auch immer. Aber greift er auch ein? Beeinflusst er? Bestraft er Sünden? Oder ist er einfach nur da, ohne zu bestrafen?

Es ist ein merkwürdiges Gottesverständnis, wenn man andere Menschen als Dreck bezeichnet. Wenn man von Perversionen spricht und damit alles Fremde von vornherein ablehnt. Will Gott so was? Diese radikalen Christen haben, so finde ich, entweder einen anderen Gott oder sie haben irgendwas falsch verstanden – oder sie hören nicht, wenn ihnen ihr Gott ordentlich den Marsch bläst.

Stars im Spiegel - Sag mir, wie ich bin!
SA 24.03.2018 | 22.30 Uhr | RTL

Stars halten ja in der Regel ziemlich viel von sich selbst. Was aber sagt das Publikum? Wie finden die Leute eigentlich Oliver Pocher, Michael Wendler, Stefan Mross und Sophia Vegas (Wollersheim)? Man mag es ja kaum glauben, aber RTL hatte am Sonnabend eine richtig interessante, neue Show im Programm: „Stars im Spiegel – Sag mir, wie ich bin!" Die vier Promis mussten einschätzen, was das Publikum über sie denkt. Dafür gab es Geldbeträge, die sie am Ende gewinnen konnten.

So stimmte das Publikum gleich am Anfang darüber ab, wem sie denn den Sieg am Ende gönnen würden, die Promis mussten tippen, wer beim Publikum vorn liegt. Wird der Promi auf sich selbst tippen? Oder wird der Promis zurückhaltend sein und auf jemand anderen setzen? Oliver Pocher setzte keck auf sich selbst – und hatte damit Recht.

Das war nämlich tatsächlich der Clou der Show: Die Stars mussten die Maske absetzen und preisgeben, was sie über sich selbst denken, wie sie glauben, wie die anderen über sie denken, aber auch, wie sie über den anderen denken.

So war eine Frage ans Publikum: Welcher Promi ist mit seinem Können berühmt geworden? Die Stars mussten sich selbst in der Reihenfolge sortieren, wie das Publikumsranking ausgefallen ist. So standen also der Pocher, der Wendler, der Mross und die Ex-Wollersheim da und diskutierten, wer was wann. Oder eher darüber, wie das Publikum glaubt, wer was kann. Da war der

Wendler aber ziemlich geknickt, als er von seinen Kollegen nur auf Platz 3 gestellt worden ist – und tatsächlich nur auf Platz 3 landete. Klar, es ist ein Schuss Psychologie, dazu ein paar mehr oder weniger humorige Fragen – hier und da wurde es aber durchaus ernst. Wenn es darum ging, welcher Promi am untreuesten ist und gezeigt wird, mit welchen Ladys der Pocher schon zusammen war, da merkte man schon, dass das für ihn nicht der schönste Moment war.

Ebenso, wenn Sophia Vegas in einem Einspieler von Kindern gesagt bekommt, dass sie mit ihren operierten Brüsten und dem merkwürdig geformten Körper schlimm aussähe. Sie hat es weggelächelt, aber das fiel ihr sichtbar schwer.

„Stars im Spiegel" hat auch deshalb so gut funktioniert, weil die Gäste extrem gut ausgewählt waren. Michael Wendler hat ein ziemlich schlimmes Image, ist aber, wenn man hinter seine Kulissen schaut, ein erstaunlich zurückhaltender Mensch. Stefan Mross ist als Volksmusiker sowieso umstritten, Oliver Pocher mit seinem Selbstbewusstsein auch, ebenso wie Sophia Vegas, die unbedingt ein US-Star werden will.

Die Reihe, moderiert von Sonja Zietlow, soll in Serie gehen – sie steht und fällt allerdings mit den Gästen, die keine ganz großen Promis sein müssen – wichtig ist, dass sie interessant sind und offen in so eine Show gehen.

Das Traumschiff: Malediven
SO 01.04.2018 | 20.15 Uhr | ZDF

Ich weiß ja nicht, was die TV-Crew macht, wenn sie auf dem „Traumschiff" mitschippert. Vermutlich Urlaub. Um ihren eigenen Film scheinen sie sich nicht zu kümmern. Anders ist es nicht zu erklären, dass „Das Traumschiff: Malediven" – am Ostersonntagabend im ZDF – in Sachen Buch und Regie eine einzige Katastrophe war.
Regisseur Christoph Klünker muss irgendwie permanent von der Sonne geblendet worden sein. Vielleicht hat er deshalb die vielen schlimmen Anschlussfehler nicht mitbekommen, die nicht damit zu entschuldigen sind, dass das doch alles nur Unterhaltung sei. Liebes ZDF, auch Unterhaltungsfilme sollten einen gewissen Anspruch haben – warum man dieses mies zusammengeschusterte Machwerk durchgewunken hat, kann nur an vielen Cocktails liegen.
Und da reden wir noch nicht mal davon, dass Harald Schmidt seine wirklich gestelzten Sätze noch gestelzter aufsagt. Dafür, dass er mal als Theaterschauspieler anfing, wirkt er wie ein blutiger Anfänger, der nicht mal im Ansatz ein Gefühl dafür hat, wie man spielt. Vielleicht liegt es aber auch am haarsträubend schlechten Drehbuch, das er auf keinen Fall durch schauspielerische Leistung aufwerten möchte. Auch Kapitän Sascha Hehn, der ja nun wirklich schon gezeigt hat, dass er spielen kann, wirkt, als befinde er sich in einem Dauerdelirium.
Nachdem total emotionalen Abschied von Kreuzfahrtdirektorin Heike Keller, ging nun Barbara Wussow als ihre Nachfolgerin Hanna Liebold an Bord. Weil sie natürlich gleich mal das Schiff verpasst hat, reiste sie mit einem kleinen Flieger an. Sie wusste zwar nicht, wo das Schiff sein könnte, sie haben es aber dennoch sofort gefunden und sind gleich daneben gewassert. Wie Frau Liebold vom Flugzeug auf's Schiff kam, weiß man nicht. Wo ihre Koffer geblieben sind, auch nicht. Und ganz zufällig stand auch die halbe Crew an Bord im Halbkreis, als Frau Liebold unerwartet eintraf. Begrüßt hat die neue Chefin natürlich nur den Kapitän, den

Schiffsarzt und den Unterhaltungsmacker Schmidt – der Rest wurde, obwohl sie doch nun extra angetreten sind, einfach ignoriert.

Wer solche Szenen schreibt und wer so was absegnet, hat seinen Job verfehlt.

Und da haben wir von den vielen Anschlussfehlern ja noch gar nicht gesprochen. Da liegt jemand im Bett, und von Schnitt zu Schnitt liegt er anders. Mal die Arme hinterm Kopf verschränkt oder plötzlich auf der Seite liegend.

Da tritt jemand am Ufer eines Sees mit dem Fuß auf einen giftigen Fisch, und als er um Hilfe schreit, befindet er sich plötzlich weit weg vom Ufer. Und wenig später ist der Mann natürlich wieder völlig gesund.

Und so weiter.

Selten war „Das Traumschiff" so schlampig produziert, waren die Drehbücher so lausig. Vom einstigen Glanz ist wenig übrig geblieben. Und das hat nichts damit zu tun, dass sich die Zeiten ändern und die Leute so was nicht mehr sehen wollen. Nein, es liegt daran, dass die Macher selbst ihre Serie zugrunde richten. Weil sie sowohl inhaltlich als auch technisch so wahnsinnig wurschtig wirkt.

Der Lissabon-Krimi:
Der Tote in der Brandung
DO 05.04.2018 | 20.15 Uhr | Das Erste

Mit seinen Krimis wandelt die ARD nicht nur auf deutschen „Tatort"-Pfaden, sondern schickt ihre Kommissare inzwischen auch in diverse ausländische Städte. Wobei es ja eigentlich völlig wurscht ist, wo der Film spielen soll.
Ein gutes Beispiel dafür lieferte „Der Lissabon-Krimi", der am Donnerstagabend erstmals im Ersten zu sehen war.
Ich frage mich ja, warum uns das Flair der portugiesischen Hauptstadt versprochen wird, wenn der letztlich doch nur aus ein paar Schnittbildern besteht. Alles andere war Studio und Kulisse – die vermutlich irgendwo in Deutschland gestanden haben.
Ich frage mich außerdem, warum eigentlich das deutsche Fernsehen in Portugal mit deutschen Darstellern so tun will, als handele es sich um lauter Portugiesen. Wenn Jürgen Tarrach einen Rechtsanwalt aus Lissabon spielt, dann ist das eher weniger glaubwürdig. Oder wenn sich deutsche Schauspielerinnen einen leicht südländisch aussehenden Rock anziehen und so tun, als seien sie Portugiesinnen, dann ist das ziemlich affig.
Der Krimi selbst war übrigens sterbenslangweilig – und somit war dieser Film ein doppelter Reinfall. Wenig Lissabon und eine öde Geschichte mit Möchtegern-Portugiesen-Darstellern.

Breaking News: Zwischenfall in Münster
SA 07.04.2018 | 20.00 Uhr | ntv

Bitte nicht spekulieren. Die Polizei in Münster hat höflich darum gebeten, und irgendwie fanden ja alle, dass Spekulationen gar nicht gut seien und niemandem nutzen würden. Aber was, um Gottes Willen, soll man denn sonst erzählen, wenn man nichts, aber auch gar nichts weiß?
Am Sonnabendnachmittag raste in der Innenstadt von Münster ein Kleinlaster in eine Menschenmasse. Motiv: unklar.
Beim WDR dauerte es gute zwei Stunden, bis man mit einer kurzen Nachrichtensendung informierte. Bei phoenix ging es ein bisschen früher los.
Aber die privaten Nachrichtensender ntv und Welt waren dafür total präsent. Senden, senden, senden – dass die Reporter nichts wussten, war zweitrangig.
Die Wörter „offenbar" und „wohl" und „vielleicht" und „eventuell" hatten Hochkonjunktur. Angeblich gingen die Behörden von einem Anschlag aus, will man bei Welt erfahren haben. Und bei ntv faselte die Moderatorin davon, dass es ja total klar sei, dass man zu diesem Zeitpunkt – um kurz nach 17 Uhr, viel spekulieren müsse. Also, ähm, nein, man wolle natürlich nicht spekulieren, und man solle ja auch nicht spekulieren. Aber ntv war nun mal live und dauerhaft auf Sendung, ja, da MUSS man eben spekulieren, auch wenn einen das irgendwie…. ähm, na ja, den Puls hochtreibt, weil endlich mal wieder mehr Leute ntv einschalten. Dennoch, man wolle sich zurückhalten mit Spekulationen, stattdessen sagen, was man denn wisse.
Und weil das schlicht und einfach: nichts war, orakelten die Journalisten munter trotzdem gute drei Stunden lang, was das Zeug hält. Irgendwer hat bei Twitter von einem Anschlag gesprochen, was man bei ntv natürlich gleich verkündet – ist ja schließlich eine brauchbare Quelle, dieses Twitter.
Beim Teilzeitnachrichtensender Welt ist man unterdessen empört, dass ja auch viele Falschmeldungen im Umlauf seien. Wie zum

Beispiel die von Welt, es könnte sich um einen Terroranschlag handeln.
Bei der AfD mehren sich unterdessen die Erregungserektionen, viele sind da schon ganz aufgeregt und natürlich empört, empört, empört – weil es ist ja – und das weiß ja jeder – ein Terroranschlag! Natürlich hat Angela Merkel daran schuld, und deshalb twittert AfD-Frau Beatrix von Storch „Wir schaffen das!" – mit Kotzsmiley. Andere würden vielleicht erst mal Beileid wünschen und auf Fahndungsergebnisse warten – nicht so die AfD-Leute, die sich zu freuen scheinen, dass endlich mal wieder ein Islamist was gemacht habe.
Bei Welt telefoniert man unterdessen mit einem Reporter namens Jens (ui!), der allerdings in Köln sitzt und auch nicht mehr weiß, als die Kollegen in Berlin. Vermutlich war man kurz davor, auch den Reporter in Washington noch anzurufen, um ihn zu fragen, ob er irgendwas gehört hat.
Natürlich saßen bald auch die Terrorexperten mit in den Nachrichtenstudios, denn auch wenn man noch nicht weiß, ob es Terror war (aber man geht ja davon aus, was soll es sonst sein?), kann man ja schon mal über eine Terrorzelle und über Mitwisser spekulieren. Und ein bisschen über die Salafisten plaudern. Und wenn es denn ein Anschlag sein sollte: Man müsse es ja NOCH so sagen, meint der Terrorexperte. Rainer Wendt von der Polizeigewerkschaft ist auch schon da, und erläutert, dass man ja inzwischen mit allen möglichen Gegenständen Terroranschläge verüben könne. Und in der Regie kriegen alle schon ganz glasige Augen.
Zwischendurch noch schnell Twitterklatsch, wonach ein zweiter Täter auf der Flucht sei und aktuell eine Bombe entschärft werde. Wahrheitsgehalt: ungeprüft. Egal. Füllt Sendezeit. Auf Sendung damit.
Und dann: Ups, ist ein Deutscher. Also, laut ntv-Reporter ein Fast-Deutscher. Und da muss man ja wirklich noch mal ganz deutlich nachfragen, ob es denn nicht eventuell und vielleicht doch um einen islamistischen Anschlag handeln könnte – schließlich habe man ja nun stundenlang im Terrormodus gesendet, und da wäre ja ja blöd, wenn es doch nur der Jens – also nicht der Welt-Jens –

gewesen wäre, der einfach nur psychisch krank ist und kein Terrorist.
Und im Ersten war Münster der „Tagesschau" drei Minuten und keinen Brennpunkt wert. Wer zu diesem Zeitpunkt drei Stunden lang die Breaking News auf ntv und Welt gesehen hat, wird vermutlich wieder mosern, man zahle ja schließlich Rundfunkgebühren – und dann nicht mal ein Brennpunkt? Im Nachhinein ist die Entscheidung richtig.
Vielleicht ist es in unserer rasend schnellen Welt der Informationen manchmal schmerzhaft, abzuwarten. Und sich erst mal zurückzuhalten. Münster war dafür ein Lehrstück. Dass da jemand etwas draus gelernt hat, ist jedoch unwahrscheinlich. Welt und ntv haben am Sonnabend gezeigt, wie man die Menschen ganz schnell erregen und aufhetzen kann, in dem sie einfach munter Gerüchte verbreiteten und sich gleichzeitig empörten, dass irgendjemand Gerüchte verbreiteten würde. Also sie selbst.

ntv live: Mark Zuckerberg vor dem US-Kongress
DI 10.04.2018 | 20.00 Uhr | ntv

Da sitzt er nun wie ein Schüler in einer mündlichen Prüfung. Schüchtern und mit den Augen klimpernd, und irgendwie war da auch ein bisschen Angst im Gesicht. Mark Zuckerberg, der Erfinder und Chef von Facebook, saß am Dienstag vor dem US-Kongress, um über den aktuellen Datenskandal Auskunft zu geben. Der Nachrichtensender ntv übertrug live.

Vieles ist merkwürdig an diesem Skandal. Eine Firma hat viele Millionen Kundendaten von Facebook bezogen, um Parteienreklame zu versenden. Das ist ärgerlich – aber wussten wir nicht alle, dass die Daten, die wir bei Facebook hinterlassen, irgendwie ausgewertet werden? Werden nicht schon immer Adressen vertickt – woher kommen sonst immer mal wieder die Reklamebriefe zu uns?

Dennoch kann man ja mal nachfragen, und ein Mitglied der Demokratischen Partei hakte ordentlich nach. Ob denn Mark Zuckerberg mal sagen könnte, in welchem Hotel er gestern Nacht war. Wollte er lieber nicht sagen. Mit wem denn der Mark gestern telefoniert habe. Wollte er lieber nicht sagen.

Datenschutz, ne?! Den findet der Mark irgendwie wichtig. Also, zumindest wenn es um ihn selber geht. Wer jedoch auf seine Plattform kommt, der hat gefälligst alles preiszugeben. Jeder soll sehen, wo er war, mit wem und ob es toll war. Und jeder soll auch sehen, wenn er oder sie auf Facebook irgendwo sich an einer Diskussion beteiligt. Alles total transparent.

Nur der Mark hat darauf keinen Bock. Merkwürdige Sache.

Echo 2018
DO 12.04.2018 | 20.15 Uhr | VOX

Ist ja nur Rap. Da weiß ich gar nicht, warum wir uns da so aufregen. Wenn es da in einem Text sinngemäß heißt, dass sein Körper definierter sei als von Auschwitz-Insassen. Dabei weiß doch jeder, dass man als Rapper alles darf.
Und damit haben Kollegah und Farid Bang total viel Erfolg – und einen Echo, Deutschlands wichtigsten Musikpreis, durften sie am Donnerstagabend dafür auch noch in Empfang nehmen.
Alles nicht so schlimm? Alles übertrieben?
Wenn Kinder und Jugendliche auf dem Schulhof als Juden beschimpft werden, wenn Jugendliche immer noch als Schwuchtel und schwule Sau betitelt werden, dann hat das auch mit den widerlich-prolligen Texten von Kollegah und Farid Bang zu tun.
Das ist vielleicht Kunst, und vielleicht ist das von einer gewissen künstlerischen Freiheit gedeckt. Aber ist es auch was, dem man Preise hinterherschmeißen muss? Muss man antisemitische Texte und Hassreden auch noch mit Lob belohnen?
Campino von den Toten Hosen war am Donnerstag, der während der Live-Übertragung der Echo-Verleihung bei VOX den Arsch in der Hose hatte, etwas dazu zu sagen. Mit zittrigen Händen las er einen Brief vor, in dem er sich von solchen Texten und Interpreten distanzierte.
Später erhielten Kollegah und Farid Bang dann tatsächlich einen Echo (der eben nicht nur nach reinen Verkaufszahl-Aspekten vergeben wird, sondern eine Jury entscheidet mit) und verhöhnten Campino. Die Echo-Macher ließen es dann sogar zu, später die beiden Rapper extra noch mal auftreten zu lassen.
Und was machten die anderen Künstler? Saßen rum und taten nichts. Campino nahm seinen Preis trotzdem an. Mark Forster trat danach auf, als sei nichts gewesen. Bloß nichts Politisches sagen – bloß nicht anecken. Die Branche hat kollektiv versagt und auf die Menschenwürde gepfiffen.
Jaha, sagen da jetzt die Fans, aber Kollegah und Farid Bang haben sich doch bei einer Holocaust-Überlebenden entschuldigt. Was

aber natürlich sinnfrei ist, wenn man den Song dann locker-flockig weiterträllert. Da ist so eine Entschuldigung nur für den Arsch. Noch haarsträubender wird es, wenn es heißt, zur Entschädigung können Juden kostenlos zu den Konzerten, wenn sie am Einlass Bescheid sagen. Ja, natürlich, sollen die Juden doch mal bitte ihren Judenstern an der Kasse zeigen. Dann werde man sie kurz in den Arm nehmen und ins Konzert lassen. Da bekommt man echten Brechdurchfall.

So wird nach und nach der Raum frei gemacht für Gedankengut des Nationalsozialismus. Und schon jetzt gibt es viel zu viele Leute, die da nichts mehr gegen haben und stattdessen von Meinungsfreiheit und Stasimethoden faseln.

Aber die Veranstalter des „Echo 2018" haben so oder so das Gespür dafür verloren, wie man gutes Entertainment macht. Völlig lahm und komplett ideenfrei schleppte sich die dreistündige Show dahin. Kein Intro (also wirklich gar keins), kaum Humor, einfach gar nichts.

Am schlimmsten war aber die Idee, die diesjährige Totenehrung durch Poetry-Slamerin Julia Engelmann begleiten zu lassen. Nicht nur, dass sie über einen gewissen Chester Benningfield redete, der in Wirklichkeit Bennington heißt. Sie leierte einen wirren Text zu den Fotos der verstorbenen Künstler derart gelangweilt runter, dass es einen schüttelte. Ja, sie tat es im Poetry-Slam-Style. Der passte dort aber ganz und gar nicht hin, wirkte schrecklich deplatziert.

Wann kommen endlich die Kreativen, die es doch in Deutschland ganz sicher gibt, und möbeln die langweiligen und einfalls- und lustlosen Preisverleihungen mal auf? Und dann holt auch wieder „normales" Publikum in den Saal – und nicht die Branchenheinis, die sich bei solchen Events eh nur langweilen.

Raus aus den Schulden - Promi-Spezial: Nadja Abd el Farrag

MO 23.04.2018 | 20.15 Uhr | RTL

35.000 Euro hätte Naddel, die nicht mehr Naddel genannt werden möchte, auf Mallorca verdienen können. Eine Saison lang wäre sie zweimal pro Woche auf einer Party aufgetreten. Aber Nadja Abd el Farrag hatte leider keine Lust auf Mallorca. Da kennt sie doch keinen, und das für zwei Auftritte pro Woche. Was soll sie denn in der restlichen Zeit machen?

Kein Wunder, dass Peter Zwegat schon wieder zu Naddel-Nadja eilen musste, um mit ihr über ihre Schulden zu sprechen. Zwei Stunden lang in der RTL-Primetime ging es um die Schulden einer Frau, die man eigentlich nur noch bemitleiden kann.

Was bringt einen bloß zu, seine tiefgreifenden Lebensprobleme derart im Fernsehen auszubreiten? Vorzuführen, wie unfähig man ist, ein geregeltes Leben zu führen? Zu präsentieren, wie man einen Job nach dem anderen versemmelt? Wobei ja Nadja davon ausgeht, dass sie nie schuld hat an ihrer Situation.

Nervös wirkt sie, fahrig, ständig zappelt sie, greift sich ins Gesicht und in die Haare. Sie sieht schlecht aus, ihr Gesicht ist fleckig. Sie muss vor Zwegat den Alkoholtest machen, weil alle Welt denkt, sie saufe sich um ihr Leben. So wirkt sie leider. Das Atemalkoholgerät zeigt einen Wert von 0,0. Das ist hoffentlich nicht gefaked. Wäre Naddel Alkoholikerin, wäre ein Wert von 0,0 Promille undenkbar. Stattdessen habe sie eine Erwachsenen-ADHS. Muss man dann wohl glauben.

Die Sendung heißt zwar „Raus aus den Schulden", aber so richtig schafft selbst Peter Zwegat das nicht. Ein wenig wirkt er, als verzweifele er an seiner prominenten Kundin. Wenn sie keinen Bock auf ihre Jobs hat (oder, ja, es wegen ihrer ADHS irgendwie nie so richtig hinbekommt), dann kann sie auch kein Geld in die Kasse bekommen.

Ob man das als Zuschauer eigentlich alles wissen will oder muss, sei mal dahin gestellt. Aber die Naddel-Schulden-Sause war ein ziemlich unangenehmer Sozialporno.

radioeins-Nachrichten
Der Echo wird abgeschafft
MI 25.04.2018 | 15.00 Uhr | radioeins

Oh mein Gott, sie haben den Echo getötet! Ihr Schweine! Ja, der Echo ist tot. Die Meldung platzte am Mittwochnachmittag ins radioeins-Programm. Anstatt sich mit Antisemitismus auseinanderzusetzen, mit Personalien und damit, wie gewisse Dinge, die geschehen sind, so geschehen konnten, wischen die Verantwortlichen einfach den gesamten Echo in die Jauchegrube.

Die Deutschrapper Kollegah und Farid Bang haben am 12. April den Echo für ein Album bekommen, auf dem es antisemitische Texte gibt. VOX übertrug das Ganze, und darüber ist auch alles gesagt.

In den Tagen danach gaben diverse Musiker ihre Preise zurück, die Diskussion ebbte nicht ab.

Am Mittwoch dann die Meldung: Der Echo wird abgeschafft. Damit wird dieses ganze Drama immer befremdlicher.

Einerseits ist der Musikpreis in der Tat extrem beschädigt. Wer will das Ding denn in Zukunft noch haben? Welchen Stellenwert soll der Echo noch haben, wenn rassische Musik ihn ohne Weiteres auch bekommen kann und die Künstler zum Dank später noch einen Extrauftritt absolvieren dürfen.

Andererseits: Tritt man damit nicht auch die gesamte Geschichte des Preises in den Müll? Immerhin gibt es ja Künstler, die diesen Preis durchaus verdient haben. Aber der Echo scheint nun gar nichts mehr wert zu sein, der Preis ist zum Sondermüll verkommen – und das auch durch die Entscheidung, ihn einfach einzustampfen.

Ganz klar, die Auseinandersetzung mit möglichen Konsequenzen aus dem Echo 2018 wäre hart gewesen. Man hätte am Konzept arbeiten müssen. An den Regeln. Vor allem personellen Konsequenzen hätten folgen müssen. Aber vor allem eine interne und öffentliche Diskussion darüber, was wir eigentlich wollen. Was wir dulden oder nicht dulden. Ob der Echo tatsächlich ausschließlich nach Verkäufen vergeben wird. Wenn ja, hätte man das so hinnehmen müssen und vielleicht auch können. Wie groß dann aber die Bühne für gewisse Leute hätte sein sollen, hätte auf einem anderen Blatt gestanden.

Sich aber einfach wegzuducken, ist ebenso armselig wie die Veranstaltung am 12. April.

Einen Musikpreis wird es weiter geben. Wie der aussieht, nach welchen Kriterien er vergeben wird, ist offen. Den Echo gibt es also weiter, nur mit neuem Namen. Auch eine Möglichkeit, Erinnerungen an 2018 einfach nur wegzuwischen? Hoffentlich nicht.

Tatort: Weil sie böse sind
DI 01.05.2018 | 21.45 Uhr | hr fernsehen

Wieder mal große Aufregung um die ach so einfallslose öffentlich-rechtliche ARD: Am Maifeiertag liefen in den verschiedenen Dritten Programmen gleich acht „Tatort"-Filme, davon fünf mehr oder weniger parallel – im hr fernsehen, im WDR, im NDR, im BR-Fernsehen und im rbb. Au weia.
In den Internetforen tönte es wieder: Und dafür zahlen wir Gebühren! Die Anti-Gebühren-Trolle hatten mal wieder Schnappatmung.
Dabei sollte die Frage lauten: na und? Im Grunde ist der „Tatort" doch bloß eine Marke, hinter der sich die verschiedensten Serien befinden. Der WDR zeigte einen Fall aus Köln, der hr mit „Weil sie böse sind" einen aus Frankfurt/Main, der rbb einen aus Berlin, der NDR einen aus Münster, der BR einen aus München (aus den 70ern!).
Was also ist so aufregend und dramatisch schlimm daran, wenn auf den Sendern diese Krimis laufen, meistens sogar regional passend im regionalen Dritten?
Würden die Dritten stattdessen an einem Abend, wo im ZDF die quotenstarke Champions League mit dem FC Bayern München übertragen wird, aufwendige eigene und erstausgestrahlte Shows senden, wäre das auch nicht recht. Mal wird gemeckert, wenn die Sender klotzen, mal wird gemeckert, wenn die Sender sparen. Die Hater wissen irgendwie auch nicht, was sie denn eigentlich wollen. Die Parallelausstrahlung von mehreren sehr unterschiedlichen „Tatort"-Reihen sollte nichts sein, was uns aufregt. Da gibt es bei ARD und Co. ganz andere Baustellen!

maischberger: „Man wird ja wohl noch sagen dürfen!" - Wie diskriminierend ist Sprache?
MI 02.05.2018 | 22.45 Uhr | Das Erste

Peter Hahne besteht auf sein Zigeunerschnitzel, und es macht ihn sehr, sehr glücklich, wenn er ein Zigeunerschnitzel verspachteln darf und es auch Zigeunerschnitzel nennen darf.
Ja, Deutschland hat offenbar keine Sorgen, wenn sich eine Talkshow in der ARD darum dreht, ob ein Journalist in Rente seinen mit Letscho zugedeckten Fleischlappen Zigeunerschnitzel nennen darf oder nicht.
„Man wird ja wohl noch sagen dürfen!" – Wie diskriminierend ist Sprache? Das war am Mittwochabend im Ersten das Thema bei Sandra Maischberger in „maischberger".
Und so ganz einig ist man sich da nicht. Peter Hahne will zwar weiterhin ein Zigeunerschnitzel futtern, aber beim Negerkuss, da lässt er mit sich reden. Das Wort „Neger" sei schlimm, bei „Zigeuner" wolle man aber mal nicht so sein.
Gut, dass wir darüber mal gesprochen haben.

Eurovision Song Contest 2018
SA 12.05.2018 | 21.00 Uhr | Das Erste

Huch, was ist denn da passiert? Vierter Platz für Deutschland beim Eurovision Song Contest 2018 in Lissabon! Und das, obwohl uns doch keiner leiden kann, und nur deshalb immer unsere hervorragenden Musikbeiträge ignoriert werden.
Entweder hat Europa umgedacht und haben alle anderen Deutschland plötzlich doch wieder ganz dolle lieb – oder es geht dann doch nur schlicht und einfach darum, ob wir gute Musik und eine gute Show abliefern. Und deshalb können wir Michael Schulte auch dafür dankbar sein, dass das depressive Geblubber über das ESC-Voting in diesem Jahr hoffentlich ausfällt.
In diesem Jahr haben die Deutschen viel richtig gemacht. Der Song war gut, und er wurde noch besser durch eine eindringliche Bühnenshow.
Es war ein kurzweiliger und am Ende vor allem spannender Abend. Israel wird Ausrichter des ESC 2019, nachdem Netta mit „Toy" überzeugen konnte. Und das nicht wegen der #metoo-Debatte, sondern weil der Beitrag außergewöhnlich war, Netta auffallend gut und der Refrain durchaus eingängig ist.
Als absolute Überraschung erwies sich jedoch Cesár Sampson aus Österreich, der nach dem Juryvoting auf Platz 1 stand und am Ende auf dem 3. Platz landete. Und auch dies wieder, weil Österreich mit einem guten Song vertreten war – irgendwelche politischen Dinge spielten da einfach mal keine Rolle.
Erneut gab es jedoch einen Störer – er stürmte auf die Bühne, entriss Suri aus Großbritannien ihr Mikro und brüllte etwas über Nazis, während er schon abgeführt worden ist. Auch 2017 gab es einen Zwischenfall. Spannend daran war auch: Auf die Musik hatte der Zwischenfall keinen echten Einfluss – das Playback lief eh weiter, und das beinhaltete auch diverse Tonspuren der Sängerin. Was zeigt, dass zwar weiterhin live gesungen wird, aber zum Beispiel Suri stimmlich stark durch ihr Playback unterstützt wird. Ebenso wie auch Benjamin Ingrosso aus Schweden.

Ein erhabener Moment: Vorjahresgewinner Salvador Sobral trat im Pausenprogramm erneut mit einer wundervollen Ballade auf und sah nach seiner überstandenen Herz-Operation sehr viel besser aus als 2017.

Immer wieder ärgerlich: Die langweiligen und ewig nöligen Kommentare von Peter Urban. Gibt es wirklich niemanden in Deutschland, der das ein wenig lockerer machen kann? Texte vorlesen und öde Witze machen kann jemand anderes bestimmt besser.

Aber ansonsten: Nie war der Eurovision Song Contest so gut. Man muss sich nur mal die Shows aus den mittleren 90ern ansehen – lahm! Viele Musikstile kamen in den gut zwei Stunden zum Zuge – von der Ballade, über den Popsong, Metal und Oper war alles dabei. Echte Totalausfälle blieben aus – was man natürlich auch langweilig finden kann. Auch die hinterher geschobene Verkündung der Publikumspunkte erweist sich als großer Gewinn, weil die Spannung bis zum Schluss anhält.

Der Abend zeigte aber auch einmal mehr: Dieser Eurovision Song Contest ist genial! Weil an diesem Sonnabend 43 Nationen in Europa und darüber hinaus zusammenkommen, um gemeinsam die Musik zu feiern. Das ist unbedingt zu bewahren – und Deutschland wäre gut beraten, nicht nur darauf zu schauen, ob man gewinnt oder nicht. Der ESC ist auch sehenswert, wenn Deutschland nicht gewinnt.

Harry & Meghan
SA 19.05.2018 | 11.00 Uhr | RTL

Oh mein Gott! Es ist der Wahnsinn!!
Ross Antony war völlig außer sich. Im knallbunten Outfit war er am Rande eines Heulkrampfes. Vor Rührung. Und vor Begeisterung. Um ihn herum standen lauter Leute, die ebenfalls von Sinnen waren. Nur wenige Meter von ihm entfernt – oh mein Gott!! -, fuhr gerade die Kutsche vorbei, in der – kreisch! – Harry und Meghan saßen. Die haben gerade geheiratet und waren nun auf dem Weg zur Party. Ross, selbst Engländer, spürte nun den adeligen Atem seiner monarchischen Vertreter.
Ross kreischte so laut, dass RTL-Klatschtante Frauke Ludowig vermutlich noch ein paar Tage lang an einem Hörsturz leiden wird. Es war wohl das große Boulevard-Ereignis des Jahres. Prince Harry heiratete seine Meghan. Das konnten sich RTL, ZDF und Co. natürlich nicht entgehen lassen.
Beim ZDF gab man sich am Sonnabend sehr spröde. Bei RTL hatten sie dagegen gar keine Hemmungen, die herrlichen Nichtigkeiten zu Sensationen aufzuplustern. Für die Shopping-Queen Guido Maria Kretschmer stand im Mittelpunkt, welche Klamottenmarke denn Meghan nun in die Traukirche schleppen wird. Und welche Farbe das Kleid der Queen haben wird. „Wer Gelb trägt, weiß, ich bin dabei", war nur eine der aufregenden Weisheiten, die Kretschmer zu verkünden hatte.
Beim ZDF dagegen faselte die Expertin, dass Meghan ja so alt sei, wie Diana, als sie starb. Aua. Dass Meghan afro-amerikanischen Esprit versprüht, fand man total aufregend. Auch, dass Leute wie Meghan früher eher als Personal arbeiteten, musste mal erwähnt werden, und eigentlich wollte man sich als Zuschauer da vor Fremdscham schnell mal einbuddeln.
Übrigens auch, als der Übersetzer bei RTL stur das „I will" von Harry und Meghan als „Ja" dolmetscht.
Aber wenn man vier Stunden auf Sendung ist, muss man eben quasseln, bis die Zunge qualmt. Da war es fast schon eine Wohltat, als beim Trau-Gottesdienst alle mal die Klappe halten mussten.

Die Mary-Roos-Story
DI 29.05.2018 | 22.05 Uhr | VOX

Als Mary Roos 1984 für Deutschland beim Eurovision Song Contest in Luxemburg aufgetreten ist, sang sie „Aufrecht gehn". Was keiner wusste: Direkt davor hat sie erfahren, dass ihr Mann sie betrogen hat und ein Kind mit seiner Geliebten bekommt. Aber sie war stark, und sie hat auch sonst eine tolle Karriere hingelegt.
VOX hat völlig Privatsender-untypisch einen ganzen Abend dem Schlager gewidmet. Am Dienstagabend stand Mary Roos im Mittelpunkt der Show „Sing meinen Song", und gleich danach folgte eine gut einstündige Doku über den Schlagerstar. Quotenmäßig wird der Sender zwar für seinen Mut nicht belohnt, aber als Fan hat man dennoch seinen Spaß daran gehabt.
Der Film zeigte, wie ihre Karriere begann. Ihre ersten Auftritte als Kinderstar. Ihr Wechsel in die Schlagerbranche, ihr Ausflug nach Frankreich. Erfolge, Misserfolge. Und ein großer Karriereschritt. Als Mary Roos 1984 für Deutschland beim Eurovision Song Contest in Luxemburg aufgetreten ist, sang sie „Aufrecht gehn". Was keiner wusste: Direkt davor hat sie erfahren, dass ihr Mann sie betrogen hat und ein Kind mit seiner Geliebten bekommt. Aber sie war stark, und sie hat auch sonst eine tolle Karriere hingelegt.
Ähm. Moment. Hatten wir das nicht schon mal?
Ja, hatten wir! Denn wer sich „Die Mary-Roos-Story" angesehen hat, wird schnell gemerkt haben, dass diese Doku für eher unaufmerksame Zuschauer gemacht worden ist. Da werden Dinge eben einfach zweimal erzählt. Die ESC-Story kommt ebenso zweimal vor wie die Tatsache, dass Mary ihren Sohn lieb hat und der jetzt ihr Manager ist. Diese Wiederholungen ziehen sich durch die ganze Doku. Entweder hatte man viel zu viel Zeit für zu wenig Film eingeplant oder bei VOX hält man die Zuschauer für vollkommen dement.
Aber wusstest du eigentlich, dass Mary Roos 1984 für Deutschland beim Eurovision Song Contest in…

ZiB spezial: Wladimir Putin - Das Interview
MO 04.06.2018 | 20.15 Uhr | ORF2

„Wenn Sie die Geduld aufbringen, mir bis zum Ende zuzuhören, dann werden Sie meinen Standpunkt erfahren. Gut?"
„Sie haben mich übrigens schon wieder unterbrochen. Hätten Sie mich ausreden lassen, würden Sie verstehen, worum es geht. Ich werde also trotzdem zu Ende sprechen."
Nein, dass der russische Präsident Wladimir Putin ein einfacher Gesprächspartner ist, das kann man nicht gerade sagen. Das musste am Montagabend der bekannte ORF-Nachrichtenmann Armin Wolf erfahren. Andererseits: Mit schwierigen Interviews kennt sich Wolf aus, dafür ist er in Österreich bekannt und angesehen. In einem „ZiB spezial" führte Wolf ein Interview mit Putin, vor dessen Österreich-Besuch.
Putins Taktik scheint es zu sein, sein Gegenüber zermürben zu wollen. Immer wenn der Politiker eine Frage ausweichend oder ausschweifend beantwortete, grätschte Wolf rein. Das ließ sich Putin jedoch nicht gefallen, in dem er seinen Interviewer zurecht wies. Das ist äußerst geschickt: Denn für viele Zuschauer scheint Wladimir Putin so in einer Opferrolle zu sein. Der Mann, der nie aussprechen darf. Der Mann, der von einem aus seiner Sicht unverschämten Journalisten ausgefragt wird. Das ist eine Taktik, die bei Putin-Anhängern offenbar auch sehr gut funktioniert.
Dazu gehören dann gern auch mal Gegenfragen. Putin würde was zur Besetzung der Krim erklären und dann fragte er Wolf: Ja oder Nein? Als Wolf meint, er sei kein ukrainischer Verfassungsexperte, entgegnet Putin, dass Wolf der Frage ausweiche.
Und dazu immer das süffisante Lächeln.
So zieht sich das durch das ganze Gespräch. Dass es am Ende – je nach Standpunkt – sehr unterschiedlich gewertet wird, ist klar. Putin-Fans werden sich über den „ORF-Flegel" aufregen. Beobachter des freien Journalismus werden jedoch gesehen haben, wie schwierig es ist, wenn im freien Journalismus auch mal härter nachgefragt werden kann.

RTL aktuell
Entwarnung zur Fußball-WM
SO 10.06.2018 | 16.50 Uhr | 104.6 RTL

Die Welt gerät immer mehr aus den Fugen. Hitze im Osten, schwere Unwetter im Südwesten. Politisch ist es momentan sowieso eher schwierig. Vor jedem neuen Twitter-Tweet von Donald Trump zittert die Welt. Ständig schlechte Neuigkeiten.
Aber am Sonntagnachmittag hat sich die Nachrichtensendung „RTL aktuell" beim Berliner Radiosender 104.6 RTL einem wirklich wichtigen Thema gewidmet. Es war der Moment, wo wir alle wahrscheinlich den Atem angehalten haben. Wo wir uns schon große Sorgen gemacht haben, weil es in den kommenden Wochen hätte ziemlich schlimm kommen können.
Aber die Radioleute konnten Entwarnung geben, es wird alles gut. Denn: Die Fleischpreise werden sich zur Fußball-WM nicht nennenswert verändern, so berichtete 104.6 RTL. Wir werden uns also während der Weltmeisterschaft weiterhin mit Fleisch und Wurst für ausgedehnte Grillabende eindecken können. Das Qualitätsfleisch wird – Gott sei Dank – nicht teurer.
Das sind doch mal Nachrichten, die wir hören wollen und die uns aufatmen lassen. Egal, was passiert, das Fleisch bleibt billig. Die WM kann kommen. Erstaunlich, dass sie für diese Meldung bei ntv nicht das Programm unterbrochen haben.

Breaking News: Seehofer kündigt Unionsbündnis auf
FR 15.06.2018 | 12.24 Uhr | ntv

Heiner Bremer, der alte Nachrichten-Haudegen hat die Lunte gerochen. Aber da war es leider schon zu spät.
Um 12.24 Uhr erschien am Freitagmittag bei ntv der rote Breaking-News-Schriftzug, und die Moderatorin verkündete die Nachricht, dass Horst Seehofer das Unionsbündnis aufkündige. Würde

heißen: CDU und CSU gehen getrennte Wege, und das Ende der Großen Koalition wäre gleich mitbesiegelt. Ein politisches Mega-Erdbeben.
Das musste einfach stimmen. Der Teilzeitnachrichtensender Welt haute die Meldung schon 12.23 Uhr raus – um dann vorsichtshalber erst mal in die Werbung abzugeben. Die Nachrichtenagentur Reuters hat das verkündet und bezog sich auf eine Twittermeldung vom Hessischen Rundfunk.
Also eher: Vom angeblich Hessischen Rundfunk.
Bei ntv las die Moderatorin die heiße News vor, und dann sagte sie, dass sie und Heiner Bremer sich nun fragen würden, was an dieser Meldung tatsächlich wahr sei.
Was soll das heißen? Hat sie gerade was verkündet, wovon gar keiner weiß, dass es stimmt? Hat es keiner geprüft? Glaubt man der eigenen Schlagzeile nicht? Hält die Moderatorin von ntv den Sender ntv für eine Fake-News-Anstalt und muss deshalb alles hinterfragen?
In dem Moment, in dem Heiner Bremer vermutet, dass da Comedians ihre Hand im Spiel haben könnten, grätscht auch gleich die Moderatorin wieder rein und hat schon die nächste Breaking News: Nämlich, dass die vorherige Breaking News Quatsch war. Die Satirezeitschrift „Titanic" hat sich mal wieder einen Scherz erlaubt, und Reuters und alle anderen sind auf einen falschen hr-Twitter-Account reingefallen (und wohl nicht das erste Mal).
Bei Welt sprach man vom nervösen Berlin, was man ja an diesem Fall der Falschmeldung sehen könne.
Wieder ging es darum, eine Nachricht zügig rauszuhauen. Überprüft worden ist sie offenbar nicht. Jeder plapperte die Breaking News nach, in Windeseile. Nur ein paar Minuten warten – es dauerte ungelogen eine (!!) Minute, bis die ntv-Moderatorin schon wieder Entwarnung geben konnte/musste. Mal kurz abwarten war nicht drin – im nervösen Deutschland sind es auch die Medien, die nervös sind und nervös machen.
Und die beiden Damen bei ntv und Welt, die die falsche Nachricht raushauen mussten, die müssen ihr Gesicht herhalten für die schlechte Arbeit der Kollegen im Hintergrund.

The Big Bang Theory
MO 18.06.2018 | 20.15 Uhr | ProSieben

Sommer und Fußball-WM. Das ist bei ProSieben eine Kombination, wo Resignation herrscht. Wo sie überlegen, ob sie einfach den Sendebetrieb einstellen oder eben tagelang irgendwas senden.
Sie haben sich für Letzteres entschieden. In diesen Tagen ist ProSieben ins Sommerloch gefallen. Man versucht erst gar nicht, der überstarken Fußball-Konkurrenz irgendwas entgegenzusetzen. Deshalb gab es am Montag ab 20.15 Uhr einfach mal acht Folgen am Stück von „The Big Bang Theory", einer Sitcom, die da sowieso schon leiern muss, so oft, wie das dort gesendet wird. Und damit der Zuschauer nicht irritiert oder überfordert wird, gibt es ab 0.05 Uhr einfach alle acht Folgen noch einmal, so dass von 20.15 bis 3.15 Uhr nichts anderes als „Big Bang" läuft.
Gott sei Dank übertreibt man es aber nicht bei ProSieben. So laufen am Dienstag dann „Die Simpsons" nur von 20.15 Uhr bis 1.50 Uhr. Und es gibt zwölf Folgen am Stück, auf Wiederholungsblöcke wird verzichtet – aber natürlich ist unter den zwölf Folgen keine neue.
Richtig crazy gibt sich ProSieben aber am Mittwoch: Da laufen erst zwei alte Folgen von „Grey's Anatomy", bevor ab 22.15 Uhr sieben Folgen von „Two and a half Men" laufen, von denen drei aber schon mal im Nachmittagsprogramm zu sehen waren.
Und da wundern sie sich ernsthaft, warum die Einschaltquoten der deutschen Privatsender im Sinkflug sind. Vielleicht müssten sie einfach mal wieder Programm anbieten.

Hart aber fair: Der Ball rollt, noch ist alles drin - Viel Spaß bei der WM in Russland?

MO 18.06.2018 | 23.50 Uhr | Das Erste

In Deutschland ist die Regierung dabei, sich aufzulösen, und im ARD-Polittalk sitzt Mario Basler und blubbert, wie schlecht denn die deutschen Fußballer bei der WM gespielt haben. Das ist kein Scherz.
Während der Fußball-WM sind viele politische Sendungen in der Sommerpause. Was natürlich ungünstig ist, wenn eine handfeste Regierungskrise ausgebrochen ist. Am Sonntag wollte eigentlich Anne Will mit „Anne Will" auf Sendung gehen – doch die ARD-Verantwortlichen haben das abgelehnt. Die Krimi-Wiederholung am Sonntagabend war wichtiger. Außerdem gibt es da ja am späten Montagabend noch Frank Plasbergs „Hart aber fair". Doch nach einem langen Fußballtag wollte man auch dort den Zuschauern keinen harten Stoff mehr zumuten.
Also hieß das Thema: „Der Ball rollt, noch ist alles drin – Viel Spaß bei der WM in Russland?" Mehr als 30 Stunden nach dem deutschen WM-Auftaktspiel und nachdem am Sonntag in der Nachberichterstattung alles dazu gesagt worden ist und am Montag quasi noch mal, saßen bei Plasberg Ex-Fußballer und ein Sportkommentator, um nach mal das Spiel auseinanderzunehmen. Mario Basler war empört, und Christoph Daum war auch empört, und irgendwie war das alles unglaublich uninteressant.
Und demnächst: Anne Will darf nicht senden, weil das „In aller Freundschaft"-Special von 2004 nicht ausfallen darf. Und Frank Plasberg erörtert mit seinen Gästen, ob die Beziehung zwischen Ernie und Bert doch ein Fake ist und welche Folgen der Skandal hat. Prost.

Zahltag! Ein Koffer voller Chancen
DI 17.07.2018 | 20.15 Uhr | RTL

Bei RTL ist man am Dienstagabend scheinbar aus Versehen aus dem Sommerschlaf erwacht. Statt der einschläfernden Vier-Folgen-am-Stück-Dosis von „Bones – Die Knochenjägerin" lief ein deutscher Sozialporno: „Zahltag! Ein Koffer voller Chancen".
In der dreiteiligen Reihe geht es um zwei Familien, die von Hartz IV leben. RTL stellt ihnen einen Koffer mit 25.000 Euro vor die Haustür, den sie im ganzen Jahr bislang als Hartz-IV-Satz ausgezahlt bekommen haben.
Im Studio sitzen unterdessen Felix Thönnessen, Ilka Bessin (Ex-Cindy aus Marzahn) und Heinz Buschkowsky und schauen sich an, was die beiden Familien mit der Kohle machen.
„Zahltag!" ist genauso interessant wie unangenehm. Denn was RTL als Sozialexperiment betitelt, ist in Wirklichkeit eine Vorführung von Menschen, die das nicht mal bemerken, weil sie viel zu sehr mit sich selbst beschäftigt sind.
Beide Familien melden sich erst mal beim Jobcenter ab – und beide Familien machen dabei den Eindruck, als sei so ein Jobcenter grundsätzlich das allerletzte. Dass der Ex-Politiker Buschkowsky an der Stelle anmerkt, dass man das ja bittesehr auch anders sehen könnte – weil ja Menschen dafür Steuern zahlen, dass anderen Menschen geholfen werden kann, und dass in anderen Ländern niemand da sei, der sie finanziell unterstützt -, ist durchaus richtig. Aber den „Kandidaten" dieser Hartz-IV-Show tut man damit keinen Gefallen, denn man setzt sie einer Öffentlichkeit aus, die in solchen Fällen gern alles andere als zimperlich ist.
Während die eine Familie aus Niedersachsen – allein erziehende Frau mit fünf Kindern – das beste draus macht und einen Imbiss eröffnen will, gibt es da noch die Familie aus Sachsen. Eigentlich wollten sie einen Second-Hand-Shop eröffnen. Aber die Hälfte der 25.000 Euro verdonnern sie in drei Wochen erst mal für Fressorgien, für Einkäufe im Bau- und Möbelmarkt. Erstmal neue Möbel. Ganz toll. Der Mann in der Familie findet es einfach geil,

mit so viel Kohle rumzulaufen und alles auszugeben. Er schnallt es einfach nicht.

Aber was ist nun schlimmer? Dass die sächsische Familie die Klischees der ach so faulen Hartz-IVer bedient, die ihr gewonnenes Geld kopflos ausgeben? Dass man das bei RTL geschehen lässt? Dass die Experten sich das wasserschlürfend und kopfschüttelnd ansehen? Dass man diese Familie so der Öffentlichkeit aussetzt? Das ist es, was einen Sozialporno ausmacht. Wenn sich Menschen daran ergötzen und erregen, wie bestimmte Leute handeln. Wenn Menschen eigentlich Hilfe brauchen, man sie aber wurschteln lässt – weil es ja die perfiden Regeln sind.

Und nächste Woche: Klappt das mit dem gebraucht gekauften Imbisswagen bei der niedersächsischen Familie? Bekommt der faule Sachse noch die Kurve? Und vor allem: Was wird aus dem sächsischen Ehekrach, der ja auch noch ausgebrochen ist? Das sehen wir nächste Woche beim RTL. „Zahltag!" ist nämlich auch eine Seifenoper – und wir die Voyeure.

Reinhold Beckmann trifft...
Jan Fedder
MO 23.07.2018 | 23.00 Uhr | NDR

Mensch, dieser Jan Fedder. Was wäre Deutschland eigentlich ohne seinen letzten Volksschauspieler? Jan Feder ist nämlich Volksschauspieler, weil er immer auf Augenhöhe mit seinen Fans ist. Und das mache schließlich einen Volksschauspieler aus. Und deshalb redet er auch so gerne darüber, dass er der letzte Volksschauspieler sei. Bislang sei er umsonst auf der Suche nach seinem Nachfolger gewesen. Aber klar, das ist ja auch schwer. Wer will diesen Jan Fedder eigentlich toppen?
Am Montagabend war Jan Fedder zu Gast in der NDR-Talkshow „Reinhold Beckmann trifft…", überraschenderweise moderiert von Reinhold Beckmann. Dort erzählte er davon, dass er zum wiederholten Male dem Tod von der Schippe gesprungen ist. Stichwort: Krebs. Man kann sagen: Jan Fedder ist ein starker Mann.
Aber betont eigentlich ein Volksschauspieler immer wieder penetrant, dass er ein Volksschauspieler sei? Wie geil er doch ist? Dass sich Regisseure gern nach ihm zu richten haben? Ist man da wirklich auf Augenhöhe mit den Leuten? Haben wir je eine Heidi Kabel oder eine Inge Meysel darüber reden hören?
Volksschauspieler Jan Fedder spielt meistens den Volksschauspieler Jan Fedder. In seinen Rollen ist er meistens selbst zu erkennen. Und dann erst die Rolle, die er spiele, und das sei immer sehr schwierig umzusetzen, sagt der Volksschauspieler.
Die anderen können das einfach nicht. Bewerben auf den Titel „Germanys Next Volksschauspieler" werden aber gern noch entgegengenommen. Die neue Castingshow – vielleicht bald auf ProSieben? Oder wenigstens auf Sat.1 Gold?

Trailer: Schlager für alle
DI 31.07.2018 | 3.29 Uhr (Mi.) | Deutsches Musik Fernsehen

Stell dir vor, es klingelt an deiner Tür. Ein Freund kommt dich besuchen. Er begrüßt dich und schaltet dann erst mal deinen Fernseher ein. Er wolle dir eine Freude machen, sagt er. Er macht einen Sendersuchlauf und jubelt, als plötzlich Schlager aus dem Lautsprecher erklingen. Er speichert den Sender und strahlt dich an. „Ich habe dir das Deutsche Musik Fernsehen eingestellt!" Und dann geht er wieder.
Klingt nach einem ganz schlechten Traum. Könnte aber Wirklichkeit werden. Denn besagtes Deutsches Musik Fernsehen strahlt immer mal wieder einen Trailer unter dem Titel „Schlager für alle" aus, der die Menschen ermutigt, dessen Freunde doch diesen Sender einzustellen. Denn beim Deutschen Musik Fernsehen geht man – vermutlich zurecht – davon aus, dass nur wenige den Sender überhaupt kennen. Und die muss man eben irgendwie zu seinem Glück zwingen.
Also: Wenn plötzlich lange verschollene Freunde vor der Tür stehen, solltest du erst mal skeptisch sein, wenn sie zu allererst fragen, wo denn dein Fernseher steht.

Promi Big Brother
Die Masturbantin
DI 21.08.2018 | 22.15 Uhr | Sat.1

Sex sells. Damit kennt sich Katja Krasavice aus. Ihr YouTube-Kanal hat lumpige 1,2 Millionen Abonnenten, und in ihren Videos geht es um Sex. Auch um Lifestyle. Aber eigentlich um Sex. Sie ist Sex. Und jetzt ist sie im „Promi Big Brother"-Haus bei Sat.1.

Heutzutage gibt es ja eigentlich kaum noch was, über das man im Fernsehen irgendwie schockiert wäre. Vielmehr ist es erstaunlich, was Leute bereit sind zu tun, um mit allen Mitteln noch bekannter zu werden.

Beobachtet von Kameras saß besagte Katja Krasavice nun in der Badewanne und besorgte es sich selbst. Das heißt, erst rasierte sie sich im Schritt und fummelte da schon mal ein bisschen rum – mitunter live übertragen in der Late Night Show von „Promi Big Brother" bei sixx.

Dann nahm Sex-Katja den Duschkopf und begann, damit genüsslich zu masturbieren. Da störte es sie weder, dass ab und zu jemand ins Bad schneite oder dass alle zuschauen konnten. Gar nicht davon zu reden, dass jemand danach den Duschkopf zum duschen benutzen möchte. Aber das scheint bei Leuten wie Katja Krasavice keine Rolle mehr zu spielen. Wenn sie fingern will, dann fingert sie. Wenn sie ihre Show will, dann kriegt sie sie.

Muss man sich darüber empören? Ist das lustig? Es macht auf jeden Fall einen berechnenden Eindruck. Das ist es, was an dieser Sache wirklich bäh ist.

rock.kitchen
DO 06.09.2018 | 23.15 Uhr | DMAX

Das Metalmagazin schrieb ganz begeistert: „Udo wird zum Fernsehkoch!" Richtiger müsste es heißen: „Udo steht neben dem Fernsehkoch und guckt zu!" Klingt natürlich ein bisschen uncool. Auf dem Männersender DMAX lief am Donnerstagabend erstmals die „rock.kitchen".
Sehr martialisch stehen im ersten Bild der Accept-Rockstar Udo Dirkschneider (eher klein, grau, Glatze) und Starkoch Ralf Jakumeit (groß, Iro, langer Bart, Sonnenbrille) mit jeweils einem riesigen Schlachtermesser in der Hand. Das allerdings ist kein Fahndungsfoto aus „XY ungelöst", sondern eine der merkwürdigsten Kochsendungen im deutschen Fernsehen.
In der „rock.kitchen" (Udo sagt: Rockkitschn) treffen der Rockstar und der Rockerkoch auf andere Rockstars – in diesem Fall auf die Musiker von Apocalyptica. „Es wird gegessen und geil getrunken", berichtet Udo am Anfang, und dass es Fisch gibt hat er auch schon mitbekommen.
Und so stehen sie vor einem Bretterzaun, im Hintergrund ist laute Musik (vermutlich wurde die Sendung am Rande eines Festivals aufgenommen) und machen Smalltalk. In seinem deutschdialektischen Englisch wollte Udo wissen, was die Musiker vor dem Auftritt machen: Laufen gehen. Sehr spannend.
Das merkt auch der Koch, der gleich mal mit seinem Fisch reingrätscht und die Apocalyptica-Leute zum Schneiden verdonnert. Während Udo stotternd beichtet, dass er gern Klassik hört.
Udo stellt ein paar Fragen, die Musiker fragen ihn was, der Rest wird mit Porträtberichten aufgefüllt, und ein bisschen gekocht wird auch noch. Und probiert. Und wenn's langweilig wird, wird das Ganze mit Hardrock-Mucke unterlegt. Die Sendung würde auch gut ohne Udo Dirkschneider funktionieren. Womit sie jedoch auch nicht spannender werden würde. Und was die da gekocht haben, vergisst man noch während des Abspanns. War trotzdem, ähm, cool. Oder wie sagen die Rocker?

Paula kommt - Sexpedition Deutschland
MI 12.09.2018 | 20.15 Uhr | sixx

Frauen sitzen im Kreis – eine sitzt auf einem erhöhten Sessel – und zeigen sich ihre Muschis. Außer Moderatorin Paula Lambert. Die ist Moderatorin, zeigt deshalb nicht ihre Muschi, will aber doch gern auch die Muschis der anderen sehen.
Lustig? Bekloppt? Ja, aber lief genauso im Fernsehen. Am Mittwochabend bei sixx, zur besten Sendezeit. In „Paula kommt – Sexpedition Deutschland" beschäftigten sich Paula Lambert und Lukas Klaschinski mit Sexthemen und gingen dorthin, wo es geil wurde. Also vor allem für die männlichen Zuschauer.
Eines ist aber Fakt: Es gibt Momente, da bringt einen das Fernsehen doch noch zum Staunen. Dass es Frauengruppen gibt, die Vulvawatching betreiben, da war mir neu. In voller Ernsthaftigkeit hockte sich eine der Frauen vor die freigelegte Muschi der vom dem Sessel Sitzenden. „Danke, dass du mir deine Vulva zeigst." Woraufhin alle guckten und beschrieben, wie sie denn die Muschi so finden. Das wirkte ein bisschen wie eine Sexsekte.
Machen das Männer auch? Sich gegenseitig ihre Penisse zeigen? Und sich sagen, wie schön der aber aussieht? Und wird Paula bald auch darüber berichten?
Zuvor war Lukas Klaschinski in einem Handwerkerkurs. Das Handwerken bestand aus einer Vulvamassage. Lukas hockte vor einer fremden Frau, die ihre Beine bereitwillig breit machte, um sich die Muschi massieren zu lassen. Während ein Paar nebenan fleißig bei der Sache war, traute sich Lukas jedoch nicht so richtig. Was irgendwie beruhigend war. Ein bisschen Schamgefühl ist ja dann doch was Schönes.
Die „Sexpedition Deutschland" ist kein Trash, im Grunde sorgt der Sex bei sixx durchaus für, nun ja, Aufklärungsarbeit. Und diese spannende Art der Muschischau – also anderen beim Muschischauen zuschauen – gab es im deutschen Fernsehen ja auch noch nicht.

Thadeusz und die Beobachter
DI 25.09.2018 | 23.30 Uhr | rbb

Gut, dass die öffentlich-rechtlichen Programm nicht auf die Quote schauen müssen. Deshalb platzieren sie ihre Infoprogramme auch immer gern in zuschauerstarke Zeiten.
Da war natürlich pure Ironie. Der rbb setzt stattdessen weiter auf Seichtes.
Am Dienstagabend kehrten „Thadeusz und die Beobachter" zurück aus der Sommerpause. In dieser Sendung diskutiert Jörg Thadeusz mit vier Journalistinnen und Journalisten über das aktuelle Geschehen.
Bislang lief die Sendung wöchentlich um 22.15 Uhr, und ich finde die immer sehr interessant, weil die Runde sich bei weitem nicht immer einig ist.
Aber offenbar haben zu wenige Leute zugesehen, denn nun gibt es diese Sendung immer erst um 23.30 Uhr. Davor zeigt man lieber ARD-Schmonzetten wie die Familiendramödie „Ellas Baby". Harten Stoff will der rbb seinen Zuschauern nicht mehr so früh zumuten.
Lieber verschiebt man die Politdiskussion ins Nachtprogramm, wo nur noch Nachteulen zusehen.
Klar, man könnte die Sendung in der Mediathek schauen. So wie ich. Aber gerade in Brandenburg – draußen auf dem Land – haben sie gar kein schnelles Internet und müssen sich die Sendung eben doch dann ansehen, wann sie läuft.
Die Sendeplatzverschiebung spricht in keinem Fall für den rbb.

Babylon Berlin
SO 30.09.2018 | 20.15 Uhr | Das Erste

Zwar wurde „Babylon Berlin" schon im Herbst 2017 im Pay-TV-Sender Sky 1 ausgestrahlt, aber eben nur für ein zahlendes, nicht sehr großes Publikum. Deshalb war die Spannung groß, als am Sonntagabend endlich die erste Folge im frei empfangbaren Fernsehen lief. Die 1929 in Berlin spielende Serie läuft jetzt, nach der Premiere immer am Donnerstagabend im Ersten.
In Berlin werden am Ende der Weimarer Republik rauschende Partys gefeiert, aber auch das Verbrechen ist weiter auf dem Vormarsch. Der Kölner Polizist Gereon Rath (Volker Bruch) kommt nach Berlin, um einen schwierigen Fall zu lösen – wobei sein Chef dort auch eher zwielichtig ist. Unterdessen versucht eine sowjetische Gruppe Schätze durch das Deutsche Reich nach Istanbul zu schmuggeln. Und dann gibt es noch die Kripo-Mitarbeiterin, die nachts erotische Dienste anbietet.
Es gibt in Folge 2 diesen Moment. Da brodelt der Tanzsaal, Nikoros singt vorn „Zu Asche, zu Staub", einen hervorragenden und eingängigen Song, alle tanzen. Und die Geschichte ist am Laufen – eine wilde Schießerei, Menschen auf der Flucht, und auf der anderen Seite die Feiermeute.
„Babylon Berlin" ist packendes Fernsehen, es ist aber keine Kost, die man nebenher schauen kann. Der 16-Teiler will gesehen werden, er will die ganze Aufmerksamkeit. Die Spannung wird nicht durchgängig gehalten, aber dann gibt es eben doch wieder die faszinierenden Augenblicke.
Es heißt, die Spannung steigt im Laufe der Story. Da müssen wir uns überraschen lassen.
Was allerdings bei Serien immer mehr auffällt: Serien werden immer seltener als Serien gesehen. Da werden drei Folgen am Stück gesendet, in der Mediathek steht schon die komplette achtteilige erste Staffel.
Wenn es dann bei Twitter gebetsmühlenartig von Kennern heißt, man müsse die 3. Folge abwarten, dann werde man gepackt, dann spricht das in der Regel eher gegen eine Serie. Immerhin sollte

Folge 1 einer neuen Serie dazu da sein, die Leute in den Bann zu ziehen. Muss man erst Folge 2 oder 3 abwarten, kann man es den Zuschauern auch nicht verübeln, wenn sie vorzeitig aufgeben. Aber da ändern sich offenbar die Zeiten.
40 Millionen Euro hat der Spaß gekostet, die ARD machte mit Sky gemeinsame Sache. Dass das dazu führt, dass die ARD-Zuschauer und Gebührenzahler zu Fans zweiter Klasse werden, ist ärgerlich. Hoffen wir, dass die Folgen 4 bis 16 mit allem versöhnen und dass es weiterhin einen Sog für „Babylon Berlin" gibt. Und dass wir noch mehr eintauchen können in dieses Deutsche Reich, in die Weimarer Republik von 1929.

World Wide Wohnzimmer: Ich hate da mal eine Frage - Exsl95
SO 07.10.2018 | Funk

Noch lacht er.
Von was bist du fresssüchtige Fast-Fehlgeburt weiter entfernt? Einem geordneten Leben oder Unterhosen, die kleiner sind als ein Zwölf-Mann-Zelt?
Nenne deine drei schlechtesten Eigenschaften, du saftiger Speckbaron!
Fühlt es sich geil an, dass dir deine Mutter live dabei zuschauen kann, wie du kinnlose Kackbratze dich Stück für Stück zum hoffnungslosen Alkoholiker ohne Chancen auf ein geregeltes Leben mutierst?
Wann kommst du lebendig gewordene Blähung endlich darüber hinweg, dass du immer in Tanzverbots kurvigem Schatten stehen wirst?
Was hat eigentlich zuerst den Boden erreicht? Deine Würde oder deine Wampe?
Das klingt nicht nach harmlosen Talkshow-Fragen. Wer sich in das „World Wide Wohnzimmer" traut und in der Rubrik „Ich hate da mal eine Frage" sitzt, der muss sich einiges anhören. Die Sendung der ARD/ZDF-Jugendplattform Funk holt sich offenbar

einmal pro Woche einen Youtube-Star ins Studio. Die Fragen sind keine normalen, sondern es ist Hater-Fragen. Es ist blanker Hass. Die Zuschauer werden aufgerufen, Hassfragen einzuschicken, und die machen das auch.

Darüber echauffiert sich das Internet-Medienmagazin „Meedia". Ob das Satire oder Body-Shaming sei. Anlass ist die am Sonntag veröffentlichte Folge mit Exsl95.

Nun muss man natürlich sagen, dass es immer wieder merkwürdig ist, zu sehen, wer sich so auf Youtube rumtreibt. Exsl95 ist dick, er krakeelt in seinen Videos rum, frisst, säuft, pöbelt – und wirkt oft wie eine sehr billige Kopie von Tanzverbot, der auch ein Youtube-Star ist und auf seinem Kanal auch an seinem Leben teilhaben lässt.

Er musste sich gepfefferte Fragen anhören – und musste oft ziemlich lachen.

Meedia beschwerte sich, dass man diesen Menschen damit beleidigen würde. Dem ist nicht wirklich so. Erstens, weil er wusste, worauf er sich einlässt. Zweitens, weil er sich in den Kommentaren unter seinen eigenen Videos garantiert viel Schlimmeres durchlesen muss – das aber ohne Augenzwinkern.

Zumal das Interview mit Exsl95 fast noch harmlos war, da er bis auf seine Statur gar nicht so viel Angriffsfläche bietet. Wer sich mal Hass-Talks mit anderen Youtubern im „World Wide Wohnzimmer" ansieht, wird sehen, dass da teilweise sehr viel kritischere, wirklich harte und gemeine Fragen dabei sind.

Eines hat Meedia allerdings erreicht: Die Medienjournalisten haben mich auf ein eigentlich ganz spannendes Format aufmerksam gemacht.

RTL-Nachtjournal
Keine Toten in New York!
DI 16.10.2018 | 0.05 Uhr (Mi.) | RTL

Da sage noch einer, es gäbe keine guten Nachrichten mehr auf der Welt. Normalerweise berichtet das Fernsehen ja meistens, wenn etwas Schlimmes passiert ist. Am späten Dienstagabend im „RTL-Nachtjournal" war das aber anders.
In New York ist nämlich etwas absolut Sensationelles passiert. Nach 25 Jahren gab es an einem Wochenende keinen Mord in der Stadt. Da werden bestimmt einige Sektkorken geknallt haben. Heißa, ausnahmsweise mal keiner umgebracht worden!
Eigentlich wäre das doch mal eine schöne Rubrik: Wo wieder mal etwas nicht passiert ist. Demnächst also im „RTL-Nachtjournal": Wieder kein Unfall in Altlußheim. Wieder kein Bombenfund in Oranienburg. Schon wieder kein Mord in München. Schon eine Woche ist niemand in Köln am Bordstein gestolpert. Endlich mal gute News!

Live: Pressetalk des FC Bayern München
FR 19.10.2018 | 12.00 Uhr | Sky Sport News

Schlimm, schlimm, was gerade mit dem FC Bayern München passiert. Platz 7. Und dann dieses Mobbing. Ganz, ganz übel.
Aber den Leuten vom FC Bayern reicht es jetzt. Sie holen zum Rundumschlag gegen die Medien aus.
Deshalb luden sie am Freitagmittag zu einer Pressekonferenz, der beim FCB Pressetalk heißt. Sky Sport News übertrug live.
Der FCB-Vorstandsvorsitzende Karl-Heinz Rummenigge teilte mit, dass nun andere Saiten aufgezogen werden. Man werde reagieren. Mit Unterlassungserklärungen, Gegendarstellungen. Man lasse sich die Berichterstattung nicht mehr gefallen. Genannt wurden namentlich Reporter von Springer (Bild) und ntv. Es herrsche

Häme, und Gerüchte würden zu Fakten. Auch Präsident Uli Hoeneß redete sich in Rage.

Also wie gesagt: alles schlimm, schlimm, schlimm.

Grundsätzlich sei mal gesagt: Die Sportberichterstattung ist in der Tat oft eher zweifelhaft. Nachdem sich Robert Enke umgebracht hatte, herrschte Nachdenklichkeit. Da ging es auch darum, ob man Fußballern Noten geben müsse. Gern mal eine 6 wegen absoluten Nichtkönnens. Die Nachdenklichkeit ist längst vorbei, Noten werden wieder fleißig vergeben. Läuft es für Vereine mies, wird Häme ausgeschüttet. Es hagelt Vorwürfe. Jedes kleine Gerücht wird ausgeschlachtet. Jeder, der nicht wichtig ist, muss was sagen. So ganz grundsätzlich haben die FCB-Herren also durchaus recht.

Aber entweder waren sie mies vorbereitet oder sie hatten schlichtweg keine echten Argumente. Denn die Vorwürfe, die sie ganz konkret hatten, waren irritierend lahm. Da wurde einem Reporter vorgeworfen, dass er dem Trainer eine Frage gemailt habe, in der es um die Klärung eines Gerüchtes ging. Das also ist nicht mehr erlaubt? Das also ist abscheulich? Was ist da los bei FC Bayern?

In einem anderen Fall habe man den Bayern vorgeworfen, man spiele Altherrenfußball. Da musste ich wirklich kurz schlucken, denn dieser Vorwurf ist natürlich, ähm, schlimm. Wie gesagt. Ganz schlimm. Wahrscheinlich lagen sich Rummenigge und Hoeneß weinend in den Armen, als sie dieses böse Wort lesen mussten. Da wurde von der Unantastbarkeit der Menschenwürde geraunt, die aber offenbar nicht gilt, wenn Rummenigge über einen ehemaligen Spieler poltert, der einen Scheißdreck gespielt habe. So von wegen Menschenwürde.

So macht dieser Pressetalk am Ende eher ratlos. Wenn Springer was Falsches schreibt, dann können die Bayern gern protestieren und Gegendarstellungen fordern. Wenn die Gegendarstellung aber lautet: „Der FC Bayern spielt keinen Altherrenfußball" – dann könnte das eher lächerlich wirken.

Dass sich die Medien hier und da mal am Riemen reißen müssten – das ist ein allgemeines Problem. Was aber in diesem Fall der auslösende Punkt für diesen Pressetalk ist, das konnte der FCB am Freitag nicht so richtig übermitteln.

Schlagerbooom 2018 - Alles funkelt! Alles glitzert!
SA 20.10.2018 | 20.15 Uhr | Das Erste

Warum sind einige Stars eigentlich der Meinung, dass es spannend sein könnte, wenn sie ihr Privatleben in der Öffentlichkeit ausbreiten? Warum muss ich als Zuschauer damit belästigt werden, dass Christoff De Bolle bald heiraten wird? Und warum muss ich dabei sein, wenn er seinen Typen fragt, ob der das denn auch will? Live. Am Sonnabendabend zur Primetime im Ersten.
Aber von vorn. Um seine Band Klubbb3 zu promoten, holt Florian Silbereisen für die Moderation seiner Show „Schlagerbooom" im Ersten seine Kollegen Jan Smit und Christoff De Bolle dazu. So standen die drei Männer also ständig zusammen auf der Bühne rum, um zu plauschen und andere Acts anzusagen.
Und weil sich Flori, Janni und Chrissi so lieb haben, wollten Flori und Janni dafür sorgen, dass ihr dritter Mann endlich unter die Haube kommt. Und so holten sie den Freund von Christoff auf die Bühne – der angeblich davon nichts wusste. Und vor
12.000 Zuschauern in der Halle und mehr als 5 Millionen Leuten zu Hause fragte der Christoff seinen Freund, ob er ihn heiraten will.
Ja, das kann man romantisch finden. Man kann es aber auch aufdringlich finden. Mich interessiert weder, mit wem Christoff De Bolle zusammen ist, und schon gar nicht, ob und wen er heiraten wird und ob die andere Person das auch will. Und ist es eigentlich wirklich romantisch, sich auf einer Bühne zu verloben? Oder ist es dann doch einfach nur die Geilheit nach Prominenz und die Hoffnung, die Hochzeit dann ordentlich vermarkten zu können?
Christoff und seinem Ritchie ist sein schönes Leben zu gönnen, aber die Dokusoap dazu muss dann bitte nicht am Sonnabend zur Primetime im Ersten laufen.

Jäger der versunkenen Lok
SO 21.10.2018 | 20.15 Uhr | SWR-Fernsehen

Aus der Reihe: Die dramatischsten Programmänderungen aller Zeiten.
Eigentlich sollte am Sonntagnachmittag im SWR-Fernsehen etwas sehr Spektakuläres live übertragen werden. Im Februar 1852 fiel die Lokomotive „Rhein" von einem Transportschiff in den Rhein. 1993 wurde damit intensiv begonnen, das Teil zu suchen, um es dann zu bergen. Es wurde geforscht, überprüft, wo genau die Lok liegen könnte, dann gegraben. Am Sonntagnachmittag sollte eigentlich die Bergung bei Cochem beginnen und die Lok ans Tageslicht gehoben werden. Doch die Übertragung mit dem Titel „Jäger der versunkenen Lok" fiel aus.
Es gab keine Lok.
Es ist ein unfassbares Drama und für Horst Müller eine persönliche Tragödie. 55 (!) Jahre lang hat er sich mit seinem Lebenstraum befasst. Seit 1962 beschäftigte er sich mit der Bergung der Lokomotive. Viele Helfer und Sponsoren waren dabei – bis Anfang Oktober festgestellt worden ist: Dort, wo die Lok vermutet wurde, ist sie nicht. Entweder haben sich die Sonden geirrt oder es wurden die falschen Schlüsse aus den Signalen gezogen.
Eine große Expedition ist somit in letzter Minute gescheitert, und aus dem Mega-Event im SWR wurde am Sonntagabend eine depressive Doku mit lauter fassungslosen und traurigen Männern. Aber diesen Schock und diesen Schmerz – den kann man sehr gut nachvollziehen. Für Häme ist da kein Platz.

Harry Potter und die Heiligtümer des Todes - Teil 1

SA 27.10.2018 | 20.15 Uhr | Sat.1

Na, hast du am Sonnabend zufällig Harry Potter auf Sat.1 gesehen? Dort lief „Harry Potter und die Heiligtümer des Todes – Teil 1". Es ist die erste Hälfte des großen und spannenden Finales. Wirklich spannend, und quasi mittendrin endet der Film sehr plötzlich mit dem Hinweis, dass die Fortsetzung bald folgt.
Und jetzt bist du doch sicherlich schon ganz gespannt, wie es am nächsten Sonnabend weitergeht, wenn Teil 2 in Sat.1 zu sehen sein wird. Blöd nur: Da läuft dann was ganz anderes. Teil 2 wird in nächster Zukunft gar nicht auf Sat.1 zu sehen sein. In Wirklichkeit hast du Teil 2 nämlich schon verpasst. Der lief bereits am 11. Oktober – bei VOX. Dort wiederum, ohne, dass vorher Teil 1 zu sehen war.
Die Ausstrahlungsrechte für die Harry-Potter-Filme sind auf die ProSiebenSat.1- und auf die RTL-Gruppe aufgeteilt. Und so wuseln immer mal wieder irgendwelche Filme der Zauberer-Reihe durch die Sender. Neulich gab es Teil 4 auf Sat.1 und wenig später Teil 3 bei VOX. Die Sender scheren sich nämlich schon lange nicht mehr darum, dass man den Zuschauern logische Serienabfolgen zeigt. Hauptsache die Zeit wird gefüllt, ohne dass es viel kostet. Haben die Zuschauer halt Pech.
Im Fall der Heiligtümer des Todes mit dem 1. und 2. Teil, die wahllos ausgestrahlt werden, ist das aber besonders ärgerlich.

Fest & flauschig
Die Polak-Affäre
SA 03.11.2018 | 0.00 Uhr (So.) | Spotify

Es klingt durchaus gespenstisch, was Oliver Polak in seinem Buch „Gegen Judenhass" beschreibt. Er erzählt darin vom alltäglichen Antisemitismus in Deutschland. Eine der Begebenheiten: Nach einem Auftritt von Polak habe sich ein bekannter deutscher Fernsehmoderator auf der Bühne die Hände desinfiziert und gesagt, das Händegeben mit Polak sei eklig gewesen. Und ob das ansteckend sei.
Es war ein paar Tage später der Medienjournalist Stefan Niggemeier, der offen legte, dass es sich um Jan Böhmermann handelte. Ist Jan Böhmermann ein Antisemit?
Kaum, nein, nicht vorstellbar.
Dafür begann in den Tagen nach dieser Enthüllung – acht Jahre nach dieser Begebenheit und rechtzeitig zur Buchveröffentlichung – die Berichterstattung mit eben jener Frage, ob man sich denn in Jan Böhmermann getäuscht habe.
In der Nacht zu Sonntag hat sich Jan Böhmermann nun im Spotify-Podcast „Fest & flauschig" geäußert.
Es handelte sich im Jahre 2010 um eine größere Veranstaltung zum 25. Bühnenjubiläum von Serdar Somuncu, moderiert von Jan Böhmermann und Klaas Heufer-Umlauf. Es war ein so genannter Roast.
Somuncu ist dafür bekannt, den Spieß umzudrehen, alle zu beleidigen, die zu diversen „Zielgruppen" gehören. So lief auch diese Show ab, wie Böhmermann erzählte. Jeder sei verarscht worden, und alles war abgesprochen. Die Gags waren derbe, aber das sollte so sein, und allen war auch klar, dass das so sein sollte. „Alle haben ihre Rollen freiwillig selbst gespielt. Es wurde alles vor Ort gemeinsam geprobt und aufgeführt." Selbst einer DVD-Auswertung ist zugestimmt worden.
Inzwischen äußerte sich Serdar Somuncu ähnlich und weist Polaks Vorwürfe auf's Schärfste zurück und drückt seine Verwunderung über diese Aussagen aus.

In der Tat ist es seltsam, dass sich Oliver Polak gerade dies als Beispiel für Antisemitismus raussucht. Er, der Jude, erlebt dies immer wieder, und dies ist zu verurteilen. Aber in diesem Fall ist der Vorwurf ganz offenbar unangebracht. Was wollte Polak? Einfach nur ein Beispiel nennen. Nannte er Böhmermann nicht wörtlich, weil ihm klar war, dass dieses Beispiel eigentlich in diesem konkreten Fall keines ist?

Dass Oliver Polak auf die Situation der Juden in Deutschland aufmerksam macht, ist völlig richtig. Dass er es auf diese Weise tut und nun im Verdacht steht, das für sein Buch ausschlachten zu wollen, das hat einen extrem faden Beigeschmack.

Wontorra - der O₂ Fußball-Talk
Lisa Müller und ihre Instastory
SO 04.11.2018 | 10.45 Uhr | Sky Sport News

„Mehr als 70 Minuten, bis der mal 'nen Geistesblitz hat."
Dieser Spruch erschien am Sonnabend auf Instagram. Zu sehen war beim Bundesliga-Spiel zwischen dem FC Bayern München und SC Freiburg der Bayern-Trainer Niko Kovac, der den Spieler Thomas Müller einwechselte.
Nun läuft es ja momentan und grundsätzlich nicht ganz so glänzend für die Bayern, und diese Instastory sorgte für zusätzlichen Wirbel.
Sie kam nämlich von Lisa Müller, der Frau von Thomas, dem Bayern-Spieler.
Bei „Wontorra – der O₂ Fußball-Talk" auf Sky Sport News ist am Sonntagmittag genau darüber diskutiert worden. Spiegel-Journalist Rafael Buschmann war der Meinung, dass Lisa Müller ja sagen und schreiben könne, was sie will. Die anderen dachten anders, sie waren der Meinung, dass Lisa Müller als Spielerfrau eben nicht überall äußern kann, was sie möchte. Und die anderen hatten durchaus recht.
Natürlich kann Lisa Müller sagen, was sie will. Aber als Spielerfrau sollte sie denn doch aufpassen, was sie wo öffentlich mitteilt. Denn aus ihrer Meinungsäußerung lässt sich auch durchaus widerspiegeln, was denn im Hause Müller so erzählt wird. Und grundsätzlich ist es natürlich schwierig, wenn sich ein Angehöriger öffentlich schlecht über den Arbeitgeber des Partners äußert. Das kann dann schon mal auf den Angestellten zurückfallen.
Das muss sie offenbar auch selbst festgestellt oder gesagt bekommen haben – denn die Instastory war schon bald wieder gelöscht…

dunja hayali
Oliver Polak und der Antisemitismus des Jan B.
MI 07.11.2018 | 23.25 Uhr | ZDF

Der Comedian Oliver Polak war am Mittwochabend zu Gast in der ZDF-Talkshow „dunja hayali", in der es um Antisemitismus und Rassismus ging. Polak hat gerade ein Buch herausgebracht, in dem er erzählt, wie er als Jude Antisemitismus ausgesetzt ist.
Ein Fall handelt von einem Comedyabend. Nach einem Auftritt von Polak habe sich ein bekannter deutscher Fernsehmoderator auf der Bühne die Hände desinfiziert und gesagt, das Händegeben mit Polak sei eklig gewesen. Und ob das ansteckend sei. Später wurde bekannt: Es geht um Jan Böhmermann. Der äußerte sich schon in seiner Sendung „Fest & flauschig" und wies die Vorwürfe zurück, weil es sich um einen geplanten, inhaltlich vorher besprochenen Auftritt gehandelt habe. Serdar Somuncu, um dessen Abend es da ging, bestätigte das.
Und was sagt Oliver Polak? Der legte am Mittwoch im ZDF einen erschreckenden Auftritt hin. Das sei nicht sein Thema, sagte er. Wenn behauptet würde, das sei besprochen gewesen, dann könne das ja später jeder sagen. Aber ansonsten gebe es ja noch viele andere Geschichten in seinem Buch.
Oliver Polak hatte in diesem Talk schlicht keine Argumente. Er redete sich raus, und das macht wütend. Völlig unklar ist, ob die – wie er sagt – mit Absicht ohne Namen erzählte Story nur für irgendwas stehen sollte oder ob er genau diesen Abend so erlebt haben will – was jedoch nicht glaubwürdig ist.
Unglaubwürdig deshalb, weil Oliver Polak ein Comedian ist, der mit genau diesen Dingen spielt, die an diesem Abend mit Böhmermann geschehen sind. Polak macht Witze über Minderheiten, auch Eigengags über Juden. Aber das sei ja Standup-Comedy, sagt Polak. Und der Auftritt bei Somuncu war keine Standup-Comedy?
Antisemitismus gibt es, und man muss darüber reden. Man muss den Finger in jede Wunde legen. Aber mit dieser Story tut Oliver Polak sich und allen Beteiligten keinen Gefallen.

Klar kann man auch darüber reden, wie weit Comedy gehen darf. Aber nicht, wenn er an einem Akt beteiligt war, der mit ihm besprochen worden ist. Und auch nicht, wenn er selbst auch kräftig austeilt. Übrigens so sehr austeilt, dass ein anderer jüdischgläubiger Gesprächsgast sagte, dass er in einer Polak-Show war und er nach der Hälfte gehen musste, weil er es nicht ausgehalten hatte.

Es wäre schön, wenn sich Polak, Böhmermann und Somuncu mal gemeinsam einem Interview stellen würden. Klartext und Diskussion sind wichtig.

Tagesschau
Aus für die Lindenstraße
FR 16.11.2018 | 20.00 Uhr | Das Erste

Wenn es die Absetzung einer Fernsehserie in die „Tagesschau" schafft, dann kann es nicht irgendeine Serie sein.

Im März 2020 läuft die letzte Folge der „Lindenstraße". Nach fast 35 Jahren. Was am 8. Dezember 1985 erstmals über den Bildschirm lief, soll dann begraben werden.

Und man muss fragen: Sind die eigentlich irre, bei der ARD? Sicherlich, die Einschaltquoten der Serie könnten besser besser sein, sie liegen nur noch bei etwas mehr als zwei Millionen Zuschauern. Aber ist die ARD für Das Erste am Sonntagnachmittag zwischen Sportschau und Weltspiegel wirklich auf Mega-Quoten angewiesen? Wird bald auch der Weltspiegel abgesetzt, weil den noch weniger Leute als die Lindenstraße gucken?

Die Lindenstraße ist (oder war) eine Institution. Keine andere fiktionale Sendung zeigt Woche für Woche die deutsche Realität. Mehr oder weniger. Realität in dem Sinne, dass Strömungen der Gesellschaft, wichtige Themen oder Entwicklungen es in mehr als drei Jahrzehnten immer in die Serie geschafft haben. Nicht immer gelungen, aber oft. Keine andere Serie kann dieses Sittengemälde aufweisen.

Seit 35 Jahren. Und das will die ARD nun also in den Müll

schmeißen? Eine so langlebige Marke einfach so beerdigen, um da vielleicht alte Filme zu senden?
Das ist mindestens merkwürdig, aber vor allem ziemlich beschämend.

No more Boys and Girls
DO 22.11.2018 | 20.15 Uhr | zdf neo

Jungs tragen blaue Klamotten. Mädchen eher rote und rosa Shirts oder Kleidchen.
Mädchen dürfen weinen. Jungs nicht. Jungs müssen stark sein.
Wer ein Flugzeug fliegt, ist ein Mann. Wer Ballett tanzt, ist eine Frau.
Mädchen beschäftigen sich gern mit Pferden. Jungs mit Fußball.
Klischees? Ja! Aber Klischees, die in uns alle drin sind. Sogar und vor allem in Kindern.
Das hat am Donnerstagabend die interessante Doku „No more Boys and Girls" auf zdf neo gezeigt. Collien Ulmen-Fernandes war in einer Kölner Schulklasse, um die Kinder der 3. Klasse zu testen.
Das auf sehr lockere Weise, aber was dabei herauskam, war erstaunlich.
Denn auch Kinder in der 3. Klasse haben schon ziemlich feste Rollenbilder. Mama kocht, Papa baut. Und irgendwelchen Mädchenkram machen, das wollen Jungs nur ungern. Die Mädchen wiederum wollen sich eher ungern in den Vordergrund spielen und stapeln gern tief.
Ein wichtiger Aspekt dabei: Es ist nicht falsch, was die Jungs und Mädchen machen oder denken. Es ist aber wichtig, ihnen zu zeigen, dass es auch anders geht, wenn man es denn zulässt. Und siehe da: Wenn man den Kindern zeigt, dass es auch eine Pilotin gibt und einen Balletttänzer, dann staunen die Kinder und sehen: Das geht auch, und plötzlich haben sie neue Vorbilder.
Man sieht aber auch, wie sehr wir Erwachsenen die Kinder prägen. Bei einem Test ging es darum, welche Klamotten Eltern ihren Kindern kaufen würden. Rosa Shirt für einen Jungen? Dunkler

Pullover für ein Mädchen? Geht ja gar nicht! Und man fragt sich auch selbst, was man davon halten soll: Vielleicht ist es auch einfach so, dass Rosa bei Jungs komisch aussieht.

Letztlich geht es immer darum, Dinge offen zu halten, Eindimensionale Klischees wegzulassen oder klein zu halten, aber vor allem darum, zu zeigen, was geht und was es noch alles gibt. Und die Kinder sich ein Urteil bilden zu lassen, ob das in Ordnung geht.

Schade ist, dass es zdf neo nicht gelungen ist, die Zuschauer neugierig auf die Doku zu machen. Was allerdings auch an dem sehr sperrigen Titel „No more Boys and Girls" liegt. Das wirkte, als ob der Sender eine US-Serie oder einen Film im Programm hat. Dieses Experiment hätte mehr Aufmerksamkeit verdient gehabt — nur etwa 200.000 Leute sahen zu.

Bruder vor Luder
SA 01.12.2018 | 20.15 Uhr | RTL II

Wenn sich Heiko Lochmann auf einer Restaurant-Toilette den Durchfall auf die Hosen kackt, weil er vergisst, sich auf Klo zu setzen, dann…
Also, ehrlich gesagt, weiß ich auch nicht mehr, was dann noch passieren kann, um diese Bilder aus dem Gedächtnis löschen zu können.
Aber die Macher des Filmes „Bruder vor Luder" dachten vermutlich, dass die junge, geile Youtube-Zielgruppe es voll nice findet, wenn man die dünne Scheiße vom Lochi-Zwilling in Großaufnahme sehen darf.
Ist dieses Machwerk schon im Kino kein großer Erfolg gewesen – um es mal vorsichtig auszudrücken – legte am Sonnabend auch RTL II eine Bauchlandung hin. Kaum Zuschauer.
Erstens: Die Älteren haben Silbereisen geschaut.
Zweitens: Die Jüngeren wissen vermutlich gar nicht mehr, dass es RTL II gibt und haben den Livestream auf Snapchat oder Youtube nicht finden können.
Und die anderen beiden haben den Film schon gesehen.
Bleibt also kaum noch jemand übrig.
Eine Handlung… Nun ja, es ist Zeit vergangen. Von einer Handlung kann man kaum sprechen. Jungs und Mädchen labern Müll. Die Lochis wollen ein Konzert geben, und böse Mädchen wollen das irgendwie verhindern. Irgendeine dämliche Intrige.
Dass das Kino irgendwie von den Youtubern, die die Jugend zu sich ziehen, profitieren will, kann man ihnen nicht verübeln. Aber kann man diesen Leuten nicht ein bisschen Schauspielunterricht geben? Und vielleicht eine vernünftige Handlung?
„Bruder vor Luder" bei RTL II war jedenfalls ein prima Argument, Amazon, Netflix und Co. ein Abo zu schenken.

VIVA forever - Die Show
SA 15.12.2018 | 22.00 Uhr | MTV

Dass die Abschiedsshow für VIVA ausgerechnet bei MTV ihre Premiere hat, das ist eigentlich der letzte Arschtritt für Deutschlands einst größten Musiksender, der zum Jahresende abgeschaltet wird.

Am 31. Dezember 2018 wird VIVA letztmals senden, und das kurz nach dem 25. Geburtstag des Senders. Der Niedergang begann einst damit, dass die MTV-Besitzer von Viacom den Konkurrenten VIVA schluckten. Waren MTV und VIVA früher Konkurrenten, gehörten sie nun zur selben Firma, und VIVA wurde nach und nach der Saft abgedreht.

Zum Abschied gönnte man VIVA dann doch immerhin eine kleine Abschiedssendung, aber dass sie ausgerechnet zuerst auf MTV lief, ist ein Hohn.

Klar, wenn man will, dass „VIVA forever – Die Show" auch mal im Abendprogramm laufen soll, dann bleibt ja nichts anderes als eine MTV-Ausstrahlung möglich, denn VIVA selbst sendet ja sowieso nur noch von 2 bis 14 Uhr. Dennoch hätte man VIVA für die TV-Premiere den Vortritt lassen können. Auf VIVA lief die Show erst am Sonntagmittag.

Also nahmen die alten VIVA-Stars am Sonnabendabend bei MTV Abschied von VIVA – nicht ohne ab und zu mal in Richtung Viacom zu treten. Gezeigt wurden alte Videoclips von Echt, Tokio Hotel, den Fantastischen Vier, der Kelly Family und Scooter. Dazu erzählten Oliver Pocher, Mola Adebisi, Sarah Kuttner und andere alte VIVA-Hasen von früher.

Obwohl man ja leider sagen muss, dass man heute Sender wie VIVA eigentlich nicht mehr braucht, ist doch viel Wehmut dabei, wenn man „VIVA forever" sieht. Die richtige Wehmut kommt aber vermutlich dann Silvester.

Darts-WM 2018
Frauen haben beim Darts nichts zu suchen
MO 17.12.2018 | 20.00 Uhr | Sport 1

Es ist empörend. Und wirklich sehr unangenehm. Dass Sport 1 seine Reporter zwingt, so etwas auch noch kommentieren zu müssen, kann nur ein grober Verstoß gegen alle Sitten sein.
Es war ein wirklich unerhörter Vorgang, den die Herren da am Montagabend bei der Darts-WM in London kommentieren mussten. Nämlich: Eine Frau spielte Darts. Gegen einen Mann. Oder anders gesagt: Ein Mann musste gegen eine Frau spielen. Schlimm, schlimm. Ob das nicht gegen die Würde ist?
Und so schwurbelten die beiden Kommentatoren Basti Schwele und Gordon Shumway (der heißt wirklich so wie Alf?) die ganze Zeit herum: Ob es denn für die Anastasia Dobromyslova ein Mittel gebe, den grooßen Ryan Joyce zu schlagen. Vielleicht ja bei der Klamottenwahl? Har, har, har. Da klopften sich die Herren das erste Mal auf die Schenkel.
Und, ja, man muss dem Herrn ja mal ein großes Kompliment aussprechen, wie er damit umgeht, gegen eine Frau antreten zu müssen. Ohjeohje.
Er sei kein Freund von diesem Zirkus, er verstehe nicht, warum Frauen bei so einem professionellen Darts-Turnier aufgenommen werden, faselte einer der Reporter. Wenn man den Damen eine Plattform geben möchte, dann sollte man ihnen eine eigene Turnierserie geben. Bei Bayern München würden Frauen ja auch nicht mit Männern zusammenspielen.
Darts sei ein mentales Spiel, und Männer würden immer ein Problem damit haben, gegen Frauen zu spielen. Weil Frauen weniger Punkte erzielen.
Bei der ganzen Tour spiele keine Frau mit, und plötzlich müsse er bei der WM gegen eine Frau spielen, und seine Kumpels lachen ihn schon vier Wochen vorher aus.
Man könnte sagen: Kommentator Gordon Shumway hat sich ein bisschen geekelt.
Oh. Mein. Gott.

Bitte lass es eine Wiederholung aus dem Jahr 1974 gewesen sein, die Sport 1 am Montagabend versehentlich ausgestrahlt hat. Mit einem Kommentator, der irgendwo in der Vergangenheit festgeklemmt ist und nun leider nicht mehr aus seiner Macho-Ecke rauskommt. Der sich über Frauen lustig macht, über deren Klamotten, und der Männer bemitleidet, die gegen Frauen antreten müssen.

Dass man sich 2018 so einen sexistischen Dreck noch anhören muss, ist extrem bemerkenswert.

Es muss in den sozialen Medien hoch her gegangen sein, denn eine halbe Stunde später musste sich Alf entschuldigen. Er bitte es nicht falsch zu verstehen, er habe keine sexistischen Äußerungen gemacht, schließlich habe er auch schon mit Frauen Darts gespielt, und seine Tochter spiele auch Darts.

Ja, das kann man natürlich entschuldigen. Immerhin hat der Mann wohl auch schon mal mit einer Frau in einem Raum gesessen. Und vielleicht hat er sich nur kurz dazu überwinden müssen. Es heißt, er habe Frauen im Freundeskreis, aber vielleicht hat er sich schwer getan, sie zu dulden.

Und, nein, Sexismus käme dem Mann doch nicht in den Sinn. Er findet doch Frauen schließlich total gut.

Mit seiner so genannten Entschuldung hat es der Melmac-Reporter leider nicht besser gemacht. Vielleicht sollte Gordon Shumway in Zukunft nur noch live aus Männer-Umkleidekabinen berichten, wo es so stinkt, dass sich eh keine Frau da rein traut, wo er sich aber sicher wohl fühlt, so unter Kerlen. Als Sportreporter dagegen brauchen wir ihn eigentlich nicht mehr so sehr.

PS: Anastasia Dobromyslova hat das Darts-Duell verloren. Fand Gordon sicher jetzt nicht sooo schlimm.

PPS: Gordon Shumway wurde von Sport 1 gefeuert.

Silvestershow mit Jörg Pilawa
MO 31.12.2018 | 20.15 Uhr | ORF2

In Eurovisionsshows scheinen Frauen auch 2018/19 nur Platzhalter zu sein. Sie haben schön im Bild rumzustehen, sie haben zu lächeln, und sie sollen möglichst wenig sagen.

Zu Silvester übertrug ORF2 (plus Das Erste und SRF) live aus Linz in Österreich die „Silvestershow mit Jörg Pilawa". Und wie im vergangenen Jahr auch mit Francine Jordi. Doch für die Moderatorin war im Sendungstitel immer noch kein Platz.

In Zeiten der #metoo- und Gleichberechtigungsdebatte ist das mehr als erstaunlich. Denn Francine Jordi scheint in der Show nicht nur nicht namentlich vertreten zu sein, sondern sie scheint auch nicht wirklich was zu sagen zu haben. Sie hat offenbar die Rolle als Beiwerk zu besetzen. Wenn Jörg Pilawa redet, hat Frau Jordi ruhig zu sein.

Als es um 23.59 Uhr darum ging, den Countdown anzusagen, konnte sie anfangs einen bedeutungslosen Satz sagen, bevor er dann zu einer langen Rede abhob und nicht mehr aufhörte. Als er dann den Countdown zählte, stimmte sie immerhin mit ein.

Auch in anderen Moderationen war Frau Jordi entweder nicht dabei, oder sie hatte die Aufgabe zu lächeln und den großen Jörg Pilawa anzusehen. Und ein bisschen anzuhimmeln. Immerhin hat ja Pilawa eine Show, in der sein Name auch vorkommt.

Wenn es auch 2019 wieder eine Silvestershow geben sollte, sollte Francine Jordi dringend ihren Vertrag neu verhandeln. Entweder wird im Sendungstitel der Name Pilawa schlicht gestrichen, denn die Nennung nur eines Moderators ist schlicht unverschämt, oder sie sollte auf diese Show-Männerdomäne einfach mal verzichten. Das Problem: Der Pilawa würde Jordis Fehlen vielleicht nicht mal merken.

Silvester im Südwesten: Willkommen 2019
MO 31.12.2018 | 23.50 Uhr | SWR-Fernsehen

Silvester haben auch einige Dritte Programme live den Jahreswechsel übertragen. Dabei allerdings kann man so einiges falsch machen.
Deshalb an dieser Stelle einige wertvolle Tipps, wie man es 2019/20 eventuell besser machen kann.
1.: Verpasse, um Gottes Willen, nicht die 0-Uhr-Marke!
Beim SWR hat sich die Moderatorin von „Silvester im Südwesten: Willkommen 2019" so sehr mit einem neben ihr stehenden Herren verquatscht, dass sie schlicht den Countdown verpasste. Sie führte einfach ihr Interview weiter. Drei Sekunden (!) vor Mitternacht muss ihr jemand von der Regie was ins Ohr gebrüllt haben, denn mitten im Gespräch riss sie dem Mann das Mikro weg und zählte die letzten drei Sekunden mit runter.
2.: Nach 0 Uhr kann man die eingeblendete Uhr ruhig ausblenden.
Beim SWR hat man die Uhr einfach bis 0.18 Uhr weiter laufen lassen. Irgendwer wird sich schon auch nach dem Jahreswechsel noch für die Uhrzeit interessieren, dachte man sich da wohl.
3.: Wenn man schon eine Countdown-Uhr einblendet, sollte man sie um 23.58 Uhr nicht einfach ausblenden.
Im WDR hat man es einfach andersrum gemacht wie beim SWR. In der „Lokalzeit extra: Silvesterfeuerwerk am Kölner Dom" lief die Uhr rückwärts – bis zur 0:02:00-Marke. Dann war sie weg. Vielleicht wollte man die WDR-Zuseher einfach ein bisschen mit dem Beginn von 2019 überraschen. Auch dort plauderte die Moderatorin noch bis zehn Sekunden vor Mitternacht, bevor dann doch noch mal ein Ziffern-Countdown zu sehen war.
4.: Wenn man schon zurückzählt, dann auch pünktlich.
Glaubt man der Uhrzeit im WDR-Videotext, ging der Countdown drei Sekunden nach. Zeigte der Videotext 0 Uhr an, stand der eingeblendete Countdown gerade auf drei Sekunden vor Mitternacht.
5.: Schweigen bringt's auch nicht.

Waren die Moderatorinnen bei SWR und WDR ein wenig zu sehr in Plauderlaune, hat der Moderator beim rbb ab 45 Sekunden vor Mitternacht einfach geschwiegen. Wer das „Silvesterfeuerwerk am Brandenburger Tor" im rbb gesehen hat, hörte stattdessen im Hintergrund die ZDF-Leute den Countdown zählen. Aber so ein bisschen Stimmung verbreiten, sollte doch auch beim rbb zu machen sein.

6.: Sprenge die Party nicht mit depressiven Erinnerungen!

Bevor der rbb-Moderator schwieg, erinnerte er noch mal an das vergangene 2018. An die schweren Waldbrände zum Beispiel. Und wie schlimm das war, als auch in Berlin Brandgeruch herrschte. Ein echt tolles Silvesterparty-Thema. Einfach weglassen, solche depressiven Rückschauen.

Werden bei den nächsten Silvester-Übertragungen diese wertvollen Tipps beherzigt, dann könnte das auch mit dem gelungenen Jahreswechsel klappen.

Gern geschehen.

Andererseits: Irgendwie wäre es schon lustig gewesen, wenn beim SWR die 0-Uhr-Marke einfach überquatscht worden wäre.

Anhang
Die Jahresrückblicke

Das war 2016

Was war das für 1 Jahr???!!!!11!!
Die Welt wird immer verrückter. Nein, eigentlich sind es die Menschen, die immer irrer werden. Die sich gegenseitig anstacheln, die nur noch ihre eigenen Wahrheiten akzeptieren, alles andere als Lüge abtun. Die immer und überall Verschwörungen wittern und nicht mal mehr offiziellen Mitteilungen der Polizei glauben.
Stattdessen wird immer mehr auf gefühlte Wahrheiten gesetzt. Was ich fühle, wie ich etwas empfinde, ist auch ein Fakt. Wir leben im postfaktischen Zeitalter, und das ist auch das Wort des Jahres. Eigentlich ja eher das Unwort.
RT Deutsch zum Beispiel. Das russische Auslandsfernsehen sei reine Propaganda, sagen die einen. Das sei alles die Wahrheit, und nur dort gebe es sie, sagen die anderen. Als in Berlin angeblich ein Asylbewerber eine junge Russlanddeutsche entführt und vergewaltigt, kocht die Volksseele, angestachelt auch durch Berichte von RT Deutsch. Dass das Mädchen die Schule geschwänzt und der Mann ihr Freund war – irgendwann hat es schlicht keinen der Demonstrierenden mehr interessiert.
Es sind nämlich nicht nur von Gefühlen geprägte Kommentare, die verbreitet werden – sondern auch Fakenews, Nachrichten, die schlicht ausgedacht, die eine Lüge sind. Da werden Politiker Worte in den Mund gelegt, die sie nie gesagt haben. Oder Gerüchte über angebliche Taten von Ausländern gegenüber Deutschen, die so nie stattfanden.
So haben EU-Gegner den Brexit in Großbritannien erreicht, dass die Wähler für den Austritt des Königreiches aus der EU stimmen, hatten wenige für möglich gehalten. So hat es Donald Trump in

den USA geschafft, Präsident zu werden. Gefühle statt Fakten. Irgendwelche Zahlen statt echtem Inhalt.
Oder eben irgendwas wird daher gelabert. So macht das Mario Barth. In New York sendete er live auf Facebook und wunderte sich, dass zwar über Anti-Trump-Demos berichtet werde, er aber keine sehe. Dass es am Tage war und die Straße, an der er stand, gesperrt war – na ja, das hat Mario ja nicht wissen können. Facebook, Twitter und Co. werden aufgefordert, etwas gegen die Verbreitung solcher Fakenews zu unternehmen. Darüber wird 2017 noch zu reden sein.
Ganz unschuldig sind die Medien aber nicht, dass man ihnen nicht glaubt. Als in der Neujahrsnacht rund um den Kölner Hauptbahnhof hunderte Männer Frauen begrapschen und Passanten berauben, dauerte es Tage, bis umfassend berichtet worden ist. Der WDR sendete um Mitternacht sogar live aus der Domregion – da hat man das offenbar nicht mitbekommen. Beim ZDF war selbst am 4. Januar, als alle anderen endlich berichteten, noch nichts dazu zu sehen. Man bat um Verzeihung. Im Laufe des Jahres ist dann aber recherchiert worden: Dass es sich vorwiegend um Täter aus Nordafrika handele. Dass die Polizei haarsträubend unterbesetzt war, dass Fehlentscheidungen getroffen und in einer ersten Pressemitteilung beschönigt worden sei.
Es war kein schönes Jahr. Terror, Unglücke, Todesfälle. Und immer startet die Breaking-News-Maschine. Ein Zwischenfall in Berlin? Da darf gern mal schwadroniert und vermutet werden – immer mit der Betonung, man wolle nichts vermuten. Amoklauf in München? Da zeigt man bei RTL schon mal, wie Leichen abtransportiert werden und live hinter dem Reporter, wie Polizisten mit Waffen auf Passanten zielen. Auch der Teilzeitnachrichtensender N24 ist da ganz weit vorn mit bei. Und immer wieder der Vorwurf an ARD und ZDF, es werde in solchen Fällen zu spät reagiert. Nach dem Zugunglück in Bayern ging der BR erst nach vier Stunden auf Sendung, nach dem Berliner Zwischenfall das ZDF erst nach fast zwei Stunden.
Und dann immer wieder die Empörungswellen, die durch Deutschland rollen.

Letzter Platz beim Eurovision Song Contest? Empörung! Keiner hat uns lieb! Alles Fake! Und überhaupt! Dass unser Song mies war, zieht keiner in Betracht – obwohl er in den deutschen Charts auch unterbelichtet war. Na ja, diese Fakten halt.

Die Sache mit dem Nachbarn Boateng. AfD-Mann Alexander Gauland habe gesagt, keiner wolle, dass Boateng sein Nachbar sei. Mag er so gesagt haben, er meinte aber wohl eher, dass viele Deutsche erst mal schlucken würden, wenn ein Dunkelhäutiger nebenan einziehen würde. Dennoch: Empörung! Aber eher eine geheuchelte, weil nicht weiter nachgedacht, sondern nur auf einen Satz Bezug genommen wurde, aber nicht auf den Kontext.

Fußball-Bundestrainer Jogi Löw kratzt sich während eines EM-Spiels an den Eiern und riecht dann an seiner Hand. Grooooße Aufregung! Viele Berichte und Artikel, als ob wir keine anderen Sorgen haben.

Diskuswerfer Christoph Harting gewinnt Gold bei Olympia und erdreistet sich, bei der Hymne nicht ernsthaft zu sein. Empörung! Wie kann er nur so respektlos sein!! Meine Güte.

Und so weiter.

Da geht es schon mal fast unter, wenn Journalisten etwas enthüllen – die Panamapapers. Es ging um Briefkastenfirmen in Panama und um Geldwäsche von Unternehmen und Promis. Da wird ein großes Ding aufgedeckt, es ist das, was die Menschen fordern: diese Art des Enthüllungsjournalismus. Zwei Abende lang ist das ein Thema, dann verpufft es schon wieder. Empörung? Hält sich in Grenzen.

Oder wenn Jan Böhmermann in seiner zdf_neo-Show „NeoMagazin Royale" aufdeckt, wie die Leute in der RTL-Dokusoap „Schwiegertochter gesucht" arbeiten, wie sie die Teilnehmer und Zuschauer veralbern. Kurze Aufregung und gleich wieder verpufft. Quasi ohne Folgen.

Apropos Böhmermann: Nach einer „extra 3"-Satire über den türkischen Ministerpräsidenten Erdogan legte er in seiner Show noch einen drauf. Er wolle mal zeigen, was denn ein Schmähgedicht sei und wie es klingen müsse: und trug eines vor. Und wieder: grooooße Aufregung. Das ZDF löschte vorsichtshalber die Passage aus der Mediathek, in der

Wiederholung lief die Show verkürzt. Erdogan forderte eine Strafe, die Bundesregierung gab den Fall zur Ermittlung frei. Böhmermann zog sich einige Wochen zurück. Am Ende siegte dennoch die Satirefreiheit. Zumal viele Kritiker schlicht den Kontext des Gedichtes ausblendeten. Dass Böhmermann Aufsehen erregen wird, ahnte er wohl. Dass das Aufsehen so groß wird – inklusive Berichte in „Tagesschau" und Co., das ahnte er sicher nicht.

Aber zwischendurch waren die Deutschen sowieso mit, ähm, wichtigeren Dingen beschäftigt: dass sich Sarah und Pietro getrennt haben. Weshalb RTL II das auch ordentlich ausschlachtete. Dass Babette von Kienlin (Einstmann) zum zweiten Mal in ihrer ZDF-„Drehscheibe" zusammengebrochen ist. Dass irgendwo irgendwelche Horrorclowns aufgetreten sind.

Oder dass sich Til Schweiger unfassbar toll findet. Sein Nick Tschiller im „Tatort" sei der beste Krimi, der je im Fernsehen lief, und jeder Kritiker habe keine Ahnung, so schrieb er auf Facebook. Von Fernsehgeschichte war da die Rede. Nun ja.

Einer hat keine Lust mehr auf den Zirkus: Im Herbst hing Tobias Schlegl seinen Fernsehjob an den Nagel – um sich zum Notfallsanitäter umschulen zu lassen.

Auch Jürgen Domian will nicht mehr – jedenfalls nicht Nacht für Nacht im 1LIVE-Studio sitzen. Nach 22 Jahren endet seine Call-in-Show „Domian" im WDR. Sie wird schwerstens vermisst.

Viele werden am Ende des Jahres vermisst. Sehr viele Promis – sehr viele Musiker sind 2016 gestorben.

George Michael ist tot, ebenso Prince und David Bowie. Leonard Cohen und Roger Cicero. Achim Mentzel und Ekki Göpelt. Außerdem „Trio"-Schlagzeuger Peter Behrens und Manfred Durban von den Flippers. Der Publizist Roger Willemsen, die Politiker Guido Westerwelle, Hans-Dietrich Genscher, Lothar Späth, Peter Hintze, Jutta Limbach, Hildegard Hamm-Brücher, Henning Voscherau und Walter Scheel. In Kuba Fidel Castro. Der Produzent Wolfgang Rademann. Die Schauspieler Götz George, Manfred Krug, Uwe Friedrichsen, Alan Rickman, Bud Spencer, Maja Maranow, Gisela May, Hans Korte, Hilmar Thate, Karl-Heinz von Hassel und Peter Lustig. Die Moderatorinnen Erika Berger und Miriam Pielhau, die Journalisten Günter-Peter Ploog und Jana

Thiel, Tamme Hanken, Schriftsteller Umberto Eco, Synchronsprecher Arne Elsholtz, Comiczeichner Lothar Draeger, DDR-Regimefrau Morgot Honecker und der Boxer Muhammad Ali.
Drei Fernsehsender haben sich auch verabschiedet: Der Social-Media-Sender joiz ist erst verkauft worden, dann ging er in Insolvenz, das Studio ließ der Besitzer schon mal ausräumen – ein Musiksender sollte daraus werden. Am Ende zog man den Stecker. einsplus und zdf.kultur gibt es auch nicht mehr. Dafür aber das ARD/ZDF-Jugendangebot Funk – allerdings nur im Internet.
Und was ist mit Servus TV? Erst ließ Besitzer und Red-Bull-Chef Dietrich Mateschitz verkünden, er mache den Sender zum Jahresende dicht. Zu Hohe Kosten. Und von der Gründung eines Betriebsrates war die Rede. Nur einen Tag später hieß es: Es geht doch weiter. Und dann: Servus TV beendet die Ausstrahlung in Deutschland. Und dann: doch nicht, alles geht weiter. Ein Hü und Hott.
Was war sonst so?
Der Deutsche Fernsehpreis ist nun eine rumpelige Gala in den Düsseldorfer Rheinterrassen. Eine öde Party.
Harald Schmidt ist auch noch da – in grausamen Rosamunde-Pilcher-Verfilmungen – und auf dem Traumschiff.
Weibliche Fußball-Kommentatorinnen wollen einige deutsche Männer nicht haben: Als Claudia Neumann im ZDF ein Herren-EM-Spiel kommentiert, wird im Internet fies gepöbelt. Wo doch angeblich nur Asylbewerber nicht gut mit ihren Frauen umgehen. Wobei, sorry, im Fußball gelten natürlich andere Regeln.
RTL hat einen neuen Ableger: RTLplus. Noch mehr Sendeflächen für Gerichtsshow-Resterampen.
Daniela Katzenberger und Lucas Cordalis teilen ihr Leben mit den RTL-II-Zuschauern: Hochzeit und Heiligabend live. Puh.
Auch puh, aber anders: Als Jörg Draeger, Frederic Meißner, Björn-Hergen Schimpf und Harry Wijnvoord den Jakobsweg liefen, entstand daraus die 12-teilige Dokureihe „OGOT" bei Tele 5. Slow-TV vom feinsten. Ein kleines TV-Highlight.
Sehr sehenswert war auch „Terror – Ihr Urteil". Der Film bestand nur aus einer Gerichtsverhandlung um den Abschuss eines Flugzeuges, das von Terroristen entführt worden ist, und am Ende

konnte das Fernsehvolk abstimmen. Ein spannendes Experiment, und immerhin ist das auch einen Tag diskutiert worden.
Olympia in Rio. Das letzte Mal bei ARD und ZDF – nun übernimmt Eurosport.
Als an einem Sonntag morgens um kurz vor halb 7 im ZDF der Horrorfilm „Halloween – Nacht des Grauens" statt Kinderfernsehen läuft, fragen ein paar Leute via Twitter mal nach. Erst da fällt den ZDF-Leuten was auf. Ups.
Da ist man schon mal aufgeregt. Und bei all dem Neuen blickt sowieso keiner mehr durch. Deshalb kommen nun auch viele Sendungen von damals wieder. Für die guten Gefühle. Oder so.
Das „Glücksrad" ist wieder da. „Herzblatt", das „Familien-Duell", „Jeopardy!", „Ruck Zuck", „Akte X", „Der heiße Stuhl" und – da haben wir ja wirklich drauf gewartet: „Tutti Frutti".
Mal sehen, wer oder was 2017 alles zurückkommt. Und ob wir uns alle ein bisschen abregen. So ganz allgemein.
Guten Rutsch.

Das war 2017

I bims, und hier kommt schon wieder der Jahresrückblick, vong Silvester her.
Nein, nein, das Jahr 2017 hat mir nicht das Hirn eingefroren.
„I bims" ist aber das Jugendwort des Jahres, und die dazu passenden „vong ... her"-Nachsätze gehören auch zur Jugendsprache. Soll wohl den verkürzenden und fehlerhaften Internet-Chat-Sprech darstellen, und es gibt Leute, die das lustig finden.
Ach, überhaupt das Internet. Was in den sozialen Netzwerken abgeht, das ist nicht mehr feierlich. Da kotzen sich die Wutbürger überall da aus, wo es auch nur entfernt um Politik geht. Man könnte meinen, Deutschland ist zur Wuthochburg verkommen, aber es ist wohl eher so, dass alle anderen sich immer mehr zurückziehen und sich gar nicht mehr äußern. Was auch nicht gut ist. Mehr und mehr wird Pöblern der Platz überlassen – immer

mehr angefeuert durch die AfD, und die „Bild" macht auch immer gern und fleißig mit.

2017 war geprägt von einem Schwarz-Weiß-Denken. Entweder ist alles gut oder alles schlecht. Zwischentöne? Werden oft vermisst. Donald Trump ist US-Präsident, und alle, die nicht das berichten, was er für die Wahrheit hält, bezeichnet er als Fake-News. Er liefert sich einen Kampf mit den US-Medien, verbreitet seine Weisheiten lieber über Twitter.

Ein anderer Diktator tobt sich in der Türkei aus. Aus fadenscheinigen Gründen werden Journalisten, Menschenrechtler und andere Menschen festgenommen, die aus Sicht von Staatschef Erdogan schlecht für die Türkei seien. Der deutsch-türkische Journalist und Türkei-Korrespondent der WeltN24-Gruppe, Deniz Yücel, sitzt seit weit mehr als 300 Tagen in Haft – #freeDeniz.

Eine harte Debatte wird auch um die Öffentlich-Rechtlichen Sender geführt. Insbesondere zwischen den Zeitungsverlagen und ARD/ZDF gibt es Streit darüber, was die Sender im Internet machen dürfen und was nicht. Der Lobbyist Matthias Döpfner, Vorstandsvorsitzender von Axel Springer und Präsident des Bundesverbandes Deutscher Zeitungsverleger, schießt gegen ARD und ZDF, nennt sie Staatsfunk, obwohl er es besser wissen müsste. Er sieht die Presse in Gefahr, wenn auch die ARD Texte auf ihren Internetseiten verbreitet. Aber auch der Ton unter den Zuschauern ist rauer geworden. In den sozialen Netzwerken kübeln Pöbler Häme über die Öffentlich-Rechtlichen aus, schimpfen über die angeblichen Lügenmedien, Staatssender und über die angebliche Regierungslinie.

Allerdings geben ARD und ZDF den Kritikern auch immer wieder Futter. Gerade im Umgang mit der AfD tun sich viele Journalisten noch schwer. Statt mit Fakten bloßzustellen, geht es scheinbar oft immer noch um eigene Befindlichkeiten. Da werden Sätze aus dem Zusammenhang gerissen und zu Skandalen aufgeblasen.

Was aber die AfD auch sehr gut kann – und sich zum Opfer zu machen. In einer ZDF-Wahlsendung verließ AfD-Frau Alice Weidel die Arena, als sie kritische Fragen zu hören bekam. Als sie sagte, dass die Zeit der politischen Korrektheit vorbei sei, und sie in der

NDR-Satiresendung „extra 3" daraufhin als Nazi-Schlampe betitelt worden ist, da war die Zeit der politischen Unkorrektheit offenbar auch schon wieder vorbei. Weidel klagte. Und bekam kein Recht. Dennoch und gerade wegen des Hypes und die vielen Skandalisierungen – die AfD schaffte es im September in den Bundestag, und die Medien müssen sich den Vorwurf gefallen lassen, daran zumindest eine Mitschuld zu haben.

Es war ein politisches Medienjahr. Auch wegen der Bundestagswahl. Die hat SPD-Chef Martin Schulz in nicht ganz so guter Erinnerung. Was vielleicht auch daran lag, dass Bundeskanzlerin Angela Merkel ständig mehr Redezeit bekommen habe als er. Für Inhalte hatte er da nicht immer so viel Zeit – weil er sich darüber ja erst mal mokieren musste.

Bei Sat.1 hat man sich ab eh lieber damit beschäftigt, ob FDP-Chef Christian Lindner scharf ist und ob die Linke Katja Kipping irgendwie auf ihn stehen könnte.

Zeiten ändern sich. Auch im Sport. Als in Dortmund ein Anschlag auf den Bus der Fußballer von Borussia Dortmund verübt wird, wird aus Sky Sport News plötzlich ein Nachrichtensender im Breaking-News-Modus.

In der Pause des DFB-Pokal-Finales wollten die Fußballfunktionäre mal ein bisschen US-Entertainment-Luft schnuppern. Ganz im Sinne der Halbzeitshow beim SuperBowl gab es das beim Fußball erstmals auch. Mit Helene Fischer. Fanden die Fans eher so mittel.

Überhaupt, der Fußball: Die Bundesliga zerbröselt immer mehr. Nun sind nicht nur Sky und die ARD an Bord oder das ZDF und Sport 1. Auch Eurosport hat ein paar Rechte (wenn der Player mal funktioniert) und beim RTL-Sender Nitro laufen montags auch noch ein paar (bislang weitgehend unbeachtete) Häppchen.

Niki Lauda hat sich vor laufenden RTL-Kameras und unerwartet als Formel-1-Co-Moderator verabschiedet. Und hinterließ einen verstörten Florian König. Nico Rosberg wird sein Nachfolger.

Ach ja, und da dann war ja noch Handball-WM. Hat aber kaum jemand sehen können, weil sich der Rechteinhaber beIN mit keinem Sender einigen konnte – weder mit ARD und ZDF, noch mit Sky. So liefen die Spiele auf Youtube im Internet, über die Seite einer Bank. Auch mal was Neues.

Apropos kleines Publikum: Es wird immer schwerer für die Sender, Serienhits zu landen. Selbst hochgelobte Serien wie „This is us" floppen, und es gibt noch viele mehr davon, die als Desaster abgebucht werden müssen. Der hochgelobte „Mr. Robot" hatte bei Nitro quasi keine Zuschauer. Es scheint, dass sich das Seriengeschehen mehr und mehr bei Amazon und Netflix abspielt. Auch deutsche Serien wie „Dark" oder Schweighöfers „You are wanted" laufen nicht im Fernsehen (oder ist auf ORFeins in Österreich gefloppt), sondern bei den Streaminganbietern. Ob „Berlin Babylon" ein Hit ist, wissen wir auch erst im Herbst 2018. Die Co-Produktion zwischen Sky und ARD lief bislang nur im Pay-TV. Der Jubel ist groß – aber das muss ja nichts heißen. Dennoch: Langsam kommt für das Fernsehen die Wende. Angebote wie Amazon Prime, Netflix und das altbekannte Sky haben immer mehr Nutzer.
Die jungen Zuschauer treiben sich eher auf YouTube rum und schauen sich dort ihre Stars an. Oder mobben sie gleich mal. Als rauskommt, dass der YouTube-Star Tanzverbot in Oranienburg wohnt, erlebt er die Aufdringlichkeit und Widerwärtigkeit seiner Fans und Hater. Er muss raus aus seiner Wohnung und zieht um.
Lineares Fernsehen ist unterdessen immer mehr out. Auch weil insbesondere das Privatfernsehen, immer mieser wird. Oder wer möchte wirklich sehen, wie irgendwelche Z-Stars ein Baby bekommen? „Janni & Peer ... und ein Baby!" lief bei RTL II eher nicht so gut. Auf demselben Sender zieht man sich bei derDatingshow „Naked Attraction" gleich ganz nackt aus – weil das ja angeblich die ehrlichste Art des Datings ist. Aber auch das ZDF greift ins Klo: „Das Pubertier – Die Serie" ist einfach nur doofalbern, die Show „Flieg mit mir" im Ersten schrecklich betulich. „Das Sommerhaus der Stars" bei RTL ist nur noch Fremdschämen.
VOX wollte die Echo-Verleihung aufpolieren und liefert eine Katastrophe ab. Die pure Ödnis.
Aber es gab natürlich auch gutes Fernsehen: der ZDF-Mehrteiler „Der gleiche Himmel" war ebenso ein Hit wie die letzte Staffel vom „Club der roten Bänder" bei VOX.
Schluss war auch für den „Circus Halligalli". Dabei sorgte die Show noch fix für die deutsche Fernsehpeinlichkeit des Jahres: Bei der

„Goldenen Kamera" schmuggelt das Team einen falschen Ryan Gosling ein. Er nimmt in der Live-Show im ZDF den Preis entgegen, und danach kam raus, dass selbst die Kategorie ein Fake war, weil die von der „Goldene Kamera"-Redaktion nur mit der Aussicht auf den Gosling-Besuch eingeführt wurde.

Aber die Amis können mithalten. Bei der Oscar-Verleihung kommt ausgerechnet beim besten Film ein falscher Umschlag in Umlauf. Die Leute von „La La Land" (schon wieder Gosling) stehen schon auf der Bühne, wollen sich bedanken – um dann zu erfahren, dass „Moonlight" der beste Film ist. Ups.

Da möchte man im Boden versinken. Das gilt auch für den Eurovision Song Contest. Vorletzter. Wobei es natürlich nicht an der Qualität des deutschen Songs (wie hieß der noch gleich?) oder an der Dings (wie hieß die noch gleich?) lag, sondern weil uns Deutsche einfach keiner mag. Na klar. Vielleicht gibt es ja 2018 ein Comeback, gerade wird mal wieder am Konzept für den deutschen Vorentscheid gefeilt.

Dabei ist das mit Comebacks so eine Sache: Als Thomas Gottschalk mit der neuen Sat.1-Show „Little Big Stars" um die Ecke kam, war das Interesse gering. Auch dass Christian Rach bei RTL wieder Restauranttester war, ließ viele kalt – was aber auch an den bekloppten Fällen lag, um die sich Rach kümmern musste. Die Wiederkehr von „Der Preis ist heiß" bei RTLplus war dagegen ein voller Erfolg – auch weil sich alle große Mühe gaben, den Klassiker nur behutsam zu modernisieren. Heraus kam netter, guter Trash.

Ach, und dann ist ja auch MTV wieder da. Also, eigentlich war MTV nie weg, nur eben im Pay-TV versteckt. Nun gibt es angeblich wieder Interesse an dem Sender, die Rückkehr ins Free-TV war perfekt.

Aber auch Ankünfte sorgten für Wirbel. Der rbb übertrug mit großem Aufwand die Landung von Schätzchen und Träumchen in Schönefeld - zwei Pandabären. Sehr wichtig. Und noch eine Flugzeuglandung war dem rbb eine Live-Übertragung wert: die der letzten Air-Berlin-Maschine. Nie gab es vermutlich eine emotionalere Pleite eines Unternehmens. Es hieß Abschied nehmen.

Abschied. Auch 2017 wieder von vielen prominenten Menschen. Helmut Kohl ist gestorben, ebenso die Politiker Heiner Geißler und Roman Herzog. Die Schauspieler Roger Moore, Karin Dor, Christine Kaufmann, Jerry Lewis, Dieter Bellmann, Andreas Schmidt, Mikael Niqvist, Ingeborg Krabbe, Bill Paxton, Margot Hielscher, Martin Lüttge und Klaus Wildbolz. Die Musiker Fats Domino, Chris Roberts, Tom Petty, Chuck Berry, Malcolm Young, Joy Flemming, Chester Bennington, Chris Cornell, Gunter Gabriel, Daliah Lavi, Andrea Jürgens und Robert Miles. Die Comiczeichnerin Lona Rietschel, die Journalisten Ulrike von Möllendorff und Udo Ulfkotte, Playboy-Gründer Hugh Hefner, Joachim Kardinal Meisner, die Tennisspielerin Jana Novotna und die Synchronsprecher Oliver Grimm („Kimba, der weiße Löwe", „Hugo") und Anderas von der Meden (Kermit, David Hasselhoff).
Man hätte außerdem den Eindruck gewinnen können, dass das Fernsehen stirbt – dabei wurde nur das alte DVB-T-Signal abgeschaltet – zugunsten des neuen DVB-T2. Die Kampagne machte den Eindruck, als seien sehr viel mehr Zuseher betroffen.
Der Übergang verlief dennoch recht reibungslos. Eher reibungsvoll verläuft es beim Lokalsender Oberhavel TV. Die Qualität der Sendungen ließ immer mehr nach, es gab immer weniger, die Verbreitung via Satellit und im Vodafone-Kabel ist eingestellt – inzwischen gibt es wohl ein Insolvenzverfahren.
Aber was ist denn im Fernsehen 2017 wirklich Wichtiges passiert? Natürlich! Marc Terenzi ist Dschungelkönig geworden, obwohl sich Kader Loth so angestrengt hat, ein neues Image zu bekommen. Als Anne Will über die G20-Ausschreitungen diskutiert, fällt für zehn Minütchen das Bild aus, während im Studio weitergesprochen wird. Als beim selben Thema bei Maischberger sich die Gemüter erhitzen, verlässt Wolfgang Bosbach wütend die Arena, weil er sich von Jutta Ditfurth beleidigt gefühlt hat – nicht ohne auch selbst auszuteilen. Als in Frankfurt/Main eine Bombe entschärft werden muss, überträgt das hr fernsehen 13 Stunden (!) live – weil der Sender selbst evakuiert ist. Aus „Schlag den Raab" und „Schlag den Star" ist „Schlag den Henssler" geworden. Na ja. Birgit Schrowange ist erst ungeschminkt bei RTL aufgetreten (einmalig) und dann mit grauen Haaren (für immer).

Wird 2018 alles besser? Werden wir alle immer irrer? Oder ist uns einfach alles wurscht, so lange man sich auf YouTube weiter Schminktipps reinziehen kann? Oder alternativ den Livestream von der Demorandale wie bei G20 in Hamburg?
I bims, vong Spannung her.
PS: Ach, Mensch, Herr Eumann, habe ich Sie doch glatt wieder vergessen! Herzlichen Glückwunsch zur Wahl zum neuen Direktor der rheinland-pfälzischen Landesmedienanstalt. Nicht dass Sie wieder angepisst sind!

Das war 2018

Ein sonniger Winternachmittag auf dem Kudamm in Berlin. Die Lichter an den Bäumen sehen zum Träumen aus. Johannes B. Kerner und Marcus Lanz plaudern ein wenig, sie wollen auf den Weihnachtsmarkt, und Marcus freut sich schon auf das Mettbrot, das er sich kaufen will. Träumerisch blickt Johannes den Marcus an und greift nach seiner Hand, als... ähm...
Nein, nein, diese ausgedachten Geschichten sollte ich wirklich lassen. Das konnte Claas Relotius vom „Spiegel" sehr viel besser. Allerdings ist er damit im Dezember 2018 dann doch aufgeflogen. Peinliche Sache, auch für den „Spiegel", der ja angeblich alles nachrecherchiert, was die Reporter so abliefern.
Der Skandal ist Futter für alle, die sowieso sagen, dass die Medien allesamt lügen, wenn es um brisante Themen geht. Dabei sind 2018 einige heikle Dinge aufgedeckt worden. Da ging es um die Football-Leaks und die Frage, wie sehr sich Fußballvereine von den Fans entfernen. Um den Steuer-Raubzug großer Banken bei den CumEx-Enthüllungen. Um nur zwei dieser Storys zu nennen.
Auch wenn es um die Flüchtlingskrise geht, haken die Journalisten inzwischen knallhart nach. Dass dabei andere, vielleicht sogar wichtigere Themen, untergehen, bemerken offenbar nur die Zuschauer. Bei den Sommerinterviews von ARD und ZDF ging es oft 18 Minuten um die Flüchtlingskrise und zwei um den Rest. Nur

bei Alexander Gauland von der AfD ging es fast nur um den Rest – und Gauland schien ratlos.
Die AfD sitzt seit 2017 im Bundestag, und immer meinen die Blauen, Unrecht in den Medien aufgedeckt zu haben. Im Brennpunkt steht dabei die Band „Feine Sahne Fischfilet". Dass sie mal vom Verfassungsschutz beobachtet worden ist, hängt ihr noch ewig nach, und die linke Band ist der rechten AfD ein Dorn im Auge. Andererseits wird aber auch jede Kleinigkeit über „Feine Sahne Fischfilet" in den Medien durchgekaut. Als die Band für das ZDF in Dessau ein Konzert aufzeichnen wollte, sagte der Veranstalter, die Bauhaus-Stiftung, den Veranstaltungsort ab. Eine Diskussion, die für die AfD ein voller Erfolg war.
Ebenso die Diskussion um eine KiKA-Doku über ein junges Mädchen, das einen Moslem liebt, wo die AfD der Meinung war, so etwas könne man nicht unkommentiert lassen. Als Deniz Yücel in der Türkei freigelassen worden ist, wollte die AfD wissen, ob der nicht vielleicht selber schuld war, dass er in Haft war. In den sozialen Netzwerken versuchen viele Parteimitglieder weiterhin, die Gesellschaft zu spalten.
In Cottbus hat das schon gut funktioniert. Die Rechten sind dort der Meinung, dass die Stadt überfremdet sei, dass es zu viele Straftaten von Flüchtlingen gebe. Der Hass bei den Demos, an denen Normalos mit den Rechtsextremen gemeinsam marschieren, richtet sich auch gegen die Medien. Der rbb wird ebenso angefeindet wie die Reporter der Lausitzer Rundschau. Da helfen auch Diskussionssendungen, die der rbb live aus Cottbus sendet, nur wenig. Aber wenigstens bleibt man im Gespräch. Irgendwie.
Das scheint auch das Ziel von CSU-Innenminister Horst Seehofer zu sein. Als er seinen Rücktritt, nun ja, androht, berichten die Nachrichtensender in Dauerschleife. Tritt er zurück? Oder doch nicht? Oder doch? Seehofer weiß nicht so recht, und ganz Deutschland wartet auf einen eventuellen Bruch der Großen Koalition. Als die Meldung bekannt wird, dass sich gar CSU und CDU trennen, schickt ntv die Breaking News gleich auf Sendung – um dann die nächste Breaking News hinterher zu schicken, dass

man einer Ente aufgesessen sei. Aber es musste eben schnell gehen. Keiner hatte 2018 so viele Comebacks wie Seehofer.

Comeback ist sowieso ein gutes Stichwort. Fernsehmacher glauben, dass die Zuschauer darauf abfahren, wenn alte Serien wiederbelebt werden. In Deutschland floppte allerdings die Neuauflage von „Akte X" oder „Will & Grace". Selbst Shows wie „Dingsda" im Ersten und „Die Montagsmaler" im SWR-Fernsehen laufen eher mau.

Die „Lindenstraße" dagegen wird nicht fortgesetzt. Im März 2020 wird nach fast 35 Jahren die letzte Folge laufen. Begründung: schlechte Quoten und inhaltliche Unzufriedenheit. Von einer Absetzung aus inhaltlichen Gründen von „In aller Freundschaft", „Rote Rosen", „Sturm der Liebe" oder „Rentnercops" ist allerdings noch nichts bekannt.

Auch an der Vormittagssendung „live nach neun" hält man im Ersten fest, obwohl die Zuschauerzahlen ein Desaster sind. Ähnlich sieht es am Vorabend in Sat.1 aus. Mit „Endlich Feierabend" versucht man da zum x-ten Mal das Frühstücksfernsehen zu kopieren – und scheitert zum x-ten Mal. In diesem miesen Sog läuft auch die neue Dailysoap „Alles oder nichts" ziemlich mies. Sie hatte nie eine wirkliche Chance.

Auch ProSieben hat Sorgen. Die neuen Folgen der „Simpsons" laufen richtig schlecht. Bei Sat.1 wird die Unternehmershow „Start up" abgesetzt, obwohl doch Jurymitglied Carsten Maschmeyer so doll dafür geworben hat. Aber vermutlich wollten gerade wegen ihm so wenige einschalten.

Bei Sky dachte man sich, es sei eine gute Idee, die Castingshow „X-Factor" aus der Versenkung zurückzuholen. Die Quoten waren kaum messbar, und wer gewonnen hat... ähm... Wer hat da eigentlich gewonnen? Eine weitere Staffel ist ausgeschlossen.

Steffen Henssler hat auch schon wieder das Handtuch geworfen. Das Interesse an „Schlag den Henssler" auf ProSieben hielt sich in Grenzen, und so richtig Bock hatte der Koch eh nicht mehr, so schien es.

Es wird für das herkömmliche Fernsehen immer schwieriger, Aufmerksamkeit zu erregen. Die Mehrzahl der jungen Zuschauer schaut schon überwiegend online. Und dann eher Netflix oder

Amazon Prime, auch Youtube ist ein echter Konkurrent. Ein Opfer ist der Musiksender VIVA. Nach 25 Jahren wird Silvester der Stecker gezogen, MTV aus dem gleichen Senderkonzern lebt weiter, aber in der Nische. Immerhin noch wacker hält sich Deluxe Music. Musikclips schaut man an sich aber eher bei Youtube an.
Immerhin: Man bemüht sich aber noch. Im Ersten läuft im Herbst „Babylon Berlin", die teure Co-Produktion mit Sky. Auf dem „Tatort"-Sendeplatz werden etwa acht Millionen Zuschauer erreicht. Das Interesse am Berlin der 20er-Jahre schwindet jedoch, am Ende schauen weniger als vier Millionen zu. Allerdings stehen in den diversen Kritiken zur Serie, in denen es hieß, man müsse als Zuschauer drei Folgen durchhalten, bis man es eventuell verdammt gut fände, auch für sich. Allerdings sorgt die Serie auch für einen der magischsten Momente des Fernsehjahres – nämlich mit einer Szene in einem Tanzclub, die für Gänsehaut sorgt.
Im ZDF wird „Bad Banks" von der Kritik gelobt, ist aber dennoch langweilig. Amazon Prime dagegen trumpft mit einer neuen Staffel „Deutschland 86" und mit „Pastewka" auf.
Das Fernsehen steht aber immerhin noch für Events. In diesem Jahr lief es glücklicherweise für Deutschland auch mal gut beim Eurovision Song Contest in Lissabon. Michael Schulte schaffte den 4. Platz. Die Diskussionen darum, dass niemand Deutschland mag und wählt, finden nicht statt.
Bei der Fußball-WM dagegen, ach, lassen wir das. Immerhin sorgte das WM-Spiel von Deutschland gegen Schweden mit 27,48 Millionen Zuschauer für den 2018er-Quotenrekord.
Und auch als in Großbritannien Harry und Meghan heirateten, waren ein paar Millionen dabei – auch Ross Antony, der für RTL vor Ort war und ausrastete, nur weil das Prinzenpaar in der Kutsche an ihm vorbeirauschte.
Aber nicht alle haben Glück mit Großereignissen. In letzter Minute hatte Eurosport für die Olympischen Winterspiele in Korea Sublizenzen an ARD und ZDF vergeben. Die Folge: Die meisten Zuschauer waren bei ARD und ZDF dabei, für Eurosport 1 und den Frauensender TLC blieben kaum Zuschauer übrig. Selbst die Abendshow „Zwanzig18" mit Olympia-Zusammenfassungen hatte auf zwei Sendern parallel gerade mal 200.000 Zuschauer. Dass

man in Korea eventuell einen koreanischen Dolmetscher braucht, konnte man im Ersten allerdings echt nicht ahnen.
Und dann der Echo. Der Musikpreis gerät 2018 zum Debakel. Farid Bang und Kollegah rappten davon, dass sein Körper definierter sei als von Auschwitz-Insassen. Kam nicht überall gut an, Preise gab es dafür trotzdem, und Proteste auch. Selbst in der Show herrschte Unruhe. Danach geben diverse Promis ihre Echos zurück. Ende vom Lied: Der Echo ist tot.
2018 war wieder ein Jahr der Abschiede. Viele Promis sind gestorben. Die große Aretha Franklin lebt nicht mehr. Monserrat Caballé ist verstummt. Ebenso die Musiker Holger Biege, Jürgen Marcus, DJ Avicii, Lys Assia, France Gall, Ingo Insterburg, Abi Ofarim, Dolores Edwards (Cranberries) und Charles Aznavour. Auch nicht mehr da: die Schauspieler Rolf Hoppe, Morten Grunwald, Burt Reynolds, Rolf Zacher, Siegfried Rauch, Wolfgang Völz, Jochen Senf und Ulrich Pleitgen. Die Sportler Markus Beyer und Graciano Rocchigiani. Die Fernsehleute Dieter-Thomas Heck, Egon Hoegen, Wilfried Scharnagl, Gunther Witte, Friedrich Moll, Stefanie Tücking, Martin Haas, Thomas Leif und Dagobert Lindlau. Die Entertainer Jens Büchner und Daniel Küblböck, der am Jahresende nach einem Sturz vom Schiff immer noch offiziell als vermisst gilt. Die Politiker George Bush, seine Frau Barbara Bush, Philipp Jenninger und Kofi Annan. Wissenschaftler Stephen Hawking, Sternekoch Paul Bocuse, Kirchenmann Karl Kardinal Lehmann, Unternehmerin Käthe Wohlfahrt. Die Autoren Philip Roth und Christine Nöstlinger. Sie werden fehlen.
Auch Nachrichten fehlen. RTL II findet, dass die News zu wenige Zuschauer haben. Deshalb laufen die nun am Nachmittag und sind fünf Minuten kürzer. Und auch der rbb hat seine Spätnachrichten um die Hälfte auf 15 Minuten gekürzt. Damit um 22 Uhr gut abgehangene und preiswerte ARD-Degeto-Schnulzen laufen können. Bei N24 hat sich dagegen wenig geändert – bis auf den Namen: Welt.
Und sonst so? Sascha Hehn will nicht mehr Kapitän vom Traumschiff sein. Ist ihm vielleicht zu doof geworden. Kein Wunder.

Spiegel TV ist 30 geworden. Geschenk von RTL: Sendeplatzverschiebung auf den späten Montagabend. Glückwunsch.

Auf Sat.1 durfte im „Promi Big Brother"-Haus eine gewisse Katja Krasavice minutenlang in der Wanne mit dem Duschkopf masturbieren.

Die Chefs vom FC Bayern München teilten den Journalisten mit, dass die ein bisschen genervt von der ewigen Kritik seien. Bitte mal aufhören. Danke.

Dunja Hayali moderiert nun auch das „Aktuelle Sportstudio" im ZDF. Ihren Hatern bleibt aber auch gar nichts erspart.

Das SWR-Mega-Live-Event „Jäger der versunkenen Lok" musste ausfallen. Mangels versunkener Lok. Ist aber erst nach 25 Jahren Suche aufgefallen.

Und dann noch die Helene und der Flori. Es ist so traurig.

Kann man da eigentlich noch das Jahresende feiern? Darf man sich da noch auf 2019 freuen? Mit neuen Diskussionen und Hasskommentaren und den aktuellen Wasserstandsmeldungen von „Feine Sahne Fischfilet?" Und den neuen Schluckaufs der AfD? Wir bleiben dran und freuen uns auf 2019.

Und Michelle ist auch dabei.

Als Blog: www.RTiesler.de

Bei Facebook: www.facebook.com/RTZapper

Bei Twitter: www.twitter.com/RT_Zapper